健美操运动训练及创编教学研究

王 琛 著

吉林文史出版社

图书在版编目（CIP）数据

健美操运动训练及创编教学研究 / 王琛著 . — 长春：
吉林文史出版社 , 2024.1
ISBN 978-7-5752-0046-2

Ⅰ . ①健… Ⅱ . ①王… Ⅲ . ①健美操－教学研究－高
等学校 Ⅳ . ① G831.32

中国国家版本馆 CIP 数据核字 (2024) 第 034421 号

健美操运动训练及创编教学研究
JIANMEICAO YUNDONG XUNLIAN JI CHUANGBIAN JIAOXUE YANJIU

著　　者：王　琛
责任编辑：马铭烩
出版发行：吉林文史出版社
电　　话：0431-81629359
地　　址：长春市福祉大路 5788 号
邮　　编：130117
网　　址：www.jlws.com.cn
印　　刷：河北万卷印刷有限公司
开　　本：710mm×1000mm 1/16
印　　张：17.5
字　　数：233 千字
版　　次：2024 年 1 月第 1 版
印　　次：2024 年 1 月第 1 次印刷
书　　号：ISBN 978-7-5752-0046-2
定　　价：98.00 元

- 前 言 -

随着现代社会生活节奏的加快，如何有效地进行身心锻炼，保持良好的身体状态和心理状态，已经成为人们关注的重要问题。健美操作为一种全身性、全方位的运动方式，具有良好的健身效果和良好的观赏性，因此在全球范围内得到了广泛的推广和应用。在这个背景下，我们撰写了这本书，旨在通过对健美操运动的深入研究，为健美操爱好者和专业人士提供全面的理论和实践指导。

本书共分为八章，内容全面，既有健美操运动的基础理论，也有具体的训练方法和创编教学研究。第一章详细介绍了健美操运动的起源、发展历程、类型特征以及其价值和意义，为读者提供了全面的理论背景。第二章则针对健美操的基本动作进行了深入的解析，让读者更深入地理解健美操的动作特点和作用。第三章，阐述了健美操训练的基本理论。从健美操训练的基本原则到科学方法，再到训练计划的制订，为读者提供一套完整的健美操训练框架。同时，为了保证运动员在训练过程中的身心健康，本章还提供关于健美操运动训练的营养与卫生知识，以帮助读者全面把握健美操训练的全过程。第四章，聚焦健美操运动训练与教学实施，详细阐述健美操基本动作训练方法与健美操组合动作训练方法，并且探讨健美操动作技能形成的教学过程，以期能对教师和教练员的工作提供实践指导。第五章，探索时尚健美操训练方法与指导，其中包括健身街舞、健身瑜伽、有氧拉丁操、有氧搏击操以及爵士健身舞等多种形式，满足现代人多元化的健身需求。本章深入剖析了这些新型健美操形式的训练方法和细节，让读者在享受健身乐趣的同时，也能明确其具体实施步骤与要点。第六章和第七章，全面解读健美操创编的基本理论及其综合策略与技巧，从健美操创编的要素与原则、依据与意义，到创编的过程与方法，再到具体的造型创编、队形设计、音乐选配、空间应用以及套路创编，我们期望以此为读者提供一份翔实的健美操创编教程，满足他们的创新需求，帮助他们将理论知识运用到实际操作中。第八章，主要对健美操与竞技健美操的发展趋势进行探索和预测，分析健美操运动的发展现状与未来趋势，探讨竞技健美操的创新与发展，以及高校竞技健美操的未来发展趋势。

本书的创作初衷，就是希望能通过系统性的介绍和讨论，帮助读者更好地理解健美操运动，更科学、更有效地进行健美操训练，以及更有创造性地进行健美操创编。我们期待广大读者的阅读，也期待您的反馈和建议，让我们共同推动健美操运动的发展和进步。

- 目 录 -

第一章　健美操运动概述

第一节　健美操运动的起源与发展历程

一、健美操的起源

健美操的起源和发展历程具有丰富的文化底蕴和深远的历史传承。其起源，可以追溯到古希腊的体操运动，人们对形体美的追求和健康的向往，在各个历史阶段的传承和发展中逐渐形成了健美操。

古希腊人早在文艺复兴时期就已经提倡开展体操运动，主张人体健康和优美，强调动作的自然和全身协调。尤其在17世纪中期，意大利的著名医生墨库里奥斯在其所著的《体操艺术》等作品中，对体操动作进行了全面描述。这些早期的体操运动以及对身体健康和优美的追求，为后来的健美操打下了坚实的基础。

随着时代的发展，18世纪的德国出现了专门的体育师资培训课程，哑铃、跳马等运动项目也应运而生，为健美操的发展提供了重要的推动力。这个阶段的代表人物是德国的体育活动家艾泽伦，他的理论和实践为现代健美操打下了坚实的基础。

19世纪是欧洲健美操的黄金发展时期，各种体操学派在德国、法国、丹麦、瑞典、捷克等国相继出现。其中，瑞典体操学派创始人佩尔·亨里克·林把生理学、解剖学的知识运用到体操中，强调身体各部位及身心应协调发展，培养健美体态。法国的德尔沙特为了帮助演员在表演中显得姿态自然，举止仪表富有表现力，建立了德尔沙特体系。而在美国，热纳维芙·斯特宾斯女士综合了德尔沙特体系和瑞典学派亨里克·林的体系，创造了一套自己的体操体系。

随着全球化的发展，20世纪60年代初，美国太空总署医生库帕博士根据宇航员身体功能的特殊要求设计的有氧练习项目标志着真正意义上的现代健美操的诞生。同时，美国好莱坞明星简·方达的健美操推广使得健美操在全球范围内迅速普及，她的《简·方达健身术》一书被翻译成多种语言，在全球范围内发行。

在几十年的发展中，健美操已经成为一项全球性的健身运动，无论在美国还是欧洲，都有大量的健美操俱乐部和健身房，提供各种有氧运动和健美操的课程。1985年，美国首次举行了全美健美操比赛，吸引了全美各地的健美操运动员参与，这一事件进一步推动了健美操在全球范围内的发展。

二、健美操的发展

健美操的发展历程是由多元文化、理论派别和一代代热爱健身的人们共同推动的。在全球范围内，美国无疑是对健美操运动发展有着决定性影响的国家，它是竞技健美操的创始国，也是全球最大的健美操俱乐部和健身房的集聚地。自20世纪60年代以来，美国推动了健美操从初级阶段到专业化、竞技化的转变，成为健美操全球化发展的引擎。

欧洲的法国、德国、意大利等国也是健美操的发展重地。法国练习健美操的人数已经达到几百万，仅巴黎就有几千个健美操中心。德国每年用于健美操训练的经费高达18亿马克，表明了德国政府对健美操的大力支持。

进入21世纪，健美操在亚洲地区也迅速发展起来，特别是在日本、新加坡、韩国等地。日本的竞赛制度将竞技性健美操与健身性健美操有机结合起来，调动了广大群众的积极性，吸引了更多的健美操爱好者。此外，日本于1984年举办了首届远东健美操大赛，并于1987年成立健美操协会，为推动健美操在亚洲乃至全球的发展起到了重要作用。

在全球范围内，目前有三大国际健身健美操组织：国际健美操与健身联合会（FISAF）、国际健身协会（IDEA）和亚洲健身协会。这三个组织各具特色，共同推动了健美操的国际化发展。国际健美操与健身联合会在亚洲和太平洋地区较有影响力，其主要活动是每年都会举办健美操相关的专业比赛，并定期举办具有权威性的国际性的健美操技能培训班。国际健身协会是全球范围内规模最大的国际性的体育健身团体组织，主要活动是提供最新的健身信息和继续教育的机会。亚洲健身协会是亚洲地区范围内最具有影响力的健身团体组织，其通过全球网络，致力于健康和健身教育在亚洲地区的发展。

这些国际组织的共同努力，使得健美操从 20 世纪末到 21 世纪初得以迅速发展和普及。国际健美操冠军联合会（ANAC）、国际健美操联合会（IAF）和国际体操联合会（FIG）三大竞技健美操组织的建立和发展，标志着健美操已经成为一个新兴的国际竞赛项目，正式登上国际舞台。至今，健美操在全球范围内的发展仍在持续进行，对于提升全球公众的健康水平和生活品质，健美操发挥着越来越重要的作用。

三、我国健美操的兴起与发展

健美操在中国的历史可以追溯到 2000 多年前，早在中国古代就出现了各式各样的人物姿势图像，这些图像以站立、蹲坐等不同姿势的人物，呈现出健康活力向上的气氛，其中的动作与现代健美操有许多相似之处。然而，真正将现代健美操引入中国的推动力量出现在 19 世纪末 20 世纪初，随着鸦片战争后西方文化的传入，体操也被引入了中国。1905 年，大通师范学堂增设了"体操专修科"，1908 年，体育教育家徐一冰在上海创办了我国第一所体操学校，开展器械体操、兵式体操、音乐体操、徒手体操等课程，这些都为中国的健美操发展奠定了基础。

随着中华人民共和国的成立，广播体操成为普及健身的重要手段，从第一套广播体操到现在的第九套韵律体操，这些肢体活动与音乐节奏融为一体的健身体操受到广大群众的喜爱。20 世纪 70 年代末 80 年代初，现代健美操开始在中国兴起。1979 年以来，各地相继举办了各种形式的健美操培训班，深受人们欢迎。中小学及幼儿园也纷纷推出新编的广播体操，取代原有的广播操，新颖的动作和优美的音乐备受人们喜爱。各省（区、市）、各行各业组织了多样的健美操活动和比赛。

在推动健美操在中国发展的过程中，1981 年，陆保钟、牛乾元的特约稿《人体美的追求》在《中国青年报》上发表，1982 年《美·怎样才算美》出版，其中收录了陈德星编制的"女青年健美操"和牛乾元编制的"男青年哑铃操"，让人们开始了解"健美操"这个词。1982 年起，中央电视台相继播放了多个世界性健美操运动节目，为健美操在中国的宣传与普及起到积极作用。为推动健美操在中国发展，北京体育学院和上海体院相继创立了健美操教研室，并推出新编的健美操，使其在各大专院校开展起来。健美操活动逐渐成为全国推广使用的健身手段，成为学校课程中不可或缺的一部分。

现代健美操的迅速发展归功于其良好的锻炼价值和时代性，并得到了社会和在校师生的广泛认可。其动作优美，音乐激昂，具有很强的娱乐性和吸引力，适合不同年龄层人群参与。在当今繁忙的生活中，健美操提供了一种便捷有效的健身方式，帮助人们保持健康体魄。同时，健美操也通过媒体广泛传播，增强了人们对其的认知和兴趣。

第二节　健美操运动的类型与特征

一、健美操的类型

（一）传统健美操

传统健美操是健美操的基础和最原始的形式，起源于 20 世纪早期的健身热潮。这种类型的健美操注重基础动作和体能训练，强调的是力量、柔韧性和心肺耐力的提升，以及通过良好的协调和优美的动作来提高身体的整体健康水平。

传统健美操的动作设计以科学的训练理论为基础，旨在提高参与者的身体素质，增强肌肉力量和心肺功能，并提高身体的柔韧性和协调性。其特点是动作的连续性和流畅性，使得运动过程既富有节奏感，又具有挑战性，是一种适合所有人群的健身活动。

在教学过程中，传统健美操通常采用分解动作、组合动作和整体动作的教学法，先让学员掌握基本动作，再逐步增加动作的复杂度和难度，使得所有人都能在各自的水平上得到提升。教练会因材施教，针对学员的体质和能力进行个性化的指导，帮助他们达到最佳的运动效果。

（二）爵士健美操

爵士健美操是一种源自爵士舞的健身方式，它以爵士舞的韵律和动作为基础，加入了更多的健身元素，形成了一种独特的健身操。爵士健美操充满了活力和创新，它以爵士音乐的独特韵律为背景，融合健身和舞蹈的元素，为参与者提供了一种既有益于身体健康又能提升舞蹈技能的锻炼方式。

爵士健美操的特点在于其动态、自由、有趣和富有创意。在这项活动中，每个动作都充满了力量和活力，动作的执行和音乐的节奏紧密相连，使得每次训练都像是在进行一场充满活力的舞蹈表演。与此同时，这种健美操也注重力量和耐力的训练，使得参与者可以在享受舞蹈的同时，也能得到全面的身体锻炼。

在教学过程中，爵士健美操通常首先通过一些基础的爵士舞步让参与者熟悉节奏和动作，然后再逐渐增加难度和复杂度。教练会根据参与者的身体条件和能力进行个性化的指导，旨在帮助他们提升身体素质，提高舞蹈技巧，同时也让他们能够充分享受舞蹈的乐趣。

爵士健美操不仅适合喜欢舞蹈的人，也适合那些寻求有趣和新颖健身方式的人。它结合了运动和艺术，提供了一种全新的健身体验。在参与爵士健美操的过程中，人们不仅可以提升自己的健康水平，也可以提高自己的舞蹈技巧，享受到舞蹈带来的乐趣。这就是爵士健美操的魅力所在，它以独特的方式，让健身变得更有趣，更富有创造力。

（三）现代舞健美操

现代舞健美操，也称为现代舞蹈健美操，是一种融合了现代舞蹈元素的健美操方式。它将现代舞蹈的动感、柔韧性和情感表达融入健美操中，创造出一种全新的健身方式。这种健身方式不仅能提高身体素质，增强肌肉力量和耐力，还可以培养参与者的舞蹈感和艺术修养，帮助他们更好地理解和表达自己的身体和情感。

现代舞健美操的特点在于它的自由性、创新性和感性。这种健美操没有严格的步法和规定的动作，参与者可以根据自己的身体条件和感觉自由地改变和创新动作。与此同时，现代舞健美操也强调情感的表达和身体的投入，参与者不仅需要用身体进行动作，还需要用情感去感受和理解动作。这种健美操不仅是一种锻炼方式，更是一种艺术形式。

在教学过程中，教练会注重参与者的身体感知和情感表达，鼓励他们探索和创新动作，用自己的方式去理解和表达舞蹈。与此同时，教练也会根据参与者的身体条件和技巧水平进行个性化的指导，帮助他们提升技巧，增强身体素质，提高舞蹈感。

（四）拉丁舞健美操

拉丁舞健美操是一种融合了拉丁舞风格和健美操运动的健身方式。它充分利用了拉丁舞激情四溢、充满活力的特点，与健美操中的力量、柔韧性和心肺耐力训练相结合，形成了一种充满魅力和挑战的健身方式。

拉丁舞健美操以其活泼、热烈、充满感情的特点，深受健身爱好者的喜爱。在这种健美操中，每个动作都充满了拉丁舞的风情，每一节课都像是一场欢快的拉丁舞派对。拉丁舞健美操将跳舞和健身结合在一起，让参与者在锻炼身体、提高健康水平的同时，也能享受到跳舞的乐趣。

拉丁舞健美操不仅可以锻炼身体，增强心肺功能、肌肉力量和耐力，还可以培养参与者的节奏感和舞蹈技巧，提高他们的身体协调性和身体表达能力。同时，参与拉丁舞健美操也是一种社交活动，参与者可以在课程中认识新朋友，分享健身和跳舞的乐趣。

（五）音乐剧健美操

音乐剧健美操是一种将音乐剧元素融入健美操中的健身方式，它以音乐剧的特性为灵感，设计出的健美操既有舞蹈的优美，又有健身的效果。这种健美操的主要目标是提升全身的耐力、力量、灵活性和协调性，同时也能提升参与者的舞蹈技巧和表演技能，使健身活动变得更富有趣味性和表演性。

音乐剧健美操的特点在于它的创新性、多元性和表演性。这种健美操的动作设计来源于各种类型的音乐剧，包括古典的、现代的、流行的等等，因此，它的动作既有传统的舞蹈步法，也有现代的舞蹈元素，既有简单的基础动作，也有复杂的高难度动作。参与者需要跟随音乐的节奏和情感，完成这些动作，同时也要表达出相应的情感和故事，使得健身活动变得像是一场小型的音乐剧表演。

在教学过程中，音乐剧健美操通常会先让参与者熟悉一些基本的舞蹈步法和动作，然后再逐渐增加难度和复杂度。教练会根据参与者的身体条件和舞蹈技巧进行个性化的指导，帮助他们提升身体素质和舞蹈技巧，同时也帮助他们理解和表达音乐剧的情感和故事。这种教学方式既可以提升参与者的身体素质，也可以提升他们的艺术素养，使他们在健身的同时，也能享受到舞蹈和表演的乐趣。

（六）民族舞健美操

民族舞健美操是一种将各种民族舞蹈元素融入健美操中的健身方式，它将民族舞蹈的优美、热情和多样性引入健身中，形成了一种独特的健美操形式。这种健美操注重全身的力量、柔韧性和协调性的训练，同时也能培养参与者的舞蹈技巧和艺术修养。

民族舞健美操的特点在于它的多样性、热情和艺术性。由于各种民族舞蹈的特色各异，这种健美操的动作和节奏也呈现出丰富的多样性，让参与者可以在锻炼中体验到不同民族的舞蹈风情。同时，这种健美操的动作充满了活力和热情，使得健身活动既有力量，又有节奏感。

在教学过程中，民族舞健美操通常首先让参与者学习一些基础的民族舞步和动作，然后再逐渐增加难度和复杂度。教练会根据参与者的身体条件和能力进行个性化的指导，旨在帮助他们提升身体素质，提高舞蹈技巧，同时也让他们能够体验和欣赏不同民族的舞蹈文化。

（七）校园啦啦操

啦啦操起源于早期部落社会时期，各个部落为了激励和振奋外出打猎或打仗的战士们，会举行一种仪式。在仪式上族人们大声欢呼，手舞足蹈，用热情的方式鼓励即将外出的勇士们，希望他们能早日凯旋。这种热烈欢快的仪式可以视为啦啦操的最早来源。近代，啦啦操作为一个新兴的体育运动项目起源于美国。如今，啦啦操已在美国的各大联赛中，如NBA等，广泛传播，并且迅速发展成为深受全世界人民喜爱的运动项目。

校园啦啦操主要以学生为参与主体，呈现团体形式。它巧妙地结合了口号、跳跃、舞伴特技（难度动作）、技巧、轿子抛、叠罗汉等动作技术，并融合音乐、服装、队形变化和标示物品（如彩球、口号板、喇叭与旗帜）等要素①。在学校的重大活动中，如运动会、各种体育比赛，校园啦啦操常常作为暖场活动或与现场观众互动的一部分，出现在比赛开始前、中场休息及赛后。如今，啦啦操的发展非常迅速，出现了各种级别和性质的比赛，我国的啦啦操选手在世界大赛上也取得了优异的成绩。

---

① 张奥瑶，李林. 健美操、啦啦操若干相似运动表征的训练差异探讨 [J]. 文体用品与科技，2023（6）：111—113.

二、健美操的特征

（一）本能性

人类体育活动的一大关键作用便是其生物改造性，这点在健美操中表现得尤为明显。健美操作为一种在科学理论指导下创编的体育运动项目，本能地将生物改造性融入其中，体现出独特的本能性特质。健美操的本能性主要体现在四个方面：身体塑造、动作美感、形体美与心灵美以及音乐和节奏感知。

在身体塑造方面，健美操遵循人体的可塑性，透过长期、持续的练习影响肌肉的发育程度、脂肪的积累程度、关节的灵活性以及胸廓的形状，进而塑造出美观健康的身体形态。

在动作美感方面，健美操运动员需要对自己的身体有非常深入的了解，以最大限度地发挥自己的力量和协调性。通过优美的动作路线和幅度配合身体的姿势，健美操能为观众带来视觉的美感享受。

在形体美与心灵美方面，健美操不仅训练机体各部位的正确姿势，促进机体匀称协调发展，塑造完美体形，更能培养运动员的气质与风度，提升内在美，实现外在美与内在美的和谐统一。

在音乐和节奏感知方面，健美操的表演通常伴随着音乐，运动员需要准确地感受到音乐的节奏和韵律，然后以此为基础设计和执行动作。这需要运动员具有较高的音乐敏感度和节奏感，使得健美操的表演更具魅力和动感。

这四个方面相互作用，相互影响，共同构成了健美操的本能性特质。无论是健美操的练习者还是观众，都能在这一过程中体验到健美操带来的身心健康与美的享受，感受到健美操的健身、健美、健心的作用。这就是健美操的本能性，也是健美操作为一项集美学、艺术和运动于一体的运动项目所具有的独特魅力。

（二）力度性

力度性是健美操的重要特征之一。运动，作为生命最基本的表现形式，是所有自然事物的通性，人也不例外。在健美操中，这种力度性贯穿始终，创造出一种独特的运动韵律和风格。

健美操的动作基本规律是身体与空间、身体与时间的学问。这种规律建立在人体动力学基础之上，依据人体解剖学规律以及人体运动的自然规律，以徒手动作为主，综合表现力量、力度、弹力和活力。这些动作要求练习者在不同的方位和不同时空范围内灵活运用身体的每个部分，让人体达到和空间、时间的和谐共舞。

在健美操的表演中，力量和力度的要求极高。无论是短促的力量，持续的力量，还是瞬间的控制力量，都需要表现出强烈的力度感。这使得健美操与其他体育运动项目形成显著的区别，使其具有独特的身份标识。与舞蹈相比，健美操少了些柔软、温和与抒情的成分，它更趋向于欢快、活跃与有力的风格。与体操相比，健美操避免了机械和呆板的感觉，更注重自然和自由的表达。这种强烈的力度性，使健美操动作中的快速变化、富有弹性的跑跳以及连续不断的节奏变换，都能充分展现人体的神韵和美感，表达出充满活力的青春气息。

这种力度性使得健美操不仅是一种体能的训练，更是一种情感的释放。在每一次跃出、落下、旋转和翻滚中，都蕴含着运动员的情感和个性，这种情感和个性在力度的表现中得到了充分的体现和释放。力度性，让健美操拥有了强烈的表现力、感染力和吸引力。每一次跳跃，每一次落地，都在向观众传递着健美操的生命力。这种力度性，既是健美操的身份标识，也是它的生命力所在。

（三）节奏性

节奏性是健美操特征的另一重要方面，它体现了健美操的生理节奏、运动节奏、色彩节奏、时空节奏，以及音乐节奏。正是这些多元化的节奏元素，赋予了健美操独特的生命力和韵律美。

在健美操中，生理节奏如呼吸节奏和心率节奏反映了一定的运动负荷。例如，健美操运动员通过控制呼吸节奏来调节身体的力量和协调性，心率节奏则反映出运动员的身体状态和运动强度。运动节奏则涉及动作技术的速度快慢、力度强弱、幅度大小以及强度的增减。每一次跳跃、每一次旋转，都需要运动员精准地控制自己的运动节奏，以确保动作的准确和美观。色彩节奏主要是指服装和灯光的色彩变化，明暗的节奏变化，通过色彩和光线的变化，营造出丰富多彩、富有变化的视觉效果。时空节奏则是指空间的变化和时间的推移。健美操运动员需要在不断变化的空间和时间中，灵活地调整自己的动作和位置。音乐节奏是健美操最重要的节奏。健美操运动需要在音乐的伴奏下进行，音乐的节奏不仅能够引导健美操运动员的动作，还能激发他们的运动热情，使他们在精神饱满的状态下一气呵成，充分表现出人体运动的艺术美。

第三节　健美操运动的价值与意义

健美操作为一种具有全面身心健康益处的运动方式，在现代社会中得到了广泛的认可。其健康益处不仅在于有氧健身、肌肉训练、提高灵活性和协调性，更具有深远的心理和社交价值。

一、健康益处

作为一种有氧健身运动，健美操对促进心血管健康的作用不言而喻。绚丽的舞步和韵律性的动作提高了运动员的心率，从而增强了心肌的活力。跳跃、转体、旋转等动作的运动强度与有氧运动相当，通过这些动作，运动员的血液循环得到了改善，降低了心脏疾病的风险。此外，健美操也能对呼吸系统的改善起到积极作用。运动中频繁而深长的呼吸加速了肺部的通气效率，增强了肺部的功能，同时也让运动员感觉到精神焕发。

健美操不仅有助于心血管健康，还是一种出色的肌肉训练方式。整套动作设计的目标就是全身的主要肌肉群，每一个跳跃、每一个转体、每一个平衡，都在调动运动员身体的深层肌肉参与，以此来提高肌肉的耐力和力量。练习健美操不仅能够塑造出优美的身体线条，更能提高下肢力量和核心肌群的稳定性。而在提高身体灵活性和协调性上，健美操的效果更是显著。无论是复杂的舞步还是精细的技巧，都对运动员的关节灵活性和身体平衡能力提出了挑战。通过不断的练习和磨炼，运动员能够明显感觉到身体的灵活性和平衡能力有了显著的提升。同时，健美操还能提高身体各部分的协调性，使身体运动更为流畅，提高身体控制和空间感知能力。

二、心理价值

健美操不仅对身体健康产生积极影响，而且在心理价值方面也显得尤为重要。健美操的动作和音乐融为一体，为运动员提供了一个自我表达和释放压力的渠道。在完成各种复杂、精细的舞步和技巧的过程中，运动员可以将日常生活中的压力和困扰暂时放在一旁，专注于当下的动作和音乐。这种集中精力的状态，可以帮助运动员暂时脱离日常压力，达到压力缓解的效果。

同时，健美操对于提升心情也有显著的效果。活力四射的音乐、优美的动作和团队的默契配合，都能够给人带来愉快的感觉。运动员在完成一套精心设计的动作时，能感受到身心的愉悦和满足，进一步提升心情。当成功完成一套健美操动作，尤其是那些需要高度集中精力和协调性的动作时，运动员对自己的能力将会产生更多的信心，进一步提高自信心。

三、社交和团体价值

健美操不仅能够借助个体运动员的力量和技巧塑造优美的动作和形态，更重要的是，它还可以借由团体活动、社交机会以及集体凝聚力的提升，塑造团队间的和谐共享、合作关系，增进社群的凝聚力和互助精神。

　　健美操的团体活动是一个共享和合作的过程。在这个过程中，每个成员都在为达成共同的目标付出努力，无论是在技巧的学习上，还是在节奏的把握上，甚至在心理准备的过程中，都是一种团队精神的体现。在这个过程中，每个运动员都有机会学习到团队合作的价值，以及如何在团队中找到自己的位置，发挥自己的作用。

　　健美操的团体活动也提供了丰富的社交机会。通过参与这种活动，运动员可以结识到有着不同背景、不同技能和经验的人。这种交流，不仅能够拓宽运动员的视野，增加他们的知识和理解，也能够帮助他们建立起有意义的人际关系。在这种交流中，运动员也有机会学习到如何处理人际关系，如何有效地进行沟通和协作，这些都是他们在日后生活和工作中必不可少的技能。

　　在促进集体凝聚力方面，健美操的效果同样显著。每一个健美操动作，每一次配合，都需要运动员之间的紧密合作。在共同努力完成一个目标的过程中，团队的凝聚力会逐渐增强。这种凝聚力，不仅体现在运动员之间的默契和协作上，更体现在他们对团队和集体目标的忠诚和承诺上。

第二章　健美操运动的基本动作解析

第一节　健美操基本动作特点与作用

一、健美操基本动作的特点

（一）健美操基本动作是健美操最典型、最核心的部分

健美操基本动作是健美操最典型、最核心的部分，它们构成了健美操的骨架，为运动员提供了一个稳固的基础，以在此基础上进行更高级的动作和技巧。这些基本动作囊括了对身体各部位的全方位训练，包括头部、颈部、胸部、腹部、背部、腰部、臀部、大腿、小腿、足部等部位，每一部位的动作都精心设计，以满足对该部位的特殊训练需求。

基本动作的精髓在于它们展示了各个部位的共性特征。每个部位都有其特定的动作和训练方式，这些动作在强化肌肉、提高柔韧性、增强协调性等方面起着至关重要的作用。比如，头部和颈部的动作可以帮助改善颈椎的活动性和稳定性，胸部和背部的动作则可以强化核心肌群，提高身体的稳定性和力量。基本动作以其独特的动态美和艺术性，赋予了健美操极高的观赏性和艺术价值。它们不仅仅是简单的运动或者身体训练，而是将运动、艺术、音乐和舞蹈巧妙地融合在一起，创造出独特的视觉和听觉体验。基本动作对健美操动作的创新和发展起到了关键的推动作用。所有的动作变化、连接、组合和编排都是在基本动作的基础上进行的，无论是更高级的动作，还是更复杂的组合，其核心都是对基本动作的深入理解和精准掌握。

（二）健美操基本动作内容丰富，动作相对比较简单，易于练习和掌握

健美操基本动作构成了这项运动的核心骨架，它们丰富多样，有节奏感，而且具有极高的艺术价值。这些动作源于传统的体操和舞蹈元素，融入了健身器械的使用，结合了身体的每一个部位，逐步演变成了一套独特的健美操体系。

健美操基本动作内容丰富。无论是对身体柔韧性的训练，还是对肌肉力量和耐力的提升，健美操的基本动作都能做到全面覆盖。基本动作中包含了各种翻腾、跳跃、旋转、伸展、折叠、曲线和直线运动等，且每一个动作都有其明确的训练目标和效果，可以全方位地锻炼身体。健美操的基本动作相对比较简单。许多动作都是在日常生活中常见的身体动作，如走、跑、跳、踏步、摆动手臂等，因此练习者很容易接触和掌握。同时，由于基本动作的设计考虑到了安全性和易学性，因此无论是初学者还是有经验的运动员，都可以根据自己的身体条件和技能水平，逐步学习和提高。

（三）健美操基本动作是健美操动作中最重要、最稳定的部分

健美操基本动作在健美操运动中起着至关重要的作用，它既展现了健美操的鲜明特色，又是构成整个运动的基础元素。基本动作，就像一支乐曲的基本音符，它虽然简单，但却是创造出千变万化音乐的基础。健美操的基本动作也如此，它虽然看似简单，却是构成复杂动作组合的基础。

基本动作在稳定性上也有着明显的特点，它们是健美操运动最稳定的部分。这些稳定性来源于基本动作对人体机能的高度适应性和其在健美操运动中的重要地位。人体在运动中，总是会本能地选择最稳定的动作，这些动作能够提供最有效的运动性能，并降低受伤的风险。因此，基本动作就像是健美操运动中的锚，无论动作组合如何变化，基本动作始终保持稳定，为运动提供了稳定的支持。

基本动作不仅稳定，而且具有极高的变异性。在基本动作的基础上，可以不断地进行变形和组合，可以加以节奏、路线、方向等变化，创造出动感、流畅、优美的不同的动作组合。这就像一支乐曲，虽然基本音符只有那么几个，但是通过各种各样的组合和变化，就可以创造出千变万化的乐曲。这种变异性是健美操运动魅力的一大来源，也是健美操能够长久保持其吸引力的重要原因。

二、健美操基本动作的作用

在探讨健美操的基本动作的功能时，其多维度的效用逐渐显现。体态，作为健美操最直观的表现，实际上是由无数基本动作锻炼而来，这种体态展现的是健美操运动者的精神风貌以及实力基础。这一点不言而喻，一个人的体态，无论是在日常生活中，还是在进行健美操的表演时，都是其内在素质和技能的体现。

基本动作，看似简单，却隐藏着丰富的内涵。它们不仅是更复杂动作组合的构成元素，也是学习新动作的桥梁。通过精通基本动作，健美操运动者能够更快速地掌握新的动作组合，能够更深入地理解各种动作的原理，从而更好地掌握整个动作的节奏和流程。

健美操基本动作的锻炼，也让运动者有机会深入体验到力量的释放和控制过程。这一过程不仅能提高运动者的肌肉力量，也能提高其对身体的感知和控制能力。通过反复的训练，运动者能够更好地理解和掌握各个肌肉群的功能，能够更好地感知并调控自己的力量。

此外，对健美操基本动作规格和节拍的准确掌握，对于健美操的编排者来说也是至关重要的。它能够协助编排者更精确地编排出符合音乐节奏和情感表达的动作组合。这种对动作的精确掌握和熟练运用，既能提高编排者的编排技巧，也能提高健美操表演的观赏性和艺术性。

第二节　竞技健美操动作分析

一、动力性力量类动作

（一）俯卧撑类、提臀起类与分切类

1. 总体描述

竞技健美操中的动力性力量类动作是一种复合式的力量训练，涵盖了广泛的种类，包括俯卧撑类、提臀起类、分切类等，这些动作以其难度和对身体各部位的全面锻炼吸引了众多健身爱好者的关注。

俯卧撑类动作是这些动作中最为基础也是最为常见的，其基本要求就是需要保持身体上下部分的平衡和协调，具有良好的身体控制力。俯卧撑动作需要保持两肩与地面平行的起落位置，整个动作的上升和下降都要有控制，不能突然快速降落。同时，做俯卧撑时，肘部的屈伸角度也是有严格要求的，不能太大或太小，需要保持一定的角度。俯卧撑还有很多变形，比如文森俯卧撑类动作，它是在普通俯卧撑的基础上，增加了腿部的活动，要求腿伸直，并展示出良好的髋关节柔韧性。再比如提臀起类动作，它是在普通俯卧撑的基础上，增加了对臀部、腿部和腹部的锻炼。

除了俯卧撑外，还有很多动力性力量类动作，例如分腿高直角支撑类动作、旋腿类动作、托马斯类动作、直升机类动作、开普转体类动作等等，它们对身体的某一部位或某几个部位有着很好的锻炼效果。这些动作都需要保持良好的身体控制力和身体协调性。

从练习者的角度看，动力性力量类动作可以帮助他们建立良好的身体协调性和控制力，提升他们的力量和速度。同时，这些动作对身体的全面锻炼，也可以帮助他们提升身体素质，增强身体的耐力和力量。

从教练的角度看，动力性力量类动作是一种非常有效的训练方式。通过指导和教授这些动作，教练可以帮助练习者改善他们的身体姿势，提升他们的身体素质，帮助他们更好地完成更高难度的健美操动作。

2.特别描述

在竞技健美操中，动力性力量类动作是训练和比赛的重要组成部分，其中包含俯卧撑类、文森俯卧撑类、提臀起类、分切类等多种具有挑战性的动作。

俯卧撑类动作要求运动员以单手或双手支撑地面，肘关节伸直，肩部平直，垂直于地面。身体下降时，肘部的弯曲角度和胸部离地的距离都有严格的要求。俯卧撑起落必须有控制，落地时，两肩必须与地面平行。错误的身体姿态、身体离地距离大于规定的厘米数、肩部位置不正、抬头或低头等都会被视为错误。

文森俯卧撑类动作以双手前撑开始，一腿伸展并搭在同侧肱三头肌上端，双腿必须伸直。执行文森俯卧撑类动作要求髋部具备极好的柔韧性。执行过程中，如腿弯曲或脚处于不良姿态、腿搭在三角肌下部、未完成俯卧撑等情况，都会被视为错误。

提臀起类动作，以前撑开始，双臂推动身体向上，空中提臀屈体，屈体位置要求双腿垂直于地面，胸贴近膝盖，以俯卧撑结束①。在动作过程中，无论是腾空动作的手脚不同步，还是空中没有展示出规定的屈体位置，都会被视为错误。

分切类动作开始于前撑，手臂弯曲后，双手、双腿推起身体上升至腾空，过程中分腿摆越，前穿至仰撑。在动作完成前必须展示出身体的腾空位置。如果在俯卧撑落地阶段，没有落地的控制技术，或者分切时脚蹭地，都会被视为错误。

---

① 郑辉.对竞技健美操 A 组提臀起类动作的运动学分析 [D].西安：西安体育学院,2013：6.

（二）旋腿类、托马斯类、直升机类和开普转体类

1. 总体描述

在竞技健美操中，旋腿、托马斯、直升机、开普转体等动作是测试运动员技术灵活性、身体协调性和力量的关键环节。这些动作的完成需要精细的技术和极佳的身体控制能力，这既体现了运动员的力量和技术水平，也展示了他们的柔韧性和灵活性。

旋腿动作在完成过程中，必须保证在完成 180 度或 360 度旋转之前，双腿不能着地。旋腿时，臀部必须提起并保持伸展，否则会降低完成质量。这类动作要求身体控制力极强，只有通过持续不断的训练和磨炼，才能够熟练掌握。

托马斯动作是一种颇具挑战性的运动技巧。完成此动作，运动员需要全身力量和精细的身体控制。其动作要求可以理解为从前向后的全身旋转，而身体中心则保持不动。这一动作的完成需要精确的力量控制和对身体坐标系的准确认知。

直升机动作以双腿全旋开始，腿部贴近胸腔，背部着地。动作的关键在于双腿向上向前伸展，同时转体 180 度并提起成俯卧撑姿势。直升机动作强度大，对身体的协调性和力量有很高要求。

开普转体是一种高难度的单手支撑动作，可以任意姿势开始，一腿弯曲一腿伸直，直腿踢至肩部，同时蹬伸弯曲腿过渡至单臂支撑，并展示劈腿位置。在单臂支撑时，臀部必须高于肩部。这种动作需要运动员具备出色的力量、平衡能力和柔韧性。

2. 特殊描述

竞技健美操中的旋腿、托马斯、直升机和开普转体动作都是一种身体技巧的展现，每种动作都有其特殊的要求和完成技巧。

旋腿类动作是以双手体前触地、腿的姿态依动作而变化开始的。包括单腿摆越一周、双腿摆越半周、托马斯全旋、双腿全旋、俯卧撑分腿摆越等多种形式。此类动作的完成，须保证在整个过程中脚部不得触地、

动作的完整性。在实践中，往往会出现摆动腿弯曲、摆动腿接触地面、动作不完全等常见错误。

托马斯类动作是一种较为复杂的技巧，其要求双腿在不接触地面的情况下，围绕身体进行全旋。此类动作包括托马斯全旋成劈腿、托马斯全旋成文森等。完成这一动作，需要保持双腿不触地，且必须展示出完整的回旋。在实践中，常会出现脚蹭地、臀部未能提起伸展等错误。

直升机类动作是以分腿坐开始，需进行 180 度的转体，并保持开始和结束的方向一致。此类动作的完成，要求身体转体时必须以上背部为转轴，且开始和结束方向必须相同[1]。实际动作过程中，可能出现转体不充分、结束面向与开始面向不同等常见错误。

开普转体类动作是一种单手支撑技术，一腿弯曲一腿伸直，踢直腿至肩，同时蹬伸弯曲腿过渡至单肩支撑，展示劈腿位置。完成动作过程中躯干的中轴线保持水平以下。完成此类动作，需在完成动作技术前展示腾空阶段，并保证手臂支撑地面水平夹角至少 170 度，躯干位于水平以下，双肩成一垂线。动作实施过程中，可能出现支撑身体的手臂未能与双肩形成垂直线等错误。

这些动作的要求以及常见错误的列举，对于训练者理解和掌握动作技巧有着实质性的帮助。了解了这些规则和细节，可以帮助运动员在进行动作训练时，更准确地掌握技术要领，提高训练效果。同时，教练在对运动员进行指导和纠正动作时，也可以有的放矢，提高教学效率。尤其是对于竞技健美操运动员来说，理解并掌握这些动作规则和要求，是他们提高比赛成绩、实现优异表现的关键。

---

① 邹玮.竞技健美操新旧规则的变化趋势研究 [D].上海：上海交通大学，2011：11.

二、静力性力量类动作（支撑类）

（一）总体描述

静力性力量类动作，也称为支撑类动作，是一系列依靠手部力量进行的持续稳定动作。这些动作的主要目的是展示运动员的核心力量，肌肉控制和身体平衡能力。

这类动作的种类多样，包括分腿支撑类、直角支撑类、锐角支撑类、文森支撑类、肘撑类、水平支撑类等。同时，这些动作都有自己的转体版本，如分腿支撑（转体）、单臂分腿支撑（转体）、直角支撑（转体）、单臂直角支撑转体、分腿直角支撑（转体）、高直角支撑（转体）等。这些转体版本的动作，无论是在开始或结束位置，还是在转体过程中，整个支撑过程都必须保持2秒。

完成这些动作，都必须满足以下基本要求：①展示静力性力量，每个动作必须停留2秒。②身体各种姿势完全支撑在单手或双手上，只允许手触地面①。③在整个技术动作过程中，双脚或臀部不得接触地面。④在支撑时，手掌或拳头必须平整地撑于地面。

不同类型的支撑动作有各自的具体姿态要求。例如，屈体分腿要求屈髋分腿，分腿的最小角度为90度，双腿平行于地面。直角动作要求双腿伸直并拢，与平行地面。高直角分腿要求屈髋分腿，夹角90度，双腿垂直于地面。高直角动作要求屈髋并腿，双腿并拢垂直于地面。锐角动作要求背部平行于地面。文森动作要求身体伸展并平行于地面，一腿伸展控制在同侧肱三头肌上端。水平动作要求身体伸展平行于地面。水平支撑动作要求双手直臂支撑，身体不得超过水平面以上20度。

这些动作都对运动员的核心力量、肌肉控制能力和身体平衡能力提

---

① 陈超. 竞技健美操运动员专项力量训练内容设计 [D]. 长沙：湖南师范大学，2012：15.

出了高要求。只有在不断的训练和实践中，才能更好地掌握这些动作的技术，提高运动水平。同时，这些动作也能够有效地锻炼运动员的身体协调性、身体控制力以及力量。特别是对于竞技健美操运动员来说，掌握这些动作技巧和规则，不仅可以提高比赛成绩，也可以为其他运动项目的训练和比赛提供力量基础和技术支持。

（二）特殊描述

在探讨支撑类动作的深度时，有必要详细描述其中的特定动作和要求。这些特定动作，如直角支撑、文森支撑、分腿直角支撑转体等，均强调了运动员的力量、平衡和柔韧性。

直角支撑动作体现的是纯粹的力量。在执行这个动作时，身体的重心应落在支撑手上，双腿伸直并拢，且必须与地面平行。在整个过程中，不能有腿部弯曲、腿未夹紧、身体重心未能落于两支撑手之间、支撑时间少于2秒或者腿未与地面平行等错误发生。

文森支撑动作展现了力量和柔韧性的结合。完成这个动作需要运动员在双手前俯撑的状态下，一腿伸展并搭在同侧肱三头肌上端，双腿必须伸直，双脚离地，身体重心仍然要落在支撑手上。正确完成文森俯卧撑类动作需要运动员的髋部具有极好的柔韧性，并且在分腿姿态时，两腿距离需要达到或大于90度。与此同时，也要避免出现动作过程中屈腿、两腿伸展度不足、支撑时间不足2秒、分腿距离小于90度、头部或肩部接触地面等常见错误。

分腿直角支撑转体动作则是力量综合能力的体现。完成这个动作时，身体重心应在支撑手之间转换，无论在转体开始、结束，还是在转体过程中，支撑都必须保持2秒。这个动作中，除了要求运动员的腿部垂直，转体过程的完整性也非常关键。如果发生腿部弯曲、两腿距离小于90度、自由臂或腿接触地面、转体不完全、转体过程中身体姿态未至少保持2秒等错误，都会影响到动作的完成和评价。

无论是直角支撑、文森支撑，还是分腿直角支撑转体，都凸显了静力性力量类动作对运动员身体力量、平衡和柔韧性的高要求。运动员需要通过精确的技术、严格的训练和正确的体位，才能够成功完成这些动作。并且，这些动作的训练和执行不仅对运动员本身的身体素质和能力有着极大的提升，也能提高运动员在其他运动项目中的表现。因此，这些动作在健身训练和竞技比赛中都占有重要的地位。

三、跳跃类动作

（一）总体描述

跳跃类动作集合了力量、爆发力、柔韧性和平衡力于一体。这类动作包含众多种类，如跳转类、自由倒地类、给纳类、燕式平衡成俯撑类、团身跳、分腿跳类、科萨克跳类、屈体跳类、纵劈腿跳类、横劈腿跳类、剪踢类和剪式变身跳类等[①]。

在跳跃类动作中，爆发力和动作幅度是关键。这类动作需要运动员最大程度地展示出自己的力量和灵活性。为了完成这些动作，运动员需要有很强的下肢力量，尤其是腿部和腹肌的力量，同时还需要具备良好的平衡能力和身体协调性。

跳跃类动作可以以单脚或双脚起跳。无论是单脚起跳还是双脚起跳，对动作的难度和评分没有影响。在执行跳跃动作时，落地的方式也非常重要，需要运动员保持完美的身体标准姿态[②]。身体在空中的形态必须清晰可辨，身体和腿必须保持紧张、伸直，并与头和脊柱成一直线。

不论是腾空成俯撑姿势落地，还是以劈叉姿势落地，都必须以有控制的方式进行。以劈叉姿势落地时，手可触地。无论是以单脚还是双脚落地，都被视为同一难度动作的不同形式。自由倒地动作通常以俯撑姿

---

① 郑辉. 对竞技健美操A组提臀起类动作的运动学分析 [D]. 西安：西安体育学院，2013：6.

② 邱珍艳. 第12届世界健美操锦标赛男单前三名C组难度动作运动学与协调性分析 [D]. 南昌：江西师范大学，2013：15.

态落地，也允许其他方式落地。无论何种落地方式，都必须保持控制，防止因为失去平衡而受伤。

（二）特殊描述

在体育训练和表演中，跳跃类动作可呈现出惊人的力量和优美，自由倒地、科萨克跳和剪式变身跳则是其中的代表性动作。这些动作不仅要求运动员具有出色的爆发力和灵活性，还需要精湛的技巧和稳定的身体控制能力。

自由倒地动作中，身体的骨盆位置是稳定的，身体空中姿态由垂直至水平。在执行这个动作时，运动员需要在空中将身体从竖直姿态转变为水平姿态，并以俯卧撑姿势落地。这一过程中，全身从头到脚应保持在一条直线上，尤其在落地时，运动员的手臂必须承受身体的重力并缓冲下落的冲力。

科萨克跳是一种力量与技巧的完美结合，要求运动员在空中表现出完美的动作姿态。起跳后，身体应呈现屈体姿态，双腿并拢，一腿伸直，一腿屈膝，躯干和双腿的夹角不得大于60度[①]。落地时，必须保持稳定，并保持身体的控制力。

剪式变身跳是一种高难度的跳跃类动作，它要求运动员在空中进行180度或360度的转体。执行这个动作时，运动员需要展现出强大的爆发力和转体能力，同时也需要保持身体的平衡和控制力。

四、平衡与柔韧类动作

（一）总体描述

平衡与柔韧类动作是体育训练和表演中不可或缺的一部分，尤其在健美操等活动中。这些动作包括转体、平衡、高踢腿、纵劈腿、横劈腿、

---

① 龚文平.浅析核心力量训练对竞技健美操运动的作用 [J]. 新西部（下旬.理论版）,2011(3):252，259.

依柳辛和开普等。执行这些动作的过程中，身体的稳定性、协调性、控制力和柔韧性都将得到充分的考验。

转体、平衡类动作在执行过程中，要求身体始终保持标准的姿态，这需要运动员拥有出色的身体控制能力和身体协调性。同时，转体必须完整，不能出现停滞或回旋，这又需要运动员具有强大的腹部和腿部力量。

高踢腿、纵劈腿、横劈腿类动作则是对身体柔韧性的极大考验。在这些动作中，运动员需要保持双腿伸直，尽可能地提升腿部的高度。在任何一个动作过程中，都必须展示完全的劈叉 180 度，这就要求运动员具有极高的柔韧性和灵活性。

依柳辛和开普是更高级别的技巧动作。在执行这些动作时，运动员需要保持身体的平衡，尤其是在开普动作中，还需要将一腿踢至肩部，同时抬起另一腿，并以单臂支撑身体，展示劈腿姿态。这不仅需要运动员有足够的身体力量，还需要他们有优秀的身体平衡能力和柔韧性。

（二）特殊描述

在健美操等体育活动中，动作的执行、技巧和准确性至关重要。静力性平衡类和柔韧类动作是其中两大重要类别，它们对运动员的身体协调性、平衡感和身体柔韧度提出了很高的要求。

静力性平衡类动作强调的是运动员在特定姿势下保持稳定的能力，例如前扳腿平衡、燕式平衡、前控腿平衡等。为了成功完成这些动作，运动员需要具备优秀的平衡感和身体控制能力，例如，必须至少保持单脚平衡 2 秒钟，抬起的腿要至少达到肩高，燕式平衡则需要运动员将身体维持在水平状态。在执行这些动作的过程中，常见的错误包括平衡脚不稳定、未能持续 2 秒、抬起腿高度不足以及身体姿态不正确等。

相对于静力性平衡类动作，柔韧类动作更加复杂也更具技巧性，这类动作包括垂直劈叉、依柳辛、无支撑垂直劈腿等，要求运动员在动作过程中展示完全劈叉（180 度），并且腿必须伸直。在完成动作的过程中，运动员需要将两腿间的角度维持在 180 度，完成滚动、转体和劈腿转体等动作的圆必须完整，全劈叉转体时，腿必须靠近脸部。此外，全部转体动作，支撑脚必须始终保持与地面接触。常见的错误包括劈叉姿势时屈腿、劈叉开度不够 180 度、转体不完全、横卧劈叉时臀部抬起等。

了解了这些动作的要求和常见错误之后，运动员需要通过长时间的训练和练习来提高自己的身体素质，包括身体协调性、平衡感和柔韧度，从而能更准确地完成这些动作。此外，良好的心理状态和精神集中力也是提高动作执行精度的关键因素。因此，运动员在训练中不仅要注重身体素质的提高，也要注意心理状态的调整。

五、竞技健美操基本步法

健美操是一种独特的运动形式，它结合了舞蹈、体操，以及肌力训练的元素，同时也重视舞蹈表现力和节奏感。能够提高身体的灵活性、力量和耐力，这种运动强调全身性的动作，以及精确和连贯的步法。接下来，我们将深入探讨健美操中的七种基本步法，这些步法不仅是健美操的基础，同时也是所有难度动作的基础。

踏步是健美操中最基础的步法之一。它要求脚踝和膝盖要在一条线上，并保持稳定的动作，同时要有良好的肌肉控制，使身体保持稳定。在健美操中，踏步不仅是一个基本的步法，也是许多复杂动作的开端。

后踢腿跑是另一个重要的步法。这个步法需要运动员保持上半身的稳定，同时单腿向后踢，使腿部肌肉得到充分的拉伸和活动。这一步法要求脚踝充分伸展，使动作更具流畅性和美感。

在健美操中，弹踢腿跳则是一个更高难度的步法，这需要运动员有更好的身体控制和肌肉力量。弹踢腿跳开始于后踢腿跑的姿势，然后以弹跳的方式向前踢腿。这个步法对身体的平衡和力量都有很高的要求。

吸腿跳和踢腿跳是两个需要较高灵活性和力量的步法，它们都需要运动员的腿部肌肉有足够的力量和灵活性，以执行完整的动作。在健美操中，这两个步法往往用于表现运动员的灵活性和力量。

开合跳是健美操中另一个常见的步法，它要求运动员的两脚同时向外跳开，然后并拢，形成一种开放和收缩的节奏。这个步法对身体的协调性和节奏感有较高的要求。

弓步跳是健美操中一个独特的步法，它需要运动员的一只脚向后伸直，另一只脚弯曲，形成一种弓步的姿势。这种步法需要运动员有很好的身体协调性和力量，以完成动作。

第三节　健身健美操动作分析

一、基本步法

健身健美操的基本步法根据人体运动时对地面的冲击力大小分为无冲击步法、低冲击步法、高冲击步法。

（一）无冲击步法

在健美操中，无冲击步法是一种特殊的运动形式，其特点是运动员的双脚始终与地面保持接触，没有任何离地跳跃的动作。无冲击步法有助于保持稳定，减少运动伤害，同时也对身体的平衡、稳定性和控制能力有较高的要求。下面我们将详细探讨无冲击步法中的五种基本动作。

弹性是无冲击步法的一种基本元素，它要求运动员的膝关节保持一定的弹性屈伸，以帮助吸收冲击。这对身体的灵活性和力量有一定的要求。弹性动作可以提高运动员的灵活性和稳定性，同时也有助于提高身体的整体感和运动效率。

半蹲是另一个重要的无冲击步法动作，要求运动员屈膝蹲下，同时保持上体直立。半蹲动作可以锻炼腿部肌肉，提高力量和稳定性，同时也对身体的平衡和协调性有较高的要求。

弓步是无冲击步法的一个基本动作，它需要运动员一腿向前或向侧后迈步，同时屈膝，另一条腿保持伸直。这种动作对身体的协调性和力量有一定的要求，同时也可以提高腿部和腰部的灵活性。

提踵是无冲击步法的另一个基本动作，它要求运动员脚跟向上提起，然后还原。提踵动作可以锻炼脚踝和小腿肌肉，提高力量和灵活性，同时也有助于改善身体的平衡和协调性。

箭步蹲是无冲击步法的最后一个动作，它需要运动员一腿向前迈一步并屈膝，另一腿屈膝，大腿垂直于地面，脚跟向上，身体的重心在两脚之间。这种动作对身体的平衡和稳定性有较高的要求，同时也可以锻炼腿部和腰部的肌肉。

（二）低冲击步法

低冲击步法是在运动中始终保持至少一只脚接触地面的步法。这种步法减少了对身体关节的冲击力，使得运动更为安全。根据它的完成形式分为以下四类：

1. 踏步类

根据动作形式，踏步类步法可细分为以下七类。

踏步动作以两脚交替落地为主。在踏步中，两只脚在原地交替抬起和落地，每个动作单拍完成，前脚先落地，过渡至全脚，各个关节依次缓冲，这样有利于保持稳定，并使腰腹肌肉保持紧绷。

一字步的完成需要四拍，两脚依次向前迈一步，并拢，然后退一步还原。落地时，下肢关节顺势缓冲，既保持稳定又保证了身体的灵活性。

V字步以每四拍完成一次动作为主。例如以右脚为例，右脚向右前迈一步，左脚向左迈一步，形成V字形，然后右脚开始依次退回原位。这个动作需要脚跟先落地，过渡至前脚，并关注关节的缓冲及动作的弹性。

曼波步（也称为漫步）的特点是在四拍内完成。例如以右脚为例，右脚先向前或向侧迈一步，然后重心前移，左脚稍抬起；重心后移，右脚还原，左脚稍抬起。动作过程中要注意不要过大的重心移动，以免失去节奏控制。

小曼巴步（小漫步）则以六拍完成一次动作。例如以右脚为例，右脚向左前做 1/2 漫步后还原，然后左脚再向右前方再做 1/2 漫步。完成时要注意每一拍落地时的缓冲，手臂动作比较随意。

桑巴步也需要六拍来完成。例如以右脚为例，右脚向右踏一步，左脚向右脚后做 1/2 漫步，然后左脚向左踏一步，右脚向左脚后再做 1/2 漫步。完成时要注意每一拍落地时的缓冲，手臂动作比较随意。

恰恰步，这是一个二拍动作。例如以右脚为例，右脚迈一步，后半拍左脚在右脚后方快速跟进一步或跳起并步，然后右脚再向前一步。完成时要注意节奏的掌握，第一拍两动，第二拍一动；通常和漫步连用。

2.迈步类

低冲击步法的要点在于，在进行动作的过程中，始终保持至少一只脚接触地面。这种方式可以有效地减少对膝关节、踝关节和脊椎的冲击力，从而降低受伤的风险。尤其是在进行跳跃或冲刺等高冲击运动时，使用低冲击步法可以有效地保护关节。

迈步类包含了丰富的动作，其基础在于一脚先迈步，然后另一脚跟随进行相应的动作，以下进行详细的阐述：

并步：并步是两拍完成的动作。例如，当右脚向右侧迈步时，左脚前掌紧跟其后并至右脚，膝盖稍微弯曲以形成下蹲姿态。这种动作关键在于膝盖落地时的缓冲和维持腰腹稳定。

交叉步：这是一个四拍完成的动作，首先侧向迈出一步，然后另一脚交叉在后，稍屈膝。然后再向侧面迈一步，另一脚点地并拢。它是向侧面移动的主要步法之一，动作幅度应尽可能大，同时，落地时，膝部应顺势向下屈膝以减缓冲击。

迈步后屈腿：这是一个两拍完成的动作，例如右脚向侧迈一步，同时稍稍屈膝，然后左腿小腿后屈。完成这个动作时，关节的弹动控制和保持支撑腿的稳定非常重要。

迈步吸腿：这个动作需要在两拍内完成。向前或侧面迈出一步，另一脚屈膝抬起至水平，然后恢复原状。这个动作强调关节的弹性和稳定性，同时，根据个人能力，可以尽量抬高膝盖。

滑步：滑步也是一个两拍完成的动作。例如右脚向右侧迈出一大步，屈膝站立，左脚侧面滑行至右脚，上体稍微向侧面弯曲。这种动作对身体控制和姿势要求较高，因此需要保持重心在支撑腿上，并引领上肢动作。

迈步前踢腿：这是一个两拍完成的动作，向前迈出一步，然后另一脚向前弹踢，然后两脚依次恢复原状。在这个动作中，关节的柔韧性、稳定性和腰腹部的收紧都非常关键。

迈步侧踢腿：这也是一个两拍完成的动作。例如，右脚迈出一步，接着左脚向左侧抬起，然后再进行相反的动作。这个动作中，保持关节不要强直，脚面向上，同时保持稳定的重心和紧实的腰腹。

以上每一种步法都有其独特的技巧和重点。在实践中，理解并运用这些步法，能帮助我们更好地进行健美操锻炼，提升健身效果。

3. 点地类

点地类是一种常见的健美操步法，它要求一腿屈膝站立，另一腿伸出，用脚尖或脚跟点地后还原到并腿位置。点地类主要有脚跟前点地和侧点地两种形式。

脚跟前点地是一个两拍完成的动作，即一脚稍微屈膝站立，另一脚脚跟向前点地，然后还原到原位置。在执行这个动作时，关键在于保持重心始终在支撑腿上，同时保持腰腹的稳定。这个动作能有效地锻炼到腿部的肌肉群，尤其是大腿的肌肉。

侧点地也是一个两拍完成的动作。例如，右脚稍微屈膝站立，左脚尖向右侧点地，然后还原到原位。这个动作的重点在于始终保持重心在支撑腿上，同时，保持腰腹的稳定性。脚尖向侧面点地时，要尽量向远处延伸，脚背保持向前。侧点地能够帮助提升腿部肌肉和身体的灵活性。

以上两种点地步法是健美操中常见的步法之一，它们都强调的是保持重心稳定，同时借助腰腹的力量来控制脚部的动作。在实际练习中，我们还需要注意保持脚部的灵活性和准确性，避免因动作不准确而受伤。

4. 抬起类

抬起类是一种健美操的步法，它的特点是一腿支撑地面，另一只腿以支腿或屈腿形式向上抬起。这种步法可以很好地锻炼腿部肌肉，同时也能提高身体的平衡能力和灵活性。抬起类主要包括两种基本动作：吸腿和踢腿。

吸腿是一种常见的抬起类动作，它是一种两拍完成的动作。这个动作的执行方法是，一腿支撑地面，另一只腿屈膝向上抬起，然后恢复到原来的位置。在执行这个动作时，需要注意保持支撑腿的弹性缓冲及身体的稳定。这个动作能有效地锻炼到大腿和臀部的肌肉。

踢腿也是一种常见的抬起类动作，它也是一种两拍完成的动作。这个动作的执行方法是，一腿支撑地面，另一只腿向前或向侧踢，然后恢复到原来的位置。在执行这个动作时，需要注意保持支撑腿和身体的稳定。这个动作能有效地锻炼到大腿的肌肉，同时也能提高身体的协调性和灵活性。

这两种抬起类动作在执行过程中，都需要我们注意保持身体的稳定，避免身体因不稳定而受伤。此外，我们也需要注意保持支撑腿的弹性，避免硬直的腿部对身体产生不必要的负担。

（三）高冲击步法

高冲击步法是一种集协调性、力量和耐力于一体的运动步法，特别适合于高强度的运动训练。这种步法要求在执行动作过程中，存在一个瞬间双脚同时离开地面的腾空动作。

1. 迈步跳起类

高冲击步法中的迈步跳起类步法包含了多种动作，例如并步跳、上步吸腿跳、开合跳、弓步跳等。

并步跳是一种典型的高冲击步法，这种动作是以单脚起跳，另一脚紧随其后并跳起，双脚同时落地。这个动作的关键在于在空中保持稳定的身体姿态，落地时膝盖需要有一定的屈曲程度来减缓冲击力。并步跳可以锻炼到大腿、小腿和臀部的肌肉，提升力量和协调性。

上步吸腿跳类似于并步跳，但是在起跳的过程中，需要吸起另一腿，然后以单脚落地。这个动作更加考验身体的平衡能力和肌肉的力量，对于锻炼身体协调性和灵活性非常有帮助。

开合跳是一种双脚起跳的高冲击步法，起跳后双脚在空中向两侧分开，然后再并拢。这个动作能够很好地锻炼到腿部肌肉和腹部肌肉，同时也能提升心肺功能。

弓步跳则是在双脚起跳的过程中，落地时一脚在前，一脚在后形成弓步。这种动作对身体的协调性和稳定性要求较高，可以有效地锻炼到腿部、臀部和腹部的肌肉。

无论是哪种高冲击步法，都需要保持身体姿态的稳定，落地时需要用膝盖缓冲，以减少对膝盖和骨骼的冲击。在进行高冲击步法的训练时，要注意适当的强度和频率，避免过度训练导致的伤害。同时，进行这些步法的训练，也需要有一定的身体素质和技巧基础，初学者需要在教练的指导下进行。

2. 单脚起跳类

高冲击步法中的单脚起跳类步法相较于其他步法更具挑战性和复杂性，对身体的协调性和力量要求更高。其中，弹踢腿跳、后踢腿跑和小马跳是比较常见的几种单脚起跳类步法。

弹踢腿跳这个动作的过程中，先是将一腿抬起并向前屈，然后从另一脚起跳，与此同时将抬起的腿伸直并向前、侧面或后面踢出。这一动作的完成要领在于控制力量的分配和方向，大腿部分应先发力，小腿部分跟随其后，并且力度的释放需要向前下方延伸。弹踢腿跳能够锻炼腿部肌肉的爆发力和控制力，对于提升运动员的速度和灵活性有极大帮助。

后踢腿跑是通过单脚起跳，另一腿向后屈膝的动作，来提升腿部力量和提高心肺耐力的步法。执行此动作时需要保持身体直立，尽量保持稳定的节奏和高效的力量输出。这个动作的特点是可以同时锻炼到臀部和腿部的肌肉，有助于提升运动员的跑步速度和爆发力。

小马跳则是以一脚为支撑，另一脚抬起，然后向侧方跳跃，接着交换脚的位置并继续跳跃。这个动作不仅能提升腿部和踝关节的力量和灵活性，同时对提升身体的协调性也非常有效。

这三种单脚起跳类步法各有其特点和训练的重点，它们都需要很高的技巧和力量，同时也是对身体协调性、稳定性的一种考验。在实际运动中，我们可以根据自己的情况选择适合的步法来训练，也可以将多种步法结合起来，进行复合式的训练，以提高身体各部位的协调性和力量。同时，要注意在执行这些步法时，保持正确的姿势和缓冲力度，以避免运动伤害。

二、上肢动作

在健身健美操表演中，上肢动作起着重要的作用，能为动作赋予多样性，同时也可以改变动作的强度和难度，进一步提高舞蹈的观赏价值。对于舞者来说，控制上肢动作和精确把握手形是基础技能，需要在训练中不断精进和掌握。

（一）基本手形

基本手形是上肢动作中的重要组成部分，手形的不同会在健身健美操中展示出不同的意境、情感和气质，同时也对舞者的手部力度和灵活性提出了各自的要求。

并掌的手形是五指并拢伸直，指关节保持直立，这看似简单的手形其实需要手指保持强烈的张力。开掌则要求五指用力分开并伸直，展示出手指的力度和分开的角度。花掌，或称为西班牙手形，在开掌的基础上，从小指开始依次内旋，形成一个扇面的形状。立掌则需要手掌用力上屈，五指指关节自然弯曲。一指手形是将拇指与中指、无名指、小指相叠，仅有食指伸直。剑指手形则是拇指与无名指、小指相叠，中指与食指并拢伸直。响指是将无名指、小指弯曲，通过拇指和中指、食指间的摩擦打出响声。拳的手形则是四个长指握成拳，拇指的第一关节扣在食指与中指的第二关节处。舞蹈手形通常综合引用拉丁舞、西班牙舞、芭蕾舞等舞种的手形。

掌握这些基本手形并不只是要求手指的力量和灵活性，还需要理解每种手形在舞蹈中的象征意义和实际应用，以便在表演中准确地表达出舞蹈的意境和情感。因此，对于舞者来说，理解并熟练掌握这些基本手形至关重要。

（二）常用的上肢动作

在舞蹈中，常用的上肢动作相当丰富，这些动作在各种舞蹈表演中都有广泛的应用。

屈动作主要是通过关节角度的减小来实现，例如，肘关节屈动时肱二头肌会收缩。伸动作则是通过关节角度的增大来实现，如肘关节伸展时，肱二头肌也会收缩。这两种动作在许多舞蹈中都有体现，比如手臂摆动、旋转等动作。

上提动作主要是通过屈臂或直臂由下举提至胸前或体侧，主要依靠三角肌的收缩力量来完成。下拉动作则是屈臂或直臂由上举或侧举拉至胸前或体侧。这两种动作常常用来展现舞者的力量和协调性。

摆动动作是以肩关节为轴心，屈臂或直臂在180°的范围内进行同时或依次的运动。屈臂摆动则是在体侧自然地摆动，可同时摆动，也可依次摆动。这些动作在很多舞蹈中都有出现，比如摇摆舞和爵士舞。

冲拳是屈臂握拳由腰间同时或依次冲至某位置的动作，这是一种比较有力度的动作，常见于现代舞和街舞。推动作则是手掌由肩侧同时或依次冲至某位置，这种动作常常用来表现舞者的力量和决断性。

振动作是肩、胸、肘关节在小幅度快速做振臂式的屈伸，这种动作常常用来增强舞蹈的节奏感和力量感。

绕和绕环的动作主要是以肩关节为轴心，手臂在180°至360°之间的运动被称为绕；大于360°的动作被称为绕环。这两种动作对舞者的协调性和灵活性有很高的要求。

交叉动作是两臂重叠形成 X 形，这种动作常常用来表现舞者的优雅和协调性。总的来说，这些上肢动作对于舞蹈表演的丰富性和表现力都起着非常重要的作用。

三、躯干动作

躯干动作在健美操训练中起着关键的作用，尤其是躯干肌肉，常常需要作为稳定身体的主要力量。发展躯干肌肉的方法多种多样，可以通过徒手训练，也可以通过使用轻型或固定的器械来进行。这些方法能够提高肌肉的力量平衡，从而提高舞蹈动作的稳定性和表现力。

（一）头颈部

在所有的躯干动作中，头颈部的动作尤为关键。首先，头颈部的屈动作，主要是通过头颈关节角度的弯曲来实现，包括前屈、左屈和右屈。这种动作对于表现各种情绪和气氛具有重要的作用，比如在表现悲伤或者思考时，可以通过前屈的动作来增强情感的表达。左屈和右屈的动作则可以增加动作的多样性，从而使舞蹈更加丰富和生动。

另外，头颈部的转动作是常见的动作之一，主要是通过头颈部绕身体垂直轴的转动来实现，包括左转和右转。这种动作可以增强舞蹈的动态感，比如在表现快速转变情绪或者场景时，可以使用转动的动作来增强效果。

再者，头颈部的绕动作也是一种常用的动作，主要是通过头部以颈部为轴心的弧形运动来实现，包括左绕和右绕。这种动作能够增加舞蹈的灵活性和流畅性，使舞蹈动作看起来更加优美和自然。

以上介绍的头颈部的各种动作，都需要舞者具有较强的肌肉力量和协调性。通过练习这些动作，可以有效地提高舞者的动作控制能力，从而提高舞蹈的表现力和观赏性。因此，对于舞者来说，理解并掌握这些头颈部的动作是非常重要的。

（二）胸部

胸部动作在舞蹈中起到了关键的作用，特别是在强调体态和节奏感方面。让我们来看一下具体的动作。

胸部展开这个动作需要直臂或者屈臂进行内收动作，通常这会和手臂的外展动作相结合。这种动作可以有效地强调胸部的线条，给人一种开放和放松的感觉，同时也可以强调肩部和手臂的力量和控制力。

左右移动胸部这个动作需要两臂侧平举，然后让胸部在左右方向上进行水平移动。这个动作可以增强舞蹈的节奏感和动态感，使得舞蹈看起来更加生动和有趣。此外，这个动作也能锻炼舞者的躯干肌肉，提高他们的身体协调性和平衡性。

这些胸部动作都需要舞者具有良好的身体控制能力和力量。只有这样，他们才能准确地完成这些动作，展现出他们在舞蹈中的价值。因此，对于舞者来说，理解并熟练掌握这些胸部动作是非常重要的。

（三）肩部

舞蹈中的肩部动作则注重肩部的灵活性和控制力，通过细致的肩部动作，舞者可以展示出丰富的情感和独特的舞蹈风格。

在肩部动作中，提肩是一种常见的动作。舞者需要让肩胛骨向上移动，这需要较强的肩部力量和协调能力。同样，沉肩也是一个常见的动作，这需要舞者将肩胛骨向下移动。这两种动作可以增强舞蹈的节奏感和动态感，同时也能够锻炼舞者的肩部肌肉。

绕肩和肩绕环则更注重肩部的灵活性。绕肩是以肩关节为轴，做小于 360° 的运动。而肩绕环则需要舞者以肩关节为轴，做出 360° 的圆形动作。这两种动作可以让舞蹈看起来更加流畅和自然，同时也能够锻炼舞者的肩部灵活性。

这些肩部动作在舞蹈中占有重要的地位，通过这些动作，舞者可以展示出他们的力量、灵活性和控制力。因此，理解并熟练掌握这些肩部动作对于舞者来说是非常重要的。

（四）背部

在舞蹈中，背部动作同样非常重要，它们有助于提升舞者整体的力量、流畅度。背部的肌肉群主要包括背阔肌、斜方肌、菱形肌和大圆小圆肌。当这些肌肉收缩时，可以使肩关节实现外展、下沉，以及臂部的伸展和在垂直方向的内收。这些都是在舞蹈中常见且重要的动作，需要舞者在训练中不断地练习和掌握。

在背部的基本动作中，外展是一种经常使用的动作。它需要舞者以屈臂或直臂的方式进行外展动作，通常会与臂部的内收动作结合进行。这种动作可以帮助舞者锻炼背部的肌肉，提高背部的力量和稳定性。另一个基本动作是上举下拉，这是一种需要两臂由侧上举下拉至髋侧的动作。这种动作可以帮助舞者锻炼背部和肩部的肌肉，提高舞者的协调性和平衡能力。

通过掌握这些背部动作，舞者可以更好地控制他们的身体，表达出更丰富的情感和意境。因此，对于舞者来说，理解并熟练掌握这些背部动作是非常重要的。

（五）腰腹部位

腰腹部位的动作在舞蹈中扮演着重要的角色，是构成舞者全身动态美的关键要素之一。强健的腰腹肌肉能让舞者保持稳定，灵活地转换各种复杂的动作，并且有助于提升力量和耐力。

屈腰动作是指在髋部保持不动的情况下，进行上体的前屈或后屈。这一动作主要考验的是舞者的腰部和腹部肌肉的柔韧性和力量。

屈髋动作是在上肢保持不动的前提下，髋部向前或侧面进行屈曲。这种动作对于腰部的稳定性和腿部力量的培养有很大帮助。

转腰动作是在下肢保持不动的情况下，上体沿着垂直轴进行扭转。这个动作主要锻炼的是腰部的灵活性，它需要舞者有良好的身体协调性和控制力。

通过不断练习和掌握这些腰腹部的基本动作，舞者可以提升自己的身体协调性、灵活性和力量，更加自如地展示出各种复杂且优美的姿态。

第四节　健美操动作组合的设计

一、一级和二级动作

（一）组合一

在健美操运动中，动作的组合是至关重要的。通过独特的动作组合，不仅能够提升健美操的视觉效果，还能够提高训练效果，帮助人们在享受运动的同时，达到强身健体的目标。

我们来看第三套全国大众健美操锻炼标准中的一、二级动作的组合。这套动作组合设计精良，独特新颖，无论是下肢步法的切换，还是上肢动作的变化，都充满了艺术感和力量感。

1.第一个8拍

1～4：下肢步法，右脚十字步；上肢动作，1拍右臂侧举，2拍左臂侧举，3拍双臂上举，4拍下举。

5～8：下肢步法，向后走4步；上肢动作，屈臂自然摆动，7～8拍同5～6拍。

2.第二个8拍

1～8：动作同第一个8拍，但向前走四步。

3.第三个8拍

1～6：下肢步法，右脚开始6拍漫步；上肢动作，1～2拍右手前举，3拍双手叉腰，4～5拍左手前举，6拍双手胸前交叉。

7～8：下肢步法，右脚向后1/2后漫步；上肢动作，双臂侧后下举。

4. 第四个 8 拍

1 ～ 2：下肢步伐，右脚向右并步跳；上肢动作，屈左臂自然摆动。

3 ～ 8：下肢步伐，左脚向右前方做前、侧、后 6 拍前侧后漫步；上肢动作，3 ～ 4 前平举弹动 2 次，5 ～ 6 拍侧平举，7 ～ 8 拍后斜下举。

第五至八个 8 拍，动作同第一至第四个 8 拍，但方向相反。

（二）组合二

1. 第一个 8 拍

1 ～ 2：下肢步法，右脚向右侧滑步；上肢动作，右臂侧上举，左臂侧平举。

3 ～ 4：下肢步法，1/2 后漫步；上肢动作，双臂屈臂后摆。

5 ～ 6：下肢步法，左脚开始向左前方做侧并步；上肢动作，5 ～ 6 击掌 3 次。

7 ～ 8：下肢步法，右脚开始向右后方做并步；上肢动作，双手叉腰。

2. 第二个 8 拍

1 ～ 2：下肢步法，左脚开始向左后方做侧并步；上肢动作，击掌 3 次。

3 ～ 4：下肢步法，右脚开始向右前方做并步；上肢动作，双手叉腰。

5 ～ 6：下肢步法，左脚向左侧滑步；上肢动作，左臂侧上举，右臂侧平举。

7 ～ 8：下肢步法，1/2 后漫步；上肢动作，双臂屈臂后摆。

3. 第三个 8 拍

1 ～ 4：下肢步法，右转 90 度，右脚上步吸腿 2 次；上肢动作，双臂向前冲拳、向后下冲拳 2 次。

5 ～ 8：下肢步法，左脚 V 字步左转 90 度；上肢动作，双臂由右向左水平摆动。

4. 第四个 8 拍

1～4：下肢步法，左腿吸腿（侧点地）2 次；上肢动作，1 拍双臂胸前平屈，2 拍左臂上举，3 拍同 1 拍，4 拍还原。

5～8：下肢步伐，5～8 拍同 1～4 拍，但方向相反。

第五至第八个 8 拍，动作相同，但方向相反。

（三）组合三

1. 第一个 8 拍

1～4：下肢步法，向右侧并步跳；上肢动作，双臂上举、下拉。

5～8：下肢步法，左脚右转 90 度侧交叉步；上肢动作，双臂屈臂自然摆动，第 8 拍双臂侧下举，上体向左扭转 90 度，朝正前方。

2. 第二个 8 拍

1～4：下肢步法，向右侧并步跳，4 拍时左转 90 度；上肢动作，双臂上举、下拉

5～8：下肢步法，左转 90 度左脚开始侧并步 2 次；上肢动作，5～6 拍右臂前下举，7～8 拍左臂前下举。

3. 第三个 8 拍

1～4：下肢步法，以左脚向前做出一字步的动作。同时，我们的双臂也在进行配合的动作：在第 1 拍时，双臂在肩侧弯曲；到了第 2 拍，双臂做出下举的动作；接着，在第 3 和第 4 拍时，双臂在胸前弯曲。

5～8：下肢步法变化为左脚和右脚依次做 2 次分开和合拢的动作。上肢的动作也相应变化：在第 5 和第 6 拍时，双臂向上举起，掌心朝前；然后在第 7 和第 8 拍时，双手放到膝盖上。

4. 第四个 8 拍

1～4：下肢步法，向后一字步；上肢动作，1～2 手侧下举，3～4 拍胸前交叉。

5～8：下肢步法，依次分并腿 2 次；上肢动作，双臂经胸前交叉 1 次侧上举，1 次侧下举。

第五至第八个 8 拍，动作相同，但方向相反。

二、三级动作

（一）组合一

1. 第一个 8 拍

1～4：下肢步法，右脚开始向侧迈步后屈腿 2 次，呈 L 形，2 拍右转 90 度；上肢动作，1～2 拍右臂摆至侧上举，左臂摆至胸前平屈，3～4 拍同 1～2 拍，但方向相反。

5～8：下肢步法，向左后迈步后屈腿 2 次，6 拍转体 180 度；上肢动作，双手叉腰。

2. 第二个 8 拍

1～2：下肢步法，1/2V 字步；上肢动作，1 拍右臂侧上举，2 拍左臂侧上举。

3～8：下肢步法，向后 6 拍漫步，8 拍左转 90 度；上肢动作，随脚的动作自然前后摆动。

3. 第三个 8 拍

1～8：下肢步法，右脚开始交叉步 2 次，左转 90 度呈 L 形；上肢动作，1 拍双臂前举，2 拍胸前平屈，3 拍同 1 拍，4 拍击掌，5～8 拍同 1～4 拍。

4. 第四个 8 拍

1～4：下肢步法，右脚并步跳，1/2 后漫步；上肢动作：1～2 拍双臂侧上举，3～4 拍右臂摆至体后，左臂摆至体前。

5～8：下肢步法，左转 90 度左脚开始小马跳 2 次；上肢动作，5～6 拍右臂上举，7～8 拍左臂上举。

第五至第八个 8 拍，动作相同，但方向相反。

（二）组合二

1. 第一个 8 拍

1～4：下肢步法，右脚向右前上步吸腿 2 次；上肢动作，双臂自然摆动。

5～6：下肢步法，交换步；上肢动作，双臂随下肢动作自然摆动。

7～8：下肢步法，右脚向右前上步吸腿；上肢动作，双臂自然摆动。

2. 第二个 8 拍

1～4：下肢步法，左脚开始向右侧交叉步；上肢动作，双臂随步法向反方向臂屈伸。

5～8：下肢步法，右转 45 度，同时左脚做漫步；上肢动作，5 拍双臂肩侧屈外展，6 拍体前交叉，7～8 拍侧下举。

3. 第三个 8 拍

1～4：下肢步法，左脚开始十字步，同时左转 180 度；上肢动作，双臂自然摆动。

5～8：下肢步法，左脚开始并步跳 2 次；上肢动作，双臂自然摆动。

4. 第四个 8 拍

1～4：下肢步法，左脚漫步右转 90 度；上肢动作，1～2 拍双臂摆至前举，3～4 拍后摆。

5～8：下肢步法，一字步；上肢动作，同 1～4 动作。

第五至第八个 8 拍，动作相同，但方向相反。

（三）组合三

1. 第一个 8 拍

1～6：下肢步法，右脚开始做侧点地 3 次；上肢动作，1～2 拍右臂向下屈臂伸，3～4 拍左臂向下屈臂伸，5～6 拍同 1～2 拍动作。

7～8：下肢步法，左脚开始向前走 2 步；上肢动作，击掌 2 次。

2.第二个8拍

1～4：下肢步法，左脚开始吸腿跳2次；上肢动作，1拍侧上举，2拍双臂胸前平屈，3拍同1拍，4拍叉腰。

5～8：下肢步伐，吸右腿跳，向后落地，转体180度，吸右腿；上肢动作，双手叉腰。

3.第三个8拍

1～4：下肢步法，左脚开始向前走3步吸腿跳，同时左转体180度；上肢动作1～3拍叉腰，4拍击掌。

5～8：下肢步法：右脚开始向前走3步吸腿；上肢动作，5～6拍双臂同时经前向下摆，7～8拍经肩侧屈外展至体前击掌。

4.第四个8拍

1～4：下肢步伐，左脚开始侧并步4次，呈L形；上肢动作，双臂做屈臂提拉1次。

第五至第八个8拍，动作相同，但方向相反。

第三章　健美操运动训练的基础理论

第一节　健美操运动训练的基本原则

一、周期性原则

在健美操的训练过程中，周期性原则起着至关重要的作用。这个原则要求学生在整个训练周期中按照各个阶段的组成进行运动。这种方式的训练模式，保证了训练的连续性，同时也让学生得以按部就班地提升自身技能。

健美操训练的周期性原则是基于竞技状态的客观规律和健美操运动技术形成的客观规律。这两个规律在实践中都得到了充分的体现，也得到了广泛的认同。健美操训练周期的划分，是为了保证训练过程的科学性、有效性和针对性，为健美操运动员的成绩提升提供支撑。

健美操的每个训练周期都是相互联系的，训练的每一个阶段都为下一个阶段打下基础，使得学生能在之前的基础上不断提升。后续周期的提高，就是在前一个周期训练的基础上，通过科学的训练方法和适当的训练负荷来实现的。为了获得最佳的运动成绩，必须在各个训练周期内进行具体、有针对性的训练，并对每一个周期的训练内容和方式进行科学的安排和管理。

尽管每个健美操训练周期都是相互联系的，但它们也都具有相对的独立性。在不同的训练周期中，因为训练的阶段、训练的目标、训练的内容、训练的方法、训练的手段以及训练的负荷各方面都会有所不同。

因此，在健美操周期性训练中，要针对不同周期的特点和需要，选择合适的训练方式和手段，使每一个周期都能达到预期的训练效果。

在执行健美操运动周期性原则时，也需要考虑到其他因素对周期性的影响。例如，比赛任务、个体特点、训练环境等因素都可能对健美操训练产生影响。这就需要我们在合理安排健美操训练周期的同时，也要确保各周期之间能够紧密衔接。在实际操作中，可以通过健美操运动训练的反馈情况，及时对训练周期进行调整，以保证训练的效果和效率。

二、系统性原则

在健美操的训练过程中，系统性原则是另一条关键的训练原则。这个原则强调的是系统化训练的重要性，也就是说，学生们在进行健美操训练时，必须以科学、有序和连贯的方式进行。系统性训练不仅可以让学生更好地掌握和理解健美操的动作和技巧，也能更好地提高他们的训练效果和运动成绩。

系统性训练原则从多个方面体现出其重要性和必要性。首先，它是学生进行健美操训练的基本需求，对于学生来说，只有通过系统化的训练，才能更好地理解和掌握健美操的技巧和动作。其次，系统性训练也是学生重复和巩固健美操动作技术的需求。在反复练习的过程中，学生可以熟练掌握各种健美操动作，从而提高自己的运动技能。最后，系统性训练是学生实现健美操技能系统化积累的需要。通过系统化训练，学生可以逐步积累健美操的运动技能，不断提升自己的运动水平。

在健美操的训练实践中，多年的系统训练和周期训练是实施系统性原则的两大重要途径。这两种训练方式能够让学生全面、系统地理解和掌握健美操的各项技术，从而提高学生的健美操运动成绩。

对于学生来说，要想获得优异的健美操运动成绩，就必须在训练过程中有明确的训练目标，并且能够将健美操的身体素质训练、技术训练和心理训练有效地结合起来。这就需要学生在训练过程中，对训练周期和训练负荷进行合理的安排，确保整个训练过程能够系统、有序地进行。

三、区别对待原则

在健美操的训练中，区别对待原则也占据着关键的位置。这一原则在唯物辩证法中得到了充分的体现，强调了事物的特殊性和矛盾的个性。在健美操训练中，这意味着我们需要根据每个学生的特点，如性别、年龄、身体素质和理解能力等，来制定和调整训练的内容、方法和负荷。这样，训练就能够更好地适应每个学生的实际情况，从而更有效地提高他们的健美操技能。

遵循区别对待原则，可以更好地调动学生参与健美操训练的积极性和自觉性。同时，教师也能更准确地发现和培养有潜力的学生。虽然在健美操训练中有一部分"全能型"的学生，但是大部分学生的优势和不足都是并存的，各有不同。因此，教师需要深入了解每个学生的情况，而学生在自主训练时也需要从自身的实际出发，个别对待，扬长避短。

举例来说，对于在某些素质和技术上存在不足的学生，教师可以有针对性地强化他们在薄弱环节的训练，帮助他们尽快提高运动技能。同时，学生也应该认识到自己的优点和不足，并针对自己的不足进行强化训练，以实现自身能力的全面提升。

健美操运动有许多不同的种类和项目，包括单人、混双、三人、六人等不同的比赛项目。因此，学生在训练中应认真贯彻区别对待的原则，根据自己的实际情况和比赛项目的特点来进行训练。

区别对待原则的实施，要求我们在制定训练计划以及在整个训练过程中都要考虑到学生的个别特点。这样，训练任务、训练内容、训练手段、训练方法和运动负荷就能更好地符合每个学生的特点，更符合实际情况，从而使健美操的训练更加有效和高效。通过这种方式，我们可以确保每个学生都能在健美操训练中取得最佳的效果，实现自身的最大潜力。

四、直观性原则

在健美操的训练中，直观性原则占据了重要的位置。这个原则提倡利用直观的方式进行训练，以便让学生能够更生动、更清晰地理解和掌握健美操的动作和技巧。

直观性原则在健美操的训练实践中得到了广泛的应用。通过教师的直观教学，健美操的训练可以被形象地传递给学生，使他们能够更容易、更准确地掌握健美操的动作技术。这种训练方式将理论知识与实际动作相结合，以直观的形式向学生展示健美操的各种动作和技巧，从而提高学生的理解能力和动作执行准确度。

对于初学者来说，遵循直观性原则可以更好地帮助他们理解和掌握健美操的动作技术。他们可以通过观看教师的示范动作，直接学习和模仿，以便更快地掌握健美操的动作和技巧。当他们的训练水平达到一定程度后，可以通过图解、录像、语言信号、固定身体姿势或慢速做动作等方式，结合教师的比喻和形象解释，更深入地学习和理解健美操的动作技术。

在进行直观性训练时，教师也需要通过观察分析学生的动作技术，进行研究讨论，并引导学生积极思考，逐步找出完成健美操运动的规律性，体会健美操动作的空间方位和肌肉用力。这样，学生就能在直观的训练中不断提高自己的健美操技能，从而在健美操运动中取得更好的成绩。

五、循序渐进原则

在健美操的训练过程中，循序渐进原则也占据了重要的位置。这个原则强调训练的持续性和积累性，鼓励学生在长期的训练和实践中，逐步提高自己的运动技能，从而取得良好的训练效果。

循序渐进原则是基于人体动作形成的客观规律的，因为在运动技术的训练和学习中，人体结构的改变、运动能力的提高、内脏循环功能的改善等都是由于机体的神经系统对运动系统及其他内脏循环系统进行反复调节而形成的适应性反应。这种适应性反应的形成是一个复杂的协调过程，需要经过反复的训练和长期的实践才能实现。因此，学生需要坚持常规训练，积累经验，才能达到良好的训练效果。

健美操的训练过程就像人的体形塑造一样，都需要一个由量变到质变的过程。在训练实践中，学生运动技能的提高并不等于身体素质的增强，反而可能打破了机体原有的生理平衡。因此，学生在进行健美操训练时，必须遵循循序渐进的原则，让机体在健康的状态下，逐步形成新的生理平衡。

循序渐进的训练方式不仅可以让学生在训练过程中避免过度疲劳和伤害，也能帮助他们在健美操的技巧和动作上逐步取得进步。通过这种方式，学生可以在不断积累的过程中，逐步提高自己的运动技能，最终在健美操的比赛中取得优异的成绩。

六、持之以恒原则

健美操训练是一种综合性的身体锻炼方式，不仅可以增强体质，提高身体素质，还可以塑造匀称的身材和优雅的举止。然而，获得这些成果的过程是长期的，需要学生有足够的毅力和决心去坚持，这就是所谓的持之以恒原则。

持之以恒原则在健美操训练中尤其重要。因为训练本身是一个枯燥的过程，可能需要花费很长的时间才能看到明显的改变和结果。有些学生可能因为没有在短时间内看到明显的效果，就感到失望和气馁，甚至放弃训练。这种认识和做法是错误和不科学的。

生理学研究证明，人体是一个完整的机体，全身各组织器官之间有着密切的联系，任何一个动作的完成都需要中枢神经系统的调控。因此，如果在训练中遇到困难或看不到成效就放弃，肯定不能取得预期的训练效果。反过来，如果急于求成或盲目增加运动量，也会使身体超负荷运作，导致过度疲劳，对身体健康产生不利影响。

所以，如果学生想通过健美操训练获得健康的身体和优美的体态，就必须坚持有规律的、经常性的训练。只有持之以恒地进行训练，才能实现增强体质和塑造优美体态的目标。无论是在技巧的掌握，还是在体质的改善上，都需要长期的、持续的努力。

在实际训练中，教师和学生都应秉持持之以恒的原则，坚定信念，勇往直前。只有这样，才能够真正地实现训练的目标，使健美操的训练成果得以体现。让我们一起坚持持之以恒的原则，努力实现我们的训练目标，共同见证健美操训练的美丽与力量。

七、合理安排原则

合理安排原则在健美操的训练中扮演着重要的角色，它不仅涉及运动负荷的合理安排，同时也需要对训练的时间进行合理的调整。

运动负荷直接影响健美操训练的效果，过大或过小的运动负荷都会对训练效果产生不利影响。一方面，如果训练负荷过小，学生的身体得不到充分的锻炼，他们的潜能也难以得到充分的发挥。另一方面，如果训练负荷过大，学生可能会感到过度劳累，甚至可能对他们的身体健康造成损害。因此，教师和学生都需要高度重视运动负荷的合理安排。

在健美操训练实践中，合理安排运动负荷的原则要以机体超量恢复为理论依据，根据学生的训练任务、训练对象，逐步加大训练负荷，直至达到他们能承受的最大限度。同时，教师还需要综合考虑学生的性别、年龄、身体素质、训练水平等因素，制订合适的训练计划。

除了运动负荷，训练时间的合理安排也同样重要。训练时间的安排需要考虑学生的日常生活习惯，寻找适合他们的训练时间。这样可以在训练时使机体产生一系列适应性变化，让身体各器官在训练时充分调动起来，达到最佳的训练效果。

从生物钟的角度来看，15：00 到 18：00 是健美操训练的理想时间段。在这段时间内，人体产生热量最高，有利于健美操训练过程中机体能量代谢的需要。而训练后，晚餐和晚上的睡眠是对健美操训练后体力消耗和疲劳的及时补充和休息，有利于肌肉增长和巩固训练效果。

在安排健美操的训练时间时，我们还需要注意以下几点：一个周期的训练、一天当中的训练。对于训练的具体安排，我们需要根据学生的具体情况，包括他们的饮食和休息时间，以及他们的身体状况，进行详细的计划和调整。

八、及时调整原则

及时调整原则在健美操训练中占据重要的地位。任何训练计划或者方法都不能一概而论，它们都必须依据训练效果和身体状况的变化进行及时的调整和修改。只有这样，才能确保健美操训练的持续有效性和安全性。

如果学生在健美操训练中感到身体状况不佳，例如出现疲劳症状，比如四肢无力、头晕、恶心、心悸等，应该立即停止训练，避免硬撑。因为在这种情况下，中枢神经系统对身体的控制能力会大大降低，机体对外界环境的适应能力和机体的协调关系也可能出现失调，如果仍然勉强继续训练，不仅不能达到健美目的，反而可能对身体健康产生不利影响。

当然，如果学生在训练过程中仅仅出现轻度疲劳，可以通过休息、调整训练负荷、缩短训练时间等方式进行调节。这就需要学生能够明确区分疾病性和运动性的疼痛。运动性疼痛如肌肉酸疼、胀痛，是训练的正常反应，学生应尽量坚持训练，适当调整和放松，通过超量恢复，会使机体得到进一步的改善和提高。而疾病性疼痛，例如关节疼痛或者持续性头痛，就需要学生及时停止训练并寻求医生的帮助。

在任何情况下，学生都应该牢记，健美操训练的目的是提升身体素质，增强身体健康，而不是为了让身体承受过度的负荷或者疼痛。因此，学生需要学会聆听自己身体的声音，及时调整训练的强度和频率，使训练和身体状况保持和谐，这样才能实现健美操训练的最终目标。

九、全面训练与专项训练相结合原则

全面训练与专项训练相结合的原则在健美操训练中至关重要。此原则满足学生在健美操运动训练时获得最佳训练效果的需求。明白并遵循这一原则，是优化训练效果的关键。

在追求自身全面发展的过程中，个体的身体素质全面发展是不可忽视的一个环节。因此，在进行健美操长期训练时，全面性训练的重要性应被充分重视。健美操的专项训练应和身体素质的全面锻炼相结合，保持已经提高的身体素质，并将其应用到技术训练中去，以此推动身心的全面健康发展。

一般来说，在健美操训练的初期，应该着重进行全方位的身体训练，以确保训练者的身体素质有一个全面的提升。当训练者具备了一定的训练基础后，健美操的基本动作就应作为专项训练的重要内容，来配合健美操运动的整体训练。这一阶段，训练的重心就从全面训练转向更专项，更具针对性的训练。

健美操的全面训练有着丰富的方法和手段。在训练初期，可以采用田径等体育项目进行全方位的身体锻炼，通过一段时间的训练后，训练内容可以逐渐加强与健美操专项技能紧密相关的训练内容，如辅助性训练、诱导性训练以及专项基本功训练。

第二节 健美操运动训练的科学方法

一、健美操动作技术训练方法

（一）想象训练法

想象训练法在健美操动作技术的学习与掌握过程中发挥着极其重要

的作用。这种训练方法主要是通过对即将执行的健美操动作技术进行深度的思考和想象，形成心智图像，从而在实际训练中激活这些内在形象，以帮助更加顺畅和准确地完成技术动作。

实施想象训练法时，学生需要结合各种感官感知。在大脑中对技术动作进行思考和想象的同时，也要同步地融合自身身体各种感知，将想象转化为实际的动作表现。这样做的目的是让身体和大脑在训练过程中建立更强的联系，帮助学生在实际操作中，更自然地完成技术动作。

然而，虽然想象训练法在提升技术水平上有显著的效果，但这种方法在训练实践中的应用相对较少。主要原因是这种训练方法对学生的抽象思维能力有较高的要求。一些刚开始接触健美操或者抽象思维能力相对较弱的学生，可能需要更多的指导和训练才能熟练掌握并有效运用想象训练法。

不过，尽管有一定的挑战，但是对于能够有效利用这种方法的学生来说，想象训练法无疑是一种非常有价值的训练方法。通过有效的想象训练，学生可以在大脑中形成清晰的技术动作图像，这将大大促进他们在实际动作执行过程中的技术提升。因此，学生和教练员都应尽可能地理解并尝试应用这种训练方法，以期提升健美操训练效果。

（二）完整与分解训练法

健美操训练在实际操作中，常常运用到两种基本的训练方法：完整训练法和分解训练法。这两种方法旨在帮助学生更好地掌握和执行复杂的健美操技术动作。

完整训练法，如其名，要求学生将一个健美操技术动作从头到尾完整地进行训练。这种方法的主要优点在于能帮助学生形成完整的技术动作概念，避免因分解动作而影响到整个动作结构的完整性。它特别适用于那些较为简单或不易分解的技术动作训练。

分解训练法则是将一个完整的技术动作拆分成若干个独立的部分，然后分别进行训练。这种方法的主要优点在于能降低训练的难度，并增强学生学习健美操的信心。它特别适用于那些复杂的技术动作，以及在健美操整套动作中具有主导作用的技术动作训练。

应用完整与分解训练法时，以下几点值得注意：

（1）对于那些相对简单的动作，可以先通过完整训练法进行训练，然后再采用分解训练法进行训练。

（2）对于那些难度较大的技术动作，建议先采用分解训练法，然后再通过完整训练法进行训练。但在使用分解训练法时，需要注意避免破坏动作的完整性，保持动作各部分之间的有机联系。

（3）对于技术水平较高的运动技术，应优先采用分解训练法。

（4）"先分解后完整"或"先完整后分解"并非固定的训练程序。在实际训练过程中，应根据具体的技术动作难度、结构以及学生的心理特征等因素，来决定应用哪种训练方法。

（三）减难与加难训练法

在健美操训练过程中，适应性调整训练难度是极其重要的。其中，两种方法常常被采用，即减难训练法和加难训练法。

健美操的减难训练法主要适用于训练的初期或者是针对初学者。这种方法要求在训练中采用一些相对较为简单的练习方式，降低训练难度，帮助学生更好地熟悉和掌握基本的动作技术。例如，在学习跳跃动作时，可以用弹簧板来代替踏跳板。这样，学生在初期阶段就可以更容易地适应和完成训练任务。

然而，随着学生技术水平的提高和对健美操技术动作的熟练掌握，训练难度也需要适当提高，这就需要运用加难训练法。这种方法要求在训练中适当提高训练难度，挑战学生的极限。比如，可以通过增加动作的复杂度或强度来提高训练难度。这样，不仅可以进一步提高学生的技术水平，而且可以进一步锻炼学生的身体素质和意志力。

需要注意的是，无论是采用减难训练法还是加难训练法，都需要根据学生的实际情况进行灵活调整。对于初学者或基础较差的学生，应优先使用减难训练法，以避免让学生在刚开始训练时就产生挫败感。对于技术水平较高或身体素质较好的学生，可以适当使用加难训练法，以进一步提高他们的训练效果。

在整个训练过程中，教练员应根据学生的训练反应及时调整训练方法和训练难度，从而确保训练的顺利进行，同时也确保每一个学生都能在健美操训练中收获成绩和乐趣。

（四）核心训练法

核心训练法是一种现代的训练方法，这种方法主要用于健身健美操训练。其主要理念在于注重对躯干肌肉，即人体的"核心"区域的训练。在健美操训练中，强调核心力量的提升，以促进全身的协调和平衡。

在解剖学上，核心区域主要包括躯干的上部，如膈肌，以及躯干的下部，如骨盆底肌和髋关节肌。另一种观点则更加全面，认为核心区域应包括胸廓和整个脊柱，将整个躯干视为人体的核心区域①。这些肌肉群共同作用，形成稳定的支撑，对健美操运动员的全身运动起到关键作用。

在功能上，核心力量或躯干稳定力量的概念也应运而生，这指的是那些能够增强或维持核心稳定性的肌力。这种力量能帮助运动员更好地控制和协调全身的动作，提高动作的效率和精确度。

在具体的健美操训练中，核心训练法强调根据肌肉的部位深浅，动作的时间先后，以及用力的主动、被动和协调等因素，制定出科学、个性化的训练方案。这意味着教练员需要根据学生的身体条件，选择适合的训练动作和强度，创造出有利于学生提升核心力量的训练环境。

此外，核心训练法还考虑到神经内分泌、肌肉的屈伸、向心和离心运动等复杂的生理过程，以全面优化训练效果。例如，教练员可以通过控制训练强度和时间，调整学生的心率和呼吸，从而调节学生的内分泌

---

① 邓运龙,张海忠.论现代体能训练新理念新方法 [J].军事体育进修学院学报,2009,28（4）：73-75.

状态，进一步提升训练效果。

（五）功能训练法

功能训练法是一种全面而综合的训练方式，它的目标是提高运动员在专项运动中的表现能力。为了实现这个目标，功能训练法强调提升核心力量，并使神经系统运作更加有效。这种训练方式将身体的每一部分都视为一个协调运作的整体，重视多关节、多平面的训练，以及机体的平衡控制和本体感受。

功能训练法不只是关注四肢的力量增强，而是将注意力放在了整体的身体控制和精确性上。它强调全身动作的一体化和控制平衡，意在培养运动员的身体协调性和控制能力。这样的训练方式可以帮助健美操运动员在实践中更好地完成复杂和精确的动作。

功能训练法在健美操的训练中应用虽然较少，但它的理念和方法却可以给健美操的训练带来新的思考。例如，在健美操的训练中，可以加入一些功能性训练的元素，如平衡训练、灵活性训练、核心力量训练等，这些训练不仅可以帮助运动员提高运动表现，还有助于运动员身体的长期健康。

二、健美操比赛心理训练方法

健美操，作为一项集力量、柔韧性、协调性和审美于一体的运动项目，对运动员的心理素质有着极高的要求。因此，在健美操训练过程中，除了对身体技能的训练外，还需要积极开展心理训练，以提升学生的心理素质和竞技状态。

表演训练法是一种常见的心理训练方法。通过参与各种表演活动，学生可以逐渐增强自我展示的信心，提升表现力，并逐步适应比赛的压力。这种训练方式多在阶段训练的后期和比赛前期进行，让学生在真正的比赛前，已经具备了克服紧张和恐惧心理的能力。

模拟训练法则是一种专门按照健美操比赛的条件和环境进行的训练

方式。在模拟比赛的情境中，学生可以锻炼和加强自我控制与调节的能力，提升对实际比赛的适应能力。值得注意的是，这种模拟训练法并不仅仅在比赛前才进行，而应在平日的训练中就已经开始，适时地增加学生的心理压力，让他们逐步适应紧张的比赛氛围。

念动训练法或称为表象训练法，是一种通过运动表象和自我暗示，让学生在头脑中重复再现过去的正确动作，唤起临场感觉的训练方法。主要目的是通过不断的动作表象，提升学生的表象再现能力和记忆力，消除干扰，调节紧张情绪，将注意力聚焦在正确的动作技术上，从而提升学生的心理稳定性。这种训练方式在健美操训练中可能较少见，但实际效果却不容忽视。

第三节　健美操运动训练计划的制订

一、健美操训练计划制订的依据

健美操训练计划的制订是一项科学且系统的任务，它要求综合考虑一系列的实际因素，以确保训练计划的针对性和有效性。制订合理的训练计划，能够指引学生沿着正确的方向进行训练，最大化提升他们的健美操技能和身体素质，减少训练的盲目性和随意性。

健美操训练计划应根据比赛任务来制订。比赛任务是训练计划的最直接和最重要的依据，因为最终的目标就是在比赛中取得优异的成绩。因此，训练计划的制订，必须结合比赛的规则和要求，侧重训练那些对比赛成绩影响最大的技能和素质。

同时，训练计划还要考虑到学生的个体差异，如身体素质、技能水平、伤病情况等。对于身体素质强、技能水平高的学生，可以制订较高难度和强度的训练计划；而对于身体素质差、技能水平低或有伤病的学生，就要制订相应的训练计划，注重提升他们的身体素质和基础技能，同时避免训练中出现伤病。

除此之外，训练计划还要考虑实际的训练条件和环境。比如训练设施、设备的情况，教练员的指导能力，甚至天气、季节等因素。这些都可能影响训练的效果，所以在制订训练计划时，必须将这些因素考虑进去。

二、健美操训练计划制订的过程

健美操训练计划的制订是一个全面、系统、科学的过程，其涵盖了从前期的理论研究到后期的实际执行与修正的全过程。这个过程并非一蹴而就，而是需要经过仔细的思考、规划和反复的调整才能制订出适合学生的个性化训练计划。

在训练计划制订的早期阶段，教师需要对学生的健美操运动训练的具体任务和要求进行全面的理解和把握。这涉及了对运动员的个人特性、训练阶段、训练目标、训练条件、训练环境等多方面。这一阶段，教师要充分了解每一个运动员的特性，包括他们的身体条件、技术水平、心理状态、生活习惯等，这些因素都会影响到训练的效果。

基于对运动员的全面了解和需求分析，教师开始制订初步的训练计划。这个计划会设定明确的训练目标，包括技术提升、体能提高、心理调整等方面，并详细规划训练的内容、方法、时间、强度等。这一阶段，教师可能会反复修改和完善计划，甚至进行试验性的训练，来检验计划的可行性和有效性。

教师在执行训练计划的过程中，必须持续关注运动员的反馈，包括他们的身体反应、训练效果、心理状态等，并根据这些反馈对训练计划进行及时的修正和调整。在执行过程中，可能会出现一些意料之外的问题，如运动员的身体受伤、训练效果不理想等，这都需要教师对训练计划进行实时的调整。

通过以上的步骤，教师能够针对每个运动员的特性和需求，制订出科学、合理、高效的健美操训练计划。但需要明确的是，制订训练计划并非一次性的任务，而是一个动态的、持续的过程。只有这样，才能确保训练计划能够真正适应运动员的需求，助力运动员不断提升，最终在比赛中取得优秀的成绩。

三、健美操训练计划制订的要求

在健美操训练计划的制订过程中，有一系列的要求需要遵守，以确保计划的科学性、合理性和有效性。

实际情况是训练计划制订的基础。当制订训练计划时，需要详细调查并充分了解运动员的实际情况，包括运动员的性别、年龄、身体素质、技术水平、训练环境等因素。例如，青少年运动员的身体发育情况、肌肉力量和耐力水平与成年运动员存在显著差异，因此，对他们的训练计划应有所不同。只有真正了解了运动员的实际情况，才能制订出具有针对性和可行性的训练计划。

此外，健美操训练计划中训练内容的安排需要符合认识论的原则和训练的基本原则。也就是说，训练计划必须保证运动员能够从简单到复杂，从易到难，逐步地提升自己的技术水平和身体素质。这不仅符合人的认知规律，也符合人体发展和适应训练的规律。同时，训练计划需要综合考虑健美操动作技术、健美操素质训练、健美操基本姿态训练等各个方面，以确保运动员的全面发展。

第四节　健美操运动训练的营养与卫生知识

一、健美操训练的营养

（一）健美操训练所需的营养素

1.蛋白质

蛋白质，这一身体运行不可或缺的营养物质，承担着众多重要的角色功能，包括构成人体组织、调整生理机能以及提供热量。这些功能的重要性在于，它们密切相关于我们的日常健康、生理发展以及运动能力。

人体中每个细胞都包含蛋白质。当细胞进行自我修复或更新时，它们依赖于蛋白质。蛋白质也是生命活动的基础物质，它由众多氨基酸构成，氨基酸能迅速被人体消化和吸收。为了维持身体的正常功能，一个人的蛋白质需求会因年龄、体重、性别、肌肉水平、总热量摄入量及所食用的蛋白质的生物价值等因素而有所不同。尽管摄取充足的蛋白质对所有人来说都很重要，但在进行肌肉训练，如健美操等运动的人群中，这一需求更为显著。

然而，蛋白质的摄取量必须适度。缺乏蛋白质可以导致一系列健康问题，包括肌肉萎缩、免疫力下降、发育迟缓等。相反，过量摄入蛋白质可能对肝脏和肾脏产生负担，因为这些器官需要处理和排泄多余的蛋白质。此外，过量的蛋白质摄入可能导致钙质流失，进而可能影响骨骼健康。

蛋白质的来源包括动物源性和植物源性食物。动物性蛋白质，如肉类、奶制品、蛋类、鱼，是所有必需氨基酸的优良来源。尽管动物性蛋白质的生物价值高，但这些食物也可能带来一些不必要的副产品，如脂肪和胆固醇。另一方面，植物性蛋白质，尽管可能缺乏一些必需的氨基酸，但它们通常低脂、低胆固醇，并且富含纤维素和其他重要的营养素。

例如，豆类食品，如豆腐和豆类，是蛋白质的优质来源，尤其是对于那些不能或不愿食用动物性食物的人来说。事实上，相同重量的大豆中蛋白质的含量可以达到牛肉的 2 倍、鸡蛋的 3 倍和牛奶的 12 倍。而粗粮、谷物、坚果和种子也是蛋白质的良好来源。

保持健康的饮食习惯，即平衡地摄取各种营养素，是保证蛋白质充足摄入的关键。合理的荤素搭配、粗细粮混合，可以确保获得全面的蛋白质和其他必需营养素。此外，蛋白质的补充不应该独立于其他营养素，例如，体育运动员可能需要增加碳水化合物的摄入量，以获取足够的能量来支持他们的训练，同时保持蛋白质的摄入量以维持肌肉的修复和重建。

2. 脂肪

脂肪作为人体的主要能量源之一，在健美操训练中也扮演了重要角色。脂肪的主要作用是提供能量、保护身体的器官、帮助人体吸收脂溶性维生素以及增加饱腹感。然而，过多的脂肪摄入可能导致一系列健康问题，包括肥胖症、高血脂、动脉硬化等。

对于健美操训练者，尤其是需要长期进行耐力训练的训练者来说，脂肪是一个重要的能量来源。然而，这并不意味着他们需要大量摄入脂肪。相反，过多的脂肪摄入可能会对他们的训练效果产生负面影响。因为脂肪的氧化需要充足的氧气，这在有氧债的情况下可能无法实现。此外，过多的脂肪摄入可能会抑制食欲，并影响其他营养素的吸收。因此，适量的脂肪摄入对于健美操训练者来说是至关重要的。

脂肪的来源主要包括动物性食品和植物性食品。动物性食品如猪油、牛油、羊油、鱼油、奶油、骨髓、蛋黄等都是脂肪的良好来源。而植物性食品，如大豆、芝麻、花生、菜籽等，也富含脂肪。然而，尽管这些食品是脂肪的重要来源，但是它们的摄入量必须适度。

3. 糖类

碳水化合物，常被称为糖类，是人体能量供应的主要来源，对大脑和中枢神经系统尤为重要。根据其结构，糖类可以分为单糖、双糖和多糖。在健美操训练中，糖的摄入量需要根据训练强度和需求进行适当调整。

长期摄入糖分不足可能会影响大脑神经的生理代谢活动，导致中枢神经疲劳，降低思维能力、反应能力和灵敏性。此外，糖的缺乏还会直接影响肌肉的收缩力，降低耐力，同时可能会消耗蛋白质功能，造成肌肉流失，并可能降低机体的免疫力。然而，过量摄入糖分会使糖在体内转化为脂肪储存，可能会导致肥胖症、糖尿病以及心血管疾病。对于体质较弱的训练者，在开始健美操训练之前，摄入适量糖能够帮助节省体内的糖原储备，预防低血糖，减轻疲劳和延迟疲劳感的发生，从而提升训练效果。

糖的来源丰富，从淀粉、谷类、根茎类食物到水果、果汁，以及蔗糖、糖浆、蜂蜜等食物都含有糖分。淀粉和谷类食品如米饭、土豆、大豆、面包、麦片等是糖的主要来源，其淀粉含糖量较高，可以提供大量的能量。

4. 维生素

维生素是人体生命活动不可或缺的营养素，对健美操运动员的训练效果有直接影响。无论是促进能量的产生、维护视力健康，还是保持身体的免疫力，维生素都发挥了重要作用。

维生素A以其在维持正常视力、保护眼睛、维持上皮组织功能等方面的独特作用，被誉为"护眼元素"。然而，需要注意的是，过量摄入维生素A可能会引起一系列不良反应，如头痛、脱发、黏膜干燥，甚至可能导致骨骼畸形和肝损害。

维生素B族对于健美操运动员来说至关重要，因为它们不仅可以促进糖原在肝脏和肌肉中的聚集，辅助机体的糖代谢，促进肌肉运动，而且还能维持神经系统的功能、增强食欲。缺乏维生素B族会影响运动员的表现，导致乳酸堆积增加，有氧运动能力下降，可能引发口角炎、舌炎、皮炎等。叶酸的缺乏会阻碍肌肉的发展，维生素B_{12}、叶酸的不足会影响机体的造血功能，导致贫血。

维生素C被誉为"抗氧化大师"，因为它能促进机体的氧化、改善组织的营养代谢、提高机体工作能力。如果缺乏，会使毛细血管壁脆性增加而出血，如牙龈出血。

维生素D能促进钙的吸收，对于保持骨骼健康至关重要。过量摄入维生素D可能会导致肾结石、肝中毒，异位骨化等问题。

对于健美操运动员来说，预防维生素缺乏的主要措施是平衡膳食，注意荤素结合，粗细粮混吃，忌不当节食、偏食。各种维生素主要存在于新鲜食物中，如蔬菜、水果、全麦制品、动物内脏等。例如，菠菜、番茄、柚子、甘蓝、甜瓜、南瓜等含有丰富的维生素。

5. 矿物质

矿物质与我们的健康和生命活力密切相关。它们不仅参与细胞代谢，调节酸碱平衡，构成骨骼和牙齿，而且还是许多酶和激素的组成部分。

钙是构建骨骼和牙齿的主要元素，也是神经传递、肌肉收缩以及血液凝固的重要参与者。由于人体不能自己生成钙，所以必须通过食物或补充剂获取。含钙丰富的食物不仅包括乳制品，还有许多蔬菜，如海带、菠菜和豆类。然而，值得注意的是，有些食物钙含量虽然丰富，但由于存在草酸等物质，降低了钙的可吸收性。

铁是人体中含量第四多的矿物质，与血液中的红细胞有关，主要作用是负责运输氧气和制造 DNA。铁的来源有两种：动物源性和植物源性食品。动物肝脏、瘦肉等食物中的铁易于吸收。豆类、绿色蔬菜和粮食的外皮部分也含有一定的铁，但人体对这部分铁的吸收率较低。

磷是骨骼和牙齿的重要组成部分，也是体内重要的酸碱调节物质，同时还参与能量代谢和细胞膜的形成。乳类、蛋、肉、豆类和绿色蔬菜都是磷的主要来源。

钾是人体细胞中重要的阳离子，对于维持心脏和肌肉的正常功能，调节水分和电解质平衡具有重要作用。水果和蔬菜是钾的主要来源，如香蕉、橙子、马铃薯、菠菜等。

氯主要以氯化钠的形式存在于人体中，是维持人体酸碱平衡，参与胃液分泌，维持血压和血容量稳定等生理过程的重要物质。氯化钠的主要来源就是我们日常生活中常用的食盐。

人体的矿物质来源于各类食物，因此，健美操运动员在训练的同时，也应注意保持饮食的均衡，尽可能地从各类食物中获取所需的矿物质，以保持身体的最佳状态。

6. 水

水是生命的重要组成部分，对人体健康和运动表现至关重要。尽管它不像蛋白质、碳水化合物和脂肪那样为身体提供营养，但是，没有水，身体的各种功能都无法正常进行。体内的水分必须保持稳定，任何轻微的失衡都可能对健康和运动表现产生负面影响。

在人体中，水的含量约占体重的 40%—60%，肌肉中的水占其质量的 72%，而脂肪中的水占其质量的 20%—25%。水在体内起着各种重要的作用，包括维持体温稳定，保持器官和组织的正常功能，提供必要的环境以便于营养物质的消化、吸收和运输，以及清洁身体，去除废物。

在健美操训练中，由于出汗和能量消耗，身体的水分需求量会显著增加。研究表明，每消耗 1 千卡的热量，身体就需要额外补充 1 毫升的水分。因此，在训练期间多喝水是十分重要的。此外，为了保持健康，应优先选择喝白开水，因为它不含糖分和其他可能对健康产生负面影响的成分。

（二）健美操训练膳食营养构成

1. 谷类

谷类食物，如大米、面粉、玉米、小米、荞麦、高粱等，是健美操训练者饮食中的重要组成部分。这些食物的营养价值主要表现在丰富的碳水化合物、适度的蛋白质、维生素 B 族和一些矿物质。然而，谷物的营养成分会因其种类、品种、生长地域、生长条件和加工方法的不同而有所差异。

碳水化合物，特别是淀粉，是谷类食物的主要成分，平均含量可占谷类的 90%。这些碳水化合物在体内可以转化为葡萄糖，为身体提供能量，特别是在健美操训练时，为肌肉提供燃料。

谷类中的蛋白质含量也相对较高，一般在 7.5% 到 15% 之间，尤其是燕麦和青稞，蛋白质含量分别可达 15% 和 13%。这些蛋白质可以提供人体必需的氨基酸，对维持和修复肌肉组织有重要作用。

谷类食物中的脂肪含量相对较低，约占 2%，主要提供一些必需的脂肪酸。谷类含有 1.5% 到 5.5% 的矿物质，如磷、钙和铁，含量相对较低。

谷类食物还是维生素 B 族的主要来源，这些维生素在身体的能量代谢过程中起着重要的作用。此外，部分谷类食物，如小米和黄玉米，还含有少量的胡萝卜素和维生素 E，这些都是强大的抗氧化剂，有助于保护身体免受自由基的伤害。

2. 豆类

豆类食物种类繁多，包括黄豆、黑豆、青豆、绿豆、豌豆、蚕豆、豇豆、赤小豆、芸豆等等。这些食物以其丰富的营养物质，特别是高蛋白质和高脂肪的特点，已经成为健美操训练者饮食中的重要组成部分。

豆类中的蛋白质含量往往远高于谷类食物，可以为身体提供丰富的氨基酸，用于肌肉的修复和生长。特别值得一提的是，大豆中的蛋白质含量极高，达到40%，因此它经常被健美操训练者用作优质的蛋白质来源。

豆类食物中的脂肪大部分为不饱和脂肪，这种脂肪对心脏有益，能降低血液中的坏胆固醇水平。同时，豆类还富含糖类，提供能量，满足运动员的能量需求。

此外，豆类食物含有丰富的矿物质和维生素。它们的钙、磷和铝含量都比谷类食物高，有利于保持骨骼健康和提高运动表现。豆类中还含有大量的维生素 B 族，这些维生素对身体的能量代谢和神经功能有重要作用。不仅如此，豆类中还含有一定的维生素 E 和胡萝卜素，这些强大的抗氧化剂有助于保护身体免受自由基的损害，维护细胞的健康。

综合考虑，豆类食物对于健美操训练者来说是一种理想的食物选择，它们提供了丰富的营养物质，满足了训练者的营养需求，同时对维护身体健康也有很大的帮助。然而，也应该注意，虽然豆类食物营养丰富，但并不能完全替代其他类型的食物，训练者的饮食应当多样化，以保证摄入所有必需的营养物质。

3. 奶类

奶类食品，如牛奶、羊奶以及各种奶制品，营养价值极高，食用价值无法被忽视。它们对于健美操训练者来说，在补充能量、维持健康、提高运动性能等方面，都有着重要的作用。

奶类食品主要由水、蛋白质、脂肪、糖类、矿物质以及各类维生素构成。其中的蛋白质，主要包括酪蛋白和乳清蛋白，这些都是高质量的蛋白质，能够提供身体必需的氨基酸，对于肌肉生长与修复有着至关重要的作用。脂肪含量适中，且大部分为优质不饱和脂肪，有助于保护心血管健康。奶类中的糖类，以乳糖为主，能够提供能量，支持训练。

在矿物质方面，奶类食品是钙的最佳来源之一。钙对于保持骨骼健康，预防骨质疏松症有着重要作用。同时，奶类食品中还含有丰富的磷、钾，有助于维持体内的电解质平衡。虽然牛奶的铁含量不高，且吸收效率相对较低，但与豆类、谷类等食物相搭配，可以有效提高铁的吸收利用率。

奶类食品中含有丰富的维生素，特别是维生素 A、胡萝卜素、维生素 B 族，以及一定的维生素 C。这些维生素对于增强身体免疫力，维持皮肤和眼睛健康，促进身体的新陈代谢，保持神经系统的正常功能等方面都有着重要的作用。

因此，健美操训练者在饮食调整上，不应该忽视奶类食品的摄入。它们提供的优质蛋白质、必需矿物质以及各种维生素，都是保持身体健康，提高运动表现的关键。当然，也需要注意，过量的乳糖摄入可能引起肠道不适，适量饮用才是最佳的选择。

4.蛋类

蛋类食品，特别是鸡蛋，因其丰富的营养素以及优质的蛋白质，被广泛应用于人们的饮食中。对于健美操训练者而言，蛋类食品不仅可以提供大量的优质蛋白质以帮助肌肉修复和增长，还可以提供必需的维生素和矿物质以保持健康的身体功能。

鸡蛋由蛋清和蛋黄两部分组成。蛋清是蛋白质的主要来源，它含有所有人体必需的氨基酸，并且蛋白质的生物利用率极高。这对于肌肉的生长和修复至关重要。此外，蛋清还含有一定的维生素 B_2 和生物素，这些维生素对于维持新陈代谢和神经系统的健康有着重要作用。

蛋黄虽然占蛋的总体积较小，但其营养价值却非常高。蛋黄中的蛋白质含量也非常丰富，并且还包含大量的维生素，如维生素 A、维生素D 和维生素 B。这些维生素对于保护视力、促进骨骼健康、维持新陈代谢等方面都有着重要作用。此外，蛋黄中还含有丰富的矿物质，如钙、磷、铁等。虽然蛋黄的胆固醇含量较高，但适量的胆固醇摄入对于维持身体的正常功能是必需的。

对于健美操训练者而言，蛋类食品应该被视为饮食计划中的重要组成部分。鸡蛋作为营养丰富、便携、易于烹饪的食品，既可以作为训练前的能量补充物质，也可以在训练后作为肌肉恢复的优质蛋白质来源。当然，与所有食物一样，摄入的数量应根据个人的身体需求和运动目标进行适当的调整。

5. 肉类

肉类食品，包括禽肉、猪肉、牛肉、羊肉和各种海鲜，是人们日常饮食中不可或缺的一部分。肉类不仅含有丰富的高质量蛋白质，还含有人体必需的多种氨基酸、矿物质和维生素。

蛋白质是肉类的主要成分，对于进行健美操训练的学生来说，肉类可以为身体提供大量的优质蛋白质，帮助肌肉修复和生长。同时，肉类中的蛋白质含有人体所需的氨基酸，而且生物利用率很高，可以有效地被人体吸收利用。

肉类食品还含有丰富的矿物质，包括磷、钙和铁。其中，铁元素在人体内主要用于形成血红蛋白，对于输送氧气至身体的各个部位至关重要。而在肉类中，约有 40% 的铁以血红素铁的形式存在，可以被人体高效吸收。

海鲜，如鱼类、虾类和贝类，也是肉类食品的重要组成部分。它们不仅含有丰富的优质蛋白质，还含有大量的矿物质。尤其是小鱼和虾皮，它们的钙含量非常高。此外，海产鱼类还富含碘元素，这对于维持正常的甲状腺功能非常重要。

健美操训练者在制订饮食计划时，应当注重肉类食品的摄入，以保证蛋白质、矿物质和维生素的充足供给。同时，考虑到肉类中也含有一定量的脂肪，特别是饱和脂肪，所以在选择肉类食品时，应尽量选择瘦肉和海鲜，并以烤、炖、蒸代替煎、炸，以减少过多的脂肪摄入。

二、健美操训练的卫生

（一）皮肤卫生

健美操训练不仅要求身体力行，也需要对身体的适当关照。其中，皮肤卫生是保持健康的重要环节，因为皮肤是身体最大的器官，它扮演着保护身体、调节体温、感应环境变化的角色。

在健美操训练之前，确保皮肤的清洁和通透性至关重要。避免使用厚重的化妆品，特别是彩妆，因为这些产品可能堵塞毛孔，阻止皮肤呼吸，而且当汗水混合彩妆时，可能引发皮肤问题，如粉刺和痤疮。此外，尽量选择适合自己肤质的护肤产品，如油性皮肤可选择控油产品，干性皮肤则需要适当保湿。

在进行健美操训练过程中，因为大量出汗，皮肤会被汗液、尘土、细菌等杂质污染，这不仅会引发皮肤问题，也可能影响健美操训练的效果。因此，训练后应尽快清洁皮肤，最好用温水洗澡。温水可以帮助开启毛孔，清洗汗液和杂质，同时也有助于肌肉放松，缓解肌肉疲劳。

在洗澡后，使用适合的护肤品对皮肤进行恢复和保养也是必要的。例如，保湿产品可以帮助皮肤保持湿润，避免因出汗过多而导致的皮肤干燥；具有舒缓功能的产品可以缓解皮肤因长时间运动而产生的红肿和不适。

此外，定期进行皮肤检查也是重要的皮肤卫生措施。对于皮肤上的任何异常，如长期不愈合的疮口、异常的疤痕、皮肤色素变化等，应尽快咨询医生。

（二）装束卫生

在健美操训练中，适当的装束与卫生管理是保障安全和提高训练效果的重要因素。在进行健美操训练之前，摘除所有饰物，以避免在训练过程中造成不必要的损伤或失去宝贵的物品。同时，将头发扎起来，以保持视线清晰，专注于训练，防止因视线受阻导致的运动损伤。

对于运动装备的选择，弹性衣物不仅能保证训练的自由度，还可以防止在做动作时服装过紧而造成的不适。采用纯棉面料，有助于吸汗，避免过度出汗导致皮肤问题。同时，颜色鲜艳的衣物可以增加训练者的活力，提高训练动力。专业的有氧健美操鞋可以提供足够的支撑并吸收冲击，保护脚部免受损伤。如果没有专业的训练鞋，应选择舒适、轻便，具有一定弹性和通透性的鞋子。避免穿着高跟鞋、厚底鞋或者舞蹈鞋进行健美操训练，因为这些鞋子无法提供足够的保护，可能增加受伤的风险。纯棉的袜子舒适且具有良好的吸湿性，可以帮助保持脚部的干燥，避免因汗水湿滑而导致的意外。尼龙或者尼龙丝袜虽然轻薄，但吸湿性差，容易让脚部滑动，增加受伤的风险。

（三）饮食卫生

在参与健美操训练的过程中，饮食卫生管理是必不可少的一部分。这不仅可以确保身体的健康，也是对运动表现的重要支持。

训练前的饮食需要注意的主要是时间和食物的选择。吃饭后需要留出一段时间让食物得以消化，一般在进食后 1.5-2.5 小时开始训练是合适的。如果在食物充盈胃部时进行训练，横膈膜会受到压迫，可能对呼吸造成影响，从而不利于运动的进行。

在食物的选择上，应避免食用含有大量脂肪和纤维的食物，因为这些食物的消化时间较长，可能会导致训练过程中出现消化不适。此外，刺激性食物可能引发胃肠道不适，也应避免。

训练过程中和训练后，保持充足的水分摄入是十分重要的，因为运动会让身体通过出汗来散热，如果不及时补充水分，可能会引发脱水。对于需要快速恢复能量的情况，可以选择含有简单碳水化合物的饮料，如运动饮料。

在饮食的卫生方面，学生需要注意食物的清洁，尽可能选择新鲜、干净的食物，避免食用可能受到污染的食物。不吸烟，不饮酒，保持良好的饮食习惯，对身体的健康有很大的帮助。

（四）环境卫生

在进行健美操训练时，环境卫生对于运动效果和参与者的健康有着重大的影响。训练的环境不仅会影响到参与者的心情，也会对身体的安全和训练的舒适度产生直接的影响。

在选择训练场所时，自然环境是最理想的。清新的空气，美丽的景色可以让参与者感到放松和愉悦，从而更加专注于训练，提高训练效果。同时，自然环境中的阳光和新鲜空气也有助于身体的健康。

然而，由于天气和其他因素的影响，室内训练场所通常是更为实际的选择。选择室内训练场地时，需要考虑到场地的实用性、功能性、安全性和舒适性。地面应选择具有一定弹性和减震效果的木地板，可以减少运动中对下肢关节和软组织的冲击，降低受伤的风险。同时，场地的空间要足够大，高度不低于 2.7 米，以保证运动的自由度和呼吸的顺畅。

对于光线条件，明亮而柔和的光线是最佳的选择。过于强烈的光线可能会刺眼，影响视线，而过于暗淡的光线则会影响参与者观察和执行动作的准确性。因此，合适的光线条件对于健美操训练的效果具有重要影响。

（五）经期卫生

月经是女性的生理现象，虽然许多女性在经期能够正常地进行日常生活和运动，但是也有一部分女性在经期可能会感到身体不适，这种不适感可能会影响到她们的运动表现。因此，在经期进行健美操训练，应注意避免剧烈运动，避免可能引发月经不调的风险。

首日与次日是月经量较大的阶段，这两天女性往往体力相对较差，情绪也可能较为疲惫。此时，应尽量避免过于剧烈的运动，以免增加身体的负担。在此期间，可以选择一些轻松舒缓的训练项目，如缓慢的瑜伽，舒展或是热身动作。对于一些容易引起腹部震动或增加腹压的动作，应该尽量避免，以减少可能带来的不适感。例如，强烈的跳跃、冲撞、旋转等动作可能会导致子宫内压力的增加，引发经痛或其他不适症状。经期对于女性的体温、血压、心率等生理指标也有一定的影响，因此，在经期进行健美操训练时，要特别注意身体的感觉，如果出现任何不适，应立即停止训练并寻求医生的建议。在饮食方面，要保证营养均衡，多摄取含铁、维生素 B 丰富的食物，以帮助补充经期可能的营养损耗。

第四章　健美操运动训练与教学实施

第一节　健美操基本动作训练方法

一、基本手形

健美操中的手形动作并不仅仅是表现手的动作，其实它是体现整个身体线条美的关键部分。因此，对基本手形的训练尤为重要。下面针对各种手形的特点进行详述。

（1）合掌：这是健美操中最常见的手形，五指并拢伸直，手心对手心，常用于祈祷、合十等动作中，体现敬意和诚意，同时也带有某种庄重和神圣的感觉。

（2）分掌：分掌手形要求五指用力分开，手腕保持一定的紧张程度，常用于展示力量和自信，同时也常见于芭蕾舞等舞蹈中，体现优雅和飘逸。

（3）拳：五指弯曲紧握，大拇指压在食指弯曲部位，展示力量和决心，也常用于体育比赛、激励和鼓励的动作中。

（4）推掌：手掌用力上翘，五指自然弯曲，表达开放、欢迎和接纳的情感，同时也体现出一种向上、积极向前的态度。

（5）西班牙舞手势：五指用力，小指、无名指、中指自掌指关节处依次弯曲，拇指稍内扣，体现了西班牙舞蹈中的热情和激情。

（6）芭蕾手势：五指微屈、后三指并拢，稍内收，拇指内扣，是芭蕾舞蹈中最基本的手形，体现了优雅、精致和高雅。

（7）一指式：握拳，食指伸直或拇指伸直，常用于指示方向，表达确定和决断。

（8）响指：拇指与中指或食指摩擦打响，无名指、小指弯曲至握，常用于表达欢乐和兴奋。

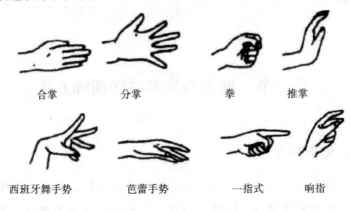

合掌　　　　　分掌　　　　　拳　　　　推掌

西班牙舞手势　　　芭蕾手势　　　一指式　　响指

图 4-1　各种手形

每一种手形都有其独特的表达力和情感，因此在健美操创编中需要灵活运用各种手形，结合动作和音乐，使动作更具表现力和感染力。同时，由于手形的变化会影响到身体其他部分的动作和线条，因此在训练中，教练员和运动员需要注意手形的精准度和协调性，保证整体动作的流畅和美感。

二、头颈部动作

（一）屈

头部和颈部的动作在健美操中占据着非常重要的地位。它们不仅直接影响到动作的美观性，同时也是表达动作情感的重要媒介。在健美操的训练中，屈曲、伸展、旋转等基本动作是非常关键的。

前屈：头部向前屈曲，颈部关节弯曲。在动作的执行过程中，运动者需要保持身体的直立，注意不要弯曲背部或肩部。这个动作可以体现出一种沉思、专注或者低落的情绪。

后屈：头部向后屈曲，颈部关节反向弯曲。这个动作需要运动者保持身体的直立，注意不要弯曲背部。执行这个动作时，可以体现出一种仰望、憧憬或者自由的情感。

左侧屈和右侧屈：头部向左侧或者右侧屈曲，颈部关节分别向左或右侧弯曲。这两个动作需要运动者保持身体的直立，注意不要倾斜身体。左侧屈和右侧屈可以表现出运动者对周围环境的关注和观察，也可以用于体现出一种期待或者惊讶的情感。

以上四种基本头颈部动作都需要运动者在执行的过程中动作缓慢，以保证颈部肌肉得到充分的伸展，同时也可以避免因动作过快而产生的颈部肌肉拉伤。此外，由于头颈部的动作往往与目光的方向紧密相关，因此在健美操的编排和训练中，需要充分考虑头部和颈部动作与目光方向的配合，以使动作更具有表现力和感染力。

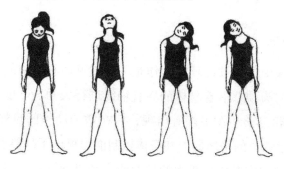

图 4-2　头颈部屈的动作

（二）转

在健美操的训练中，头颈部的转动动作同样占据了重要的地位。正确的头颈部转动不仅可以帮助运动员实现多样化的动作表达，也是防止头颈部受到伤害的关键。头颈部的转动也对其他身体部位的协调和整体动作的流畅起着至关重要的作用。

左转和右转是最基础的头颈部转动动作，头颈部沿着身体的垂直轴向左或向右转动 90 度。在健美操中，左转和右转可以用来增加动作的丰富性和多样性，如同步于音乐的节拍，或者配合目光的转换，以提升整体的动态感和表现力。

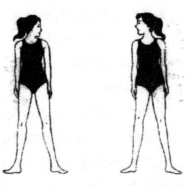

图 4-3　头颈部转的动作

（三）环绕

在健美操中，头颈部环绕动作是一种常见而具有挑战性的技术，它要求运动员的头颈部沿着身体的垂直轴线进行大约 360 度的转动。这种动作在许多健美操动作中都有出现，旨在增加动作的流畅性和优美性，同时，也对运动员的平衡能力和身体控制能力提出了高要求。

颈部环绕动作对颈部肌肉的控制能力和灵活性有着极高的要求。运动员需要掌握颈部肌肉的张力和松弛，以确保动作的精确执行。头颈部环绕动作在执行过程中，需要保持头部的平稳和流畅，避免出现颠簸或抖动。这对运动员的身体控制能力和颈部肌肉的协调性提出了高要求。在健美操中，所有的动作都应与音乐的节奏和旋律相协调。头颈部环绕动作的执行速度、力度和节奏，都应与音乐的节奏、旋律和情绪相吻合，以营造出优美而和谐的视听效果。

图 4-4　头颈环绕的动作

三、肩部动作

（一）提肩

在健美操中，提肩动作作为一种基本动作，要求运动员保持良好的体态和平衡，同时还要考虑身体的力量、灵活性和协调性。提肩动作有助于增强肩部和背部肌肉的力量，提高肩部的灵活性和稳定性，对于执行更复杂的技术动作起到重要的基础作用。

提肩动作首先要求运动员保持身体的直立姿势，双脚打开与肩同宽。提肩时，肩部尽可能地向上提起，而身体其他部分应尽量保持稳定，避免随意摆动。可以单侧提肩，也可以双侧同时提肩。

提肩动作不仅可以提高肩部的力量和灵活性，而且还可以帮助运动员理解肩部的移动范围和控制能力，这对于执行更复杂的健美操动作是非常重要的。提肩动作看似简单，实则需要运动员良好的肩部力量和稳定性。同时，提肩动作也要求运动员有一定的身体协调性，能够在提肩的同时保持身体的平衡和稳定。

对于初学者来说，初次练习提肩动作可能会感到有些困难，因此需要通过反复的训练和练习来熟练掌握。教练应引导运动员逐步增加提肩的高度和速度，以逐渐提高肩部的力量和灵活性。

图 4-5　提肩动作

（二）沉肩

在健美操中，沉肩动作是一种核心训练动作，它不仅能够帮助改善姿势，提高稳定性，还有助于增强上体的力量和灵活性。

在健美操的沉肩动作中，运动员需要保持身体正直，双脚分开站立。同时，尽可能地将肩部沿着垂直轴向下沉落，这一动作需要运动员有良好的肩部力量和灵活性。在进行沉肩动作时，身体应保持稳定，不能摆动，而头部则需要尽量向上伸展。

沉肩动作旨在增强运动员的肩部力量，提高肩部灵活性，有助于提高身体的稳定性，改善姿势。此外，它还能帮助运动员理解并掌握如何有效地控制肩部的动作。

对于初学者，沉肩动作可能需要一些时间来掌握。运动员需要反复练习这个动作，逐步提高肩部的力量和灵活性。通过持续的练习，运动员能够更好地控制肩部的动作，提高动作的精确度。

图 4-6　沉肩动作

（三）绕肩

健美操中的绕肩动作是一种挑战性的技术，要求运动员将肩部沿着四个方向—前、后、上、下进行环绕运动。此项技术对身体的平衡、协调以及肩部力量与灵活性有一定的要求。

绕肩动作要求运动员保持直立姿态，两脚开立，肩部沿着前、后、上、下四个方向进行环绕运动。此动作可以单肩进行，也可以双肩同时进行。在执行此动作时，运动员需要尽量保持身体的稳定，防止身体摆动，同时要确保肩部的动作尽可能大，并且需要舒展开。

健美操中的绕肩动作主要目的是提高运动员的肩部灵活性和力量，同时也能提高身体的稳定性和协调性。此外，它还有助于增强核心肌群的力量，这是所有健美操动作的重要基础。

为了熟练掌握绕肩动作，运动员需要进行大量的训练和练习。初始阶段，可以慢慢地进行，随着熟练度的提高，可以加快动作的速度和加大动作的幅度。此外，还可以通过添加不同的变化，例如改变动作的方向或速度，来增加训练的难度和效果。

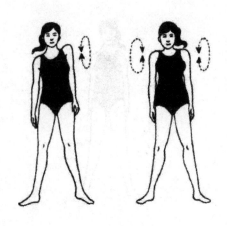

图4-7　绕肩动作

四、上肢动作

（一）举

在健美操运动训练中，上肢的动作训练尤为重要。身体的上部结构，尤其是肩部和手臂，需要具备足够的力量和灵活性，才能准确无误地完成各种动作和组合。在此，我们要详述的是"举"的动作。这个动作围绕肩关节进行，包括前举、后举、侧举、侧上举、侧下举、上举等多种变化。

前举动作可以有效地锻炼肩部的前侧肌群，加强上肢的稳定性。后举动作则有助于锻炼肩部的后侧肌群，进一步平衡肩部肌肉的发展。至于侧举，它主要锻炼的是肩部的侧面肌群，使得肩部得到全面的锻炼。

侧上举和侧下举的动作更为复杂，它们需要手臂和肩部的协同工作，可以提高上肢的协调性和灵活性。同时，这两个动作还可以有效地拉伸和锻炼肩部的各个肌群，使肩部得到更全面的锻炼。

上举动作则有助于增强手臂和肩部的力量，对于提升健美操动作的执行力度和精度具有重要作用。所有这些动作都需要在动作到位和有力度的前提下进行，以确保动作的效果和安全性。

图4-8　"举"动作

（二）屈

上肢运动中的"屈"动作是一种重要的锻炼方式，这个动作主要围绕肘关节进行，包括胸前平屈、肩侧屈、肩侧上屈、肩侧下屈、胸前上屈、头后屈等多种变化，每种动作都能锻炼到上肢的特定部位，增强上肢的力量，提高动作的灵活性，有利于提高健美操的整体效果。

胸前平屈主要锻炼上肢的前侧肌群，加强肱二头肌的力量，提高肘关节的稳定性。肩侧屈和肩侧上屈、肩侧下屈则主要锻炼肩膀和上肢的协调性，增强上肢的灵活性。而胸前上屈和头后屈的动作，更是对肘关节的灵活性和肱二头肌力量的全面锻炼。

在做这些动作时，关节动作要有弹性，避免僵硬和生硬的动作，这样可以增加肌肉的张力，使肌肉得到更有效的锻炼，同时也能减少受伤的风险。在健美操的训练中，我们要注重每一个动作的完成度和准确性，确保每一个动作都能充分发挥其锻炼效果。

在创编教学中，我们可以根据每个人的身体状况和运动能力，选用适合的"屈"动作进行训练，调整动作的难度和强度，使每个人都能在训练中感受到挑战和成就。同时，我们还可以将这些动作与其他类型的动作相结合，创造出富有创新性的健美操动作组合，提高健美操的趣味性和观赏性。

图 4-9 上肢"屈"动作

（三）绕、绕环

上肢动作中的"绕"与"绕环"在健美操训练中具有重要的地位，这两个动作以肩部为轴心，将手臂进行弧线运动，包括向内、外、前、后的方向，可以是双臂同时进行，也可以是单臂进行。这样的运动不仅能充分锻炼到肩部和手臂的肌肉，提升身体的灵活性和协调性，还能增加运动的变化性和动感，提升健美操的观赏性。

在进行"绕"与"绕环"动作时，重点在于运动的路线要清晰，起始和结束的动作位置明确。清晰的动作路径不仅可以让运动效果更佳，也可以避免因为动作不准确而造成的运动伤害。同时，明确的起始和结束位置能让健身者在健美操的演练过程中，有更好的节奏感和时间感，提高整体的表演效果。

而在创编教学的过程中，"绕"与"绕环"动作也是常用的手段，通过改变动作的幅度、速度、方向等，可以创造出丰富多样的动作组合，提升课程的趣味性和挑战性。而且，这两个动作由于其灵活性和易学性，可以让初学者快速掌握和进入状态，适合各个水平的学员进行学习。

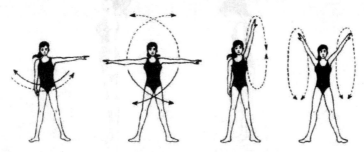

图 4-10　上肢"绕"与"绕环"动作

五、躯干动作

（一）胸部动作

胸部动作在健美操中扮演着重要的角色。这些动作不仅有助于塑造健美的体态，还可以增强肌肉的力量，提升身体的灵活性和协调性。

移胸这个动作的主要目的是锻炼胸部和腰部的肌肉，通过腰腹的左右移动带动胸部的移动，要求髋部保持固定，使得胸部的移动范围尽可能大。这个动作不仅可以强化胸部和腰部的肌肉，提升肌肉的力量和耐力，还能帮助改善姿势，增强体态的稳定性和协调性。

含胸时，需要低头收腹，收肩，形成背弓，呼气，虽然身体放松，但不能松懈。而挺胸时，需要抬头挺胸，展肩，吸气，尽管身体紧张，但也不能过于僵硬。这两个动作可以有效地锻炼胸部和肩部的肌肉，提高肌肉的力量和弹性，同时，还能够通过控制呼吸，增强心肺功能。

在健美操的创编教学中，可以结合这些胸部动作，设计出丰富多样的动作组合。例如，通过改变移胸的速度和方向，可以增加动作的变化性和挑战性。或者，可以将含胸和挺胸与其他动作结合，例如与曼波步、恰恰步等拉丁步法结合，让健美操更加富有节奏感和动感。

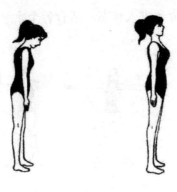

图 4-11　胸部动作

（二）腰部动作

腰部动作是健美操中的重要组成部分，它们有助于增强腰部肌肉的力量和灵活性，改善身体的稳定性和协调性，同时还能够提高体态的优美性和动态的流畅性。

腰部屈动作主要涉及腰部向前或向侧的拉伸运动，包括前屈、后屈和侧屈。在进行这个动作时，需要注意的是，腰部应该充分伸展，而且运动速度不宜过快，以防止因过度拉伸或突然变化引起的损伤。

图 4-12　腰部屈动作

腰部的转动作要求身体保持紧张，结合迈步，通过腰部带动身体沿垂直轴的左右灵活转动。在这个过程中，迈步移动重心与转腰运动结合，形成一种优美的动态流畅性。这个动作对腰部的力量和灵活性要求较高，但只要经过适当的训练，就可以很好地掌握。

图 4-13　腰部转动作

　　腰部的绕和环绕动作需要两脚开立，与手臂动作相结合，通过腰部做弧线或圆周运动，形成绕和环绕动作。在做这两个动作时，动作路线应清晰，动作应圆滑，这样可以保证动作的连贯性和优美性。

图 4-14　腰部绕和环绕动作

（三）髋部动作

　　髋部动作在健美操中具有极其重要的地位，它们可以锻炼我们的髋部力量和灵活性，增加我们的身体协调性和稳定性，并增强我们的舞蹈表现力。在健美操的创编教学中，髋部动作通常会与其他动作相结合，形成丰富多样的动作组合，给训练增添了更多的可能性和创新性。

顶髋动作是髋部力量和控制能力的重要测试。在这个动作中，我们需要保持一腿伸直支撑，另一腿屈膝内扣，上体保持正直，双手叉腰，用力将髋顶出。我们可以向左顶、右顶、后顶和前顶，这样可以让我们的髋部得到全方位的锻炼。在做这个动作时，我们需要用力并保持节奏感，这样可以保证动作的流畅性和优美性。

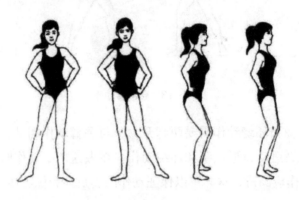

图 4-15 顶髋动作

提髋动作可以帮助我们提高髋部的灵活性和协调性。在做这个动作时，我们需要两脚开立，手臂自然弯曲，半握拳，髋向左上提、右上提。我们需要注意的是，髋与腿部需要协调向上，这样可以保证动作的连贯性和稳定性。

图 4-16 提髋动作

绕和环绕动作是对髋部灵活性和协调性的极好训练。在做这个动作时，我们需要两脚开立，双手叉腰，髋做弧线或圆周运动。我们可以分别向左、右方向进行绕和环绕动作。在做这个动作时，我们需要注意的是，运动轨迹要圆滑，这样可以保证动作的优美性和流畅性。

图 4-17　髋的绕和环绕动作

六、下肢动作

（一）立

下肢动作在健美操训练中占有举足轻重的位置，它们关乎整体表现的稳定性，以及动作的强度和优美度。为了准确地掌握和执行这些动作，我们需要理解它们的运动机制，以及如何把它们融入整个健美操的流程中。在"立"这一主题下，有三个基本但重要的动作，分别是直立、开立和点立。

1. 直立、开立动作

直立、开立动作是所有立体动作的基础。在直立的姿势中，身体保持挺直，头部抬高，胸部挺起，双腿紧贴在一起，形成一条直线。然后，双腿打开，两脚之间的距离大约等于肩宽，形成开立的姿势。这两个动作不仅是热身活动的一部分，也是很多复杂动作的起点。它们强调了身体对中线的认知，以及怎样通过脚的稳定和脚踝、膝盖以及髋关节的对齐来保持平衡。

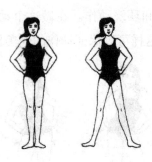

图 4-18 直立、开立动作

2. 点立动作

自然站立，先直立，然后再伸出一条腿做点立，或双腿提起做提踵立。动作形式主要有侧点立、前点立、后点立、提踵立。点立动作的核心在于，它要求执行者能够在一条腿上保持稳定，同时伸展另一条腿。这个动作对于腿部力量和平衡感的培养十分重要，并且在健美操中经常用来过渡和连接其他动作，使得整个流程更加流畅和优美。

图 4-19 点立动作

（二）弓步

弓步动作是健美操中的一种基础而重要的步伐，它的执行需要运动员的腿部力量、平衡感，以及身体的协调性。在弓步的动作中，运动员需要迈出一步，弯曲迈出的那条腿的膝盖，保持后腿伸直，形成一种像射箭手站立的姿势。这个动作可以向前（前弓步）、向侧（侧弓步），或向后（后弓步）执行。迈步的距离不能太大，也不能太小，需要恰到好处，以保证稳定性和动作的准确性。

图 4-20　弓步动作

执行弓步的关键在于腿部的力量和稳定性。迈出的腿要弯曲至大约 90 度的角度，保持膝盖正对脚尖，而后腿则需要保持伸直。这需要运动员有足够的腿部力量，以维持这个姿势并保持身体的平衡。同时，腹部和背部的肌肉也需要保持收紧，以增加核心的稳定性，保持整个身体的直立。

弓步不仅仅是一个静态的动作，它也是一个过渡动作，可以连接其他的动作，如旋转、跳跃或其他步法。因此，在执行弓步的同时，运动员需要注意身体的协调性，确保上下身的动作可以流畅地连接在一起。

（三）踢

踢腿动作的形式主要有前踢、侧踢、后踢等，这些动作都需要保持身体的稳定性，同时要求动作干净利落。在运动过程中，踢腿动作能够帮助提升运动员的肌肉力量、柔韧性和平衡能力，而这些都是健美操运动员需要具备的基本素质。

图 4-21　踢腿动作

前踢是指运动员站立时，一腿向前踢出，然后迅速收回。在执行这个动作时，需要确保腿部伸直，脚踝和膝关节在踢出的瞬间呈直线，同时还需要保持上半身稳定，避免因为踢腿而造成身体的前倾或后仰。

侧踢则是指运动员站立时，一腿向侧面踢出，然后迅速收回。在执行这个动作时，需要确保踢出的腿与地面平行，同时上半身保持直立，避免身体的晃动。这个动作需要有足够的腿部力量和柔韧性，以保证踢出的高度和动作的干净利落。

后踢是指运动员站立时，一腿向后踢出，然后迅速收回。在执行这个动作时，要保持腿部伸直，踢出的幅度要尽可能大，同时需要控制身体的平衡，避免前倾。

（四）弹

弹腿动作主要有正弹腿和侧弹腿，都要求运动员在做动作的时候，双腿要有足够的弹性。这不仅可以帮助运动员提升肌肉的力量和柔韧性，同时也能提高协调性和平衡能力。

图 4-22　弹腿动作

正弹腿是指运动员在站立状态下，双腿交替向前做弹动动作。在做此动作时，要保持上半身稳定，下半身用力，使腿部能向前弹出。这个动作不仅可以训练腿部肌肉的力量，还可以提高下肢的灵活性和协调性。

侧弹腿则是指运动员在站立状态下，双腿交替向侧面做弹动动作。在执行这个动作时，也需要保持上半身稳定，下半身用力，使腿部能向侧面弹出。这个动作不仅能锻炼腿部肌肉的力量，还能增加髋部和膝部的柔韧性，提高下肢的协调性。

（五）跳

并腿跳、开并腿跳、踢腿跳等是健美操中常见的跳跃动作，它们能够有效地锻炼到运动员的下肢肌肉，提高身体的敏捷性和协调性。

图 4-23　跳跃动作

并腿跳是指运动员双腿合并，利用下肢的力量向上跳跃。这个动作要求运动员的双腿肌肉发力均匀，同时也需要有较强的平衡能力来保持身体稳定。

开并腿跳则是在并腿跳的基础上增加了开腿的动作，即运动员在跳跃过程中，需要打开双腿，然后再并拢。这个动作需要更高的协调性，可以有效地锻炼到髋关节和膝关节的活动度。

踢腿跳是在跳跃过程中，运动员需完成一次踢腿动作。这个动作对腿部肌肉的力量和速度要求较高，同时也需要运动员有良好的空中稳定性。

第二节　健美操组合动作训练方法

一、头颈部动作组合

健美操运动中，头颈部是非常重要的身体部位。通过加强头颈部的训练，可以减少脂肪堆积，增强颈椎间韧带的弹性，提高头颈部的灵活性，并促进脑部的血液循环，预防运动伤害事故的发生。现在我们重点来介绍这几个动作的练习方法：

（一）头颈转

在头颈转的动作中，正确的姿势是关键。首先，两脚应自然分开，与肩同宽，两手叉腰，挺胸、收腹，进入预备姿势。然后，头部沿垂直轴向左或向右转动 90 度。在整个动作过程中，头部的转动要有控制，不能太快或突然用力，否则可能会引起颈部的不适甚至受伤。

头颈转的节奏也十分重要。在每个 8 拍的过程中，头部向左转动占据 1～2 拍，目视左方；3～4 拍时，动作与 1～2 拍相同，只是方向相反；5～8 拍时，动作与 1～4 拍相同。在接下来的三个 8 拍中，动作与第一个 8 拍相同。

这个简单的动作背后，包含着对身体控制能力的训练。颈部虽然只是我们身体的一部分，但它支撑着头部，连接着大脑，影响着我们的视线，是身体的重要部分。因此，对颈部的训练，实质上是对我们整体身体控制能力的提升。

（二）头颈前后屈

要进行头颈前后屈，首先，两脚应自然分开，与肩同宽，两手叉腰，挺胸、收腹，进入预备姿势。接下来，头颈前后屈的动作开始。在每个8拍中，头部向前屈占1～2拍，下颌回收，低头下看，前屈两次；3～4拍时，头部向后屈，下颌朝上，头后仰，后屈两次；5～6拍与1～2拍动作相同；7～8拍与3～4拍动作相同。在接下来的三个8拍中，动作与第一个8拍相同。

在进行头颈前后屈的过程中，应注意动作随音乐节奏进行，不能过快或过慢。上体要保持直立，动作速度要适当。要注意，头颈前后屈的动作并不是简单的头部摆动，而是要通过颈部的肌肉力量来控制头部的前后屈。

这个动作对颈部的训练既全面又细致，不仅锻炼了颈部的肌肉，也提高了颈椎的灵活性。同时，这种定向的、有节奏的前后屈动作对颈部的稳定性训练也大有裨益，能有效防止颈椎病的发生。

（三）头颈左右屈

在做头颈左右屈的动作前，要做好正确的准备姿势。首先，两脚自然分开，与肩同宽，两手叉腰，挺胸、收腹、立腰，这就是预备姿势。在这个姿势中，身体应保持直立，肩部放松。

在每个8拍中，1～2拍头向左侧屈，耳朵尽量触肩，肩部保持放松，动作重复两次；3～4拍头向右侧屈，动作与向左侧屈相同，只是方向相反，也重复两次；5～6拍与1～2拍动作相同；7～8拍与3～4拍动作相同。在接下来的三个8拍中，动作与第一个8拍相同。

在做头颈左右屈的过程中，每个动作应该与音乐的每一拍相对应，上体要保持直立，不得左、右移动。头颈左右屈的目的是通过拉伸和锻炼颈部肌肉，提高颈部的灵活性，所以在动作中，肩部应尽量放松，让颈部肌肉得到充分的锻炼。

二、上肢动作组合

在准备动作中，运动员需要站立，两臂自然下垂。接着，第 1 拍，左脚向侧迈出一步，两臂侧举，手部基本形态，掌心朝下。第 2 拍，两臂前交叉，转至肩侧上方，握拳，拳心朝内，同时右腿收起，膝盖向左旋转。第 3 拍，右腿向后伸出，形成左弓步，两臂向上伸，撑开手掌，掌心朝前。第 4 拍，运动员需要向右转体 90 度，屈膝半蹲，两臂在胸前交叉，手指触肩。第 5 拍，右腿蹬直，左腿高抬，膝盖向右旋转，两臂侧举，基本手形，掌心向下。第 6 拍，向左旋转体 90 度，屈膝半蹲，同时两臂向后屈，手指扶头后。第 7 拍，保持腿部位置不变，抬头，两臂上举，撑开手掌，掌心朝前。第 8 拍，两腿伸直，两臂侧举，撑开手掌，掌心朝前。完成这一系列的动作后，第二、第四个 8 拍的动作与第一个 8 拍的动作相同，只是方向相反；而第三个 8 拍的动作则与第一个 8 拍动作相同。

三、步法组合

（一）第一个 8 拍

整个动作组合是面向 1 点钟方向进行的，在第一个 8 拍的步法组合中，步法从左脚的 V 字步开始，然后在 5～8 拍时，V 字步向后，节奏为 7 嗒 8。在这个过程中，左脚的 V 字步伐提供了一个坚实的基础，同时也为运动员在健美操中的其他步法提供了准备。

手臂的动作也有其特定的节奏和顺序。在 1～2 拍时，左右两臂依次经过前方至侧上举；在 3 拍时，两臂收至胸前；在 4 拍时，回到初始状态。在 5 ～ 6 拍时，手臂自然摆动，在 7 ～ 8 拍时，两臂从背后打开至体侧。在这个过程中，手臂的每一个动作都与步法的动作完美配合，形成一个完整的动作序列。

手形的变化也是步法组合的重要组成部分。在 1 ～ 2 拍时，五指并拢，掌心向前；在 3 拍时，五指仍然并拢；而在 7 ～ 8 拍时，五指分开，掌心向前。这些手形的变化不仅提供了视觉上的变化，同时也为健美操增加了技巧性和难度。

图 4-24　第一个 8 拍动作示意图

（二）第二个 8 拍

整个动作组合是面向 1 点方向进行的。该组合的步法部分开始于右脚的上步吸腿，持续到 4 拍。在 5 ～ 8 拍的过程中，步法与 1 ～ 4 拍相同，但方向相反。这一变化增加了组合的复杂性，同时也为运动员提供了充分展示技巧和协调能力的机会。特别是在转换步法方向的过程中，运动员需要维持身体的平衡并保持步法的准确性。

在手臂动作部分，1～4拍的过程中，手臂需保持直立，并通过前后摆动恢复到初始位置。5～8拍的动作与1～4拍的动作相同。这样的手臂动作不仅增加了组合的美感，而且在一定程度上提高了动作的难度。它要求运动员在保持步法的稳定性的同时，还需精确地控制手臂的动作。

在手形部分，1～4拍中，手形为握拳，拳心向下；在4拍时恢复到初始状态。在5～8拍的过程中，手形与1～4拍的动作相同。

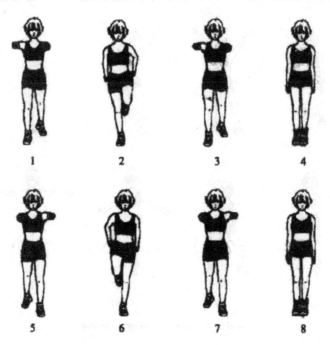

图 4-25　第二个 8 拍动作示意图

（三）第三个 8 拍

整个动作组合面向 1 点方向，五指并拢，从右脚开始，1～4拍向侧并步，5～8拍步法与1～4拍相同，只是方向相反。手臂动作部分则需要直臂从下经上绕环一周，这个动作在1～4拍和5～8拍中重复。

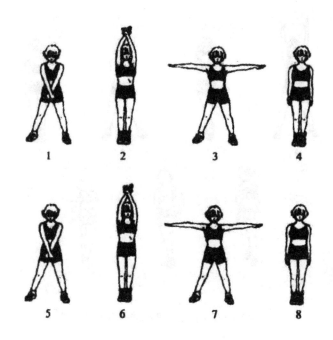

图 4-26　第三个 8 拍动作示意图

（四）第四个 8 拍

整个动作组合面向 1 点方向，步法部分在 1～4 拍中以右脚侧交叉步开始，然后在 5～8 拍中，右脚开始的是转体交叉步。

手臂动作部分在 1～4 拍中是直臂经上至体侧，在 5～8 拍中是自然摆臂。

手形部分在 1～4 拍中是五指分开，然后在 4 拍后还原，在 5～8 拍中是自然握拳。

图 4-27 第四个 8 拍动作示意图

第三节 健美操动作技能形成的教学过程

一、动作的认知阶段

在健美操的学习过程中，初步阶段是理解和把握动作的基础，也就是我们通常所说的动作的认知阶段。这一阶段以思考和认知为主，其核心在于激发运动员的学习兴趣，让他们对即将学习的动作产生热情和好奇心。

认知阶段以对即将习练的动作有初步的认识和理解为主。学员通过教师的讲解和示范，了解动作的基本构成、运动方向和力量分布等。这个阶段的目标不在于做出准确的动作，而在于培养对动作的理解和感知。在这个过程中，教师的角色和运动员的积极参与是成功的关键。教师需要详细解释和示范每个动作，确保学员能准确理解动作的要领和原理。同时，学员也需要积极参与，认真听取教师的讲解，仔细观察教师的示范，并将新的动作与自己过去的经验和知识结合起来。

此外，运动员在认知阶段也需要了解健美操动作的作用和意义。这不仅能提升他们的运动技能，还能帮助他们理解健美操的精神内涵，从而更好地投入健美操的训练中。当然，认知阶段并不是一蹴而就的，需要反复观察、思考和理解。只有这样，才能确保运动员在接下来的练习中，能更好地掌握动作，提升健美操的表演水平。

二、动作的粗略掌握阶段

在健美操的学习过程中，动作的粗略掌握阶段是非常关键的一环。在这个阶段，运动者的动作可能会显得僵硬并且不连贯，不应有的错误动作时有发生。这是由于在技能学习的初期，大脑皮质会因接收到各种新异刺激而处于一种强烈的兴奋和广泛的扩散状态，从而无法较好地指导肌肉做出准确的反应。因此，运动者在这个阶段的主要任务就是建立对健美操动作的感性认识，并通过模仿教师的示范动作来粗略掌握健美操技术动作。

在这个阶段，模仿练习是最为重要的一种方法。运动者应该通过观看教师的示范来掌握基本的动作要领。在模仿的过程中，运动者初步建立肌肉本体感觉的反馈联系。这对于粗略掌握健美操技术动作至关重要。同时，运动者应遵循循序渐进的原则，由简到繁、由易到难地进行技术动作的学习和训练。这种方法有利于运动者逐渐增加动作的难度，同时避免急于求成导致的错误和伤害。此外，教师的示范和解释也应注重直观性，以便帮助运动者建立正确的动作概念。教师需要通过清晰的示范和生动的解释，使得运动者能够形象地理解和把握动作的要领。

在训练过程中，重要的技术环节应该被强调，而细节的追求应保持适度。过分追求细节可能会分散运动者的注意力，使其难以掌握重点。教师的鼓励和激励在这个阶段也显得格外重要，它可以激发运动者主动参与健美操练习的积极性，进而更好地掌握技术动作。对于复杂且难度较大的健美操技术动作，分解教学法是一种有效的教学方式。教师可以将一个复杂的动作分解成若干个简单的部分，让运动者分别掌握，等到他们将各个部分都熟练掌握后，再进行整体的训练和练习。

三、动作的改进和提高阶段

动作的改进和提高阶段在健美操学习过程中起着至关重要的作用。在粗略掌握技术动作后，接下来就是对这些动作进行反复的练习，以提升动作的质量和协调性，增强技术的精细度和流畅度。在这一阶段，大脑皮质对信息的分析能力日渐精细，可以准确地将各个动作连贯起来，并减少多余的动作。动作的协调性、省力性得到了显著提升，运动者能够对动作的概念和要领有清晰的理解，并能够准确地描述和执行这些动作。

对于运动者而言，各种健美操技术动作在这个阶段已不再是新奇的刺激，大脑皮质的兴奋和抑制过程相对集中，使得大脑皮质在时间和空间上对动作的判断更加精确。此时的运动者已经能够将多余的动作和错误动作消除，对动作的细节进行改进，并提高动作的节奏感和协调性。在进行健美操技术动作的改进和提高时，完整的练习是非常必要的，同时，也需要辅以分解的练习，以便更深入地掌握动作的各个部分。这一阶段的训练更注重难度的提升，以进一步提高运动者的技术水平。随着训练的深入，运动者对动作各个环节之间的联系理解更深，能够由感性的认识上升到理性的理解，形成正确的动作概念。在这一阶段，已经建立了正确的动作概念的运动者，教师可以通过精细、准确的语言进行指导，无需再做示范。

为了进一步提高动作的精确度，可以采取增加动作难度的方法，从而提高运动者对健美操技术动作的理解和掌握能力。在不断提高动作质量的过程中，要彻底纠正错误的动作，避免形成错误的动力定型。在健美操的实际比赛中，运动者需要面对各种外界的干扰因素。因此，在训练中模拟比赛的环境，制造各种外界的干扰因素，可以有效地提高运动者的应变能力。

健美操动作的改进和提高阶段是一个复杂而又重要的过程。在这个过程中，运动者需要以完整的练习为主，适当的分解练习为辅，注重动作各个环节之间的联系，提高动作的精确度，彻底纠正错误动作，并通过模拟比赛环境来提高应变能力。通过这样的方式，运动者可以不断提高自己的健美操技术水平，达到技术动作的精细化和连贯化。

四、动作的巩固与应用自如阶段

健美操技术动作的巩固与应用自如阶段是一项非常重要的训练阶段。它的核心是将之前学习的技术动作深度融入自身的运动系统中，使之变得更加自然和自如。在这个阶段，运动者的大脑皮质对兴奋与抑制过程的处理变得更加集中，从而在时间和空间上使动作更为协调和准确。此时的动作不仅正确而且优美，且即使环境条件不断变化，运动技术也能保持稳定，完成各种动作更加轻松省力。一些动作甚至可以在无意识或下意识的控制下完成，即形成了动作的自动化。

在健美操技术动作的巩固与应用自如阶段，训练中需要注意的事项主要包括以下几点：

（1）需要逐渐加大运动负荷，以更高的生理和心理负荷进行训练，从而巩固和提高健美操动作技能。只有在更高的负荷下训练，运动者才能在各种条件下都能更好地执行技术动作。

（2）尽管动作的自动化程度越高，运动技能就越不容易消退，但这并不意味着就可以忽视训练。反而，在这个阶段，应以完整练习为主，并进行反复练习，以巩固和强化健美操动作技能。

（3）即便已经建立了动作的自动化，也可能会出现一些错误动作。这些错误动作是在低意识控制下完成的，如果多次重复就可能巩固这些错误动作。因此，在动作自动化之后，仍需积极检查并纠正错误动作。

（4）在健美操技术动作训练中，运动者还需要对所要学习的动作在某一运动项目中的地位、作用和特点进行深入分析，并根据其特点进行有针对性的训练。例如，对于对抗性项目，应分析动作在不同情况下可能发生的变化，并纳入战术体系中进行思考。对于单一动作，应以提高熟练程度和动作质量为主。

第五章　时尚健美操训练方法与指导

第一节　健身街舞训练方法

一、健身街舞基本动作教学

街舞，作为一种广泛流行的舞蹈形式，其基础在于一系列基本动作的熟练掌握。街舞基础动作可以从四个主要方面进行讨论：上肢动作、下肢动作、躯干动作以及地面动作。

对于上肢动作，包括但不限于手臂的摆动、举、屈伸、环绕和波浪。手臂的摆动为动作增添了动态元素，同时也起到保持平衡的作用。环绕和波浪动作则可以增强舞蹈的视觉吸引力，为动作注入更多的生动感。下肢动作，如原地的弹动踏步、点地、转体、移动跳等，为街舞的稳定性和节奏感提供支撑。尤其是转体和移动跳等高难度动作，对舞者的协调性和技巧提出了较高要求。躯干动作，主要涉及头、肩、胸、腰、髋的活动，可视为街舞的核心部分。躯干动作的控制和运用可以帮助舞者产生力量，实现各种技巧的完成，同时为舞蹈的情感表达提供可能。至于地面动作，诸如蹲、跪、撑等，它们是街舞中极为重要的一部分。通过这些动作，舞者能够在舞蹈中展示力量和灵活性，拓展舞蹈的空间，实现更丰富的动作表达。

了解和掌握这些基本的街舞动作是提升街舞技术水平的首要步骤。接着，通过对这些基础动作的灵活组合和创新运用，舞者能够创造出多种难度和风格各异的街舞动作。根据音乐的节奏和情感，舞者可以选择合适的动作进行组合，从而实现个性化的舞蹈创作。

二、健身街舞组合动作教学

（一）组合动作一

1. 第一个 8 拍

街舞作为一种独特的舞蹈形式，其独特性并非仅在于其基本的单一动作，更在于这些动作如何被组合和展示。通过将各种基础动作融合在一起，舞者们能够以自己的方式诠释音乐，塑造动感的舞蹈形象。接下来，我们将以一个具体的 8 拍组合动作为例，详细剖析其步法、手臂动作、手形以及面向等元素的变化和运用。

在此组合动作中，舞者在前两拍利用右脚尖的点地动作进行节奏的设定，以响应音乐的起始节奏。此过程中，右手的响指动作与脚步相配合，一方面增强了节奏感，另一方面也加强了动作的表现力。紧接着在第 3 拍，舞者通过迈出右脚并在第 4 拍将左脚跟上，形成并立姿态，以呈现舞蹈的稳定性。

第 5 至 7 拍，舞者通过改变重心和进行左右脚的侧点地动作，展示了其对节奏和动态的掌控，同时也为舞蹈增添了更多元的视觉效果。而在这一过程中，双臂微曲至身体两侧的动作则进一步丰富了上肢的动态表达。在第 8 拍结束时，舞者通过双臂斜上举的动作，表达了舞蹈的张力，同时也为整个 8 拍组合动作的结束画上了句号。

此外，手形的变化为这个组合动作增加了细腻的表现。在前两拍，舞者通过响指，引出整个组合动作的起始动作，而在之后的动作中，则通过放松半握拳的手形，展示舞蹈的放松和自由。在最后一拍，舞者通过出双手食指的手形，呈现了舞蹈的力度和决心。面向的改变也是舞蹈中非常重要的一环。在这个 8 拍组合动作中，舞者通过在不同拍数下改变面向的方式，为舞蹈创造了空间感和深度，同时也为观众带来了更多的视觉体验。

2.第二个 8 拍

街舞的组合动作继续在第二个 8 拍展开，旨在通过进一步深化和发展步法、手臂动作、手形和面向等元素的使用，打造出更丰富的舞蹈表达。

第二个 8 拍的步法开始于两脚开立的半蹲状态，这种动作不仅要求舞者有稳定的身体控制力，同时也需要有足够的膝关节灵活性和力量。舞者在第 1 和第 2 拍间，通过右肩和左肩的侧顶动作，实现了身体重心的左右转换，进一步加强了舞蹈的动态变化。在第 3 拍，舞者的肩带胸顺时针绕环，创造了躯干部分的循环运动，为舞蹈增添了丰富的视觉效果。第 4 到第 6 拍，左脚和右脚的点地动作以及收脚动作，为舞蹈添加了变化和节奏感。至于第 7 拍的 180° 转身动作，不仅考验舞者的身体协调性和平衡能力，也为舞蹈创造了新的视觉和空间感。在第 8 拍，舞者通过抬起双肘的动作，为此 8 拍组合动作带来了一个有力的收束。

同样，手臂的动作也在这个组合动作中起到了关键作用。在前 7 拍，舞者的双臂自然垂在身体两侧，以此让身体的重心和动作集中在下半身。而在第 8 拍，双臂抬起至腰间的动作，强化了舞蹈的结束力度，为整个组合动作的完结增添了足够的张力。

在手形的运用上，舞者在前 7 拍保持自然放松的状态，而在最后一拍，通过握拳的动作，传递出舞蹈的力量感和决心。

面向的改变是舞蹈中的重要组成部分，它为舞蹈创造了空间感和深度。在这个 8 拍组合动作中，舞者通过在不同拍数下改变面向的方式，带来了空间的转换，增加了观众的视觉体验，例如：1 ～ 3 拍面向 1 点钟方向，4 ～ 6 拍面向 3 点钟方向，7、8 面向拍 7 点钟方向。

3.第三个 8 拍

街舞的组合动作在第三个 8 拍中进一步展开，舞者通过对步法、手臂动作、手形和面向等元素的巧妙运用，创造出更复杂和富有动感的舞蹈组合。

在步法部分，舞者首先在第 1、2 拍进行转体，体现出街舞动作对身体控制和协调性的要求。接着在第 3、4 拍，舞者通过前进一步并合拢两脚的动作，再次强调了节奏感和稳定性的重要性。随后在第 5 拍，舞者左脚向后的动作为舞蹈带来了空间的拓展。而在接下来的第 6、7 拍，舞者通过 180° 的转身动作和后退一步，进一步增加了舞蹈的空间感和视觉冲击力。最后在第 8 拍，舞者再次进行 180° 的转身，为此 8 拍组合动作画上完美的句号。

手臂动作在此组合中同样扮演了重要角色。在第 1、2 拍，舞者两次侧抬肘部，强化了节奏感，同时也为接下来的动作做出预示。在第 3 拍，左手的微伸出动作，为舞蹈增加了动态变化。而在剩下的拍数中，自然摆动的手臂，强调了舞蹈的流动性和连贯性。

在手形的使用上，舞者在整个 8 拍组合中保持半握或自然放松的状态，这种手形的持续使用，提供了舞蹈的连续性和一致性。

面向的改变是街舞中重要的一环，它为舞蹈创造了空间感和深度。在这个 8 拍组合动作中，舞者通过在不同拍数下改变面向的方式，例如，1～5 拍面向 1 点钟方向，6、7 拍面向 5 点钟方向，8 拍面向 1 点钟方向。

4. 第四个 8 拍

街舞的美妙在于它如何将基本的单一动作组织起来，形成富有节奏感、动感和独特个性的舞蹈。在第四个 8 拍的组合动作中，我们可以看到这种组合动作的形成与应用。

步法方面，第 1 和第 2 拍的前点地动作带动了舞蹈的开始，为舞蹈的节奏和韵律打下基础。在第 3 拍，右脚的前半步进一步引导了舞蹈的进展。第 4 拍的双脚跟向前转动并收回的动作，体现了街舞的动态和流动性。第 5 和第 6 拍的后退动作则为舞蹈创造了空间和深度。在第 7 拍的跳跃换脚，体现了舞蹈的活力和灵活性。而第 8 拍的并脚动作，为整个 8 拍组合动作画上句号。

手臂动作在此组合中起到了关键的作用。在前 3 拍，舞者的双臂自然放松，突出了舞蹈的自然和流畅。在第 4 拍，向前抬肘并收回的动作为舞蹈增添了力度和紧张感。而在第 7 拍，从后向前抡动右臂的动作，为舞蹈注入了动力和张力。

在手形的使用上，舞者在整个8拍组合中保持自然放松的状态，体现了舞蹈的自由和放松感。

面向的改变虽然在这个组合中并未频繁出现，但其对整个舞蹈的影响不可忽视。在这个8拍组合动作中，舞者始终面向1点钟方向，表现出稳定性和决心。

（二）组合动作二

1. 第一个8拍

在街舞中，每一个细微的步法、手臂动作、手形变化，甚至面向方向的选择，都可以创造出独特的视觉效果和舞蹈氛围。在这个8拍的组合动作中，舞者通过一系列巧妙的动作组合，展现了街舞的韵律和活力。

步法方面，舞者在第1到第4拍执行侧并步一次，这种步法不仅为舞蹈打下了节奏感，同时也创造了动态的视觉效果。在第5拍，右脚的前踢并落在正前方的步伐，增强了舞蹈的动态感和力度。第6拍的脚跟向前转动并收回的步伐，为舞蹈增添了流畅和连续性。而在第7、8拍，舞者再次重复了第5、6拍的步法，强调了舞蹈的节奏和重复性。

手臂动作在此组合中起到了重要的作用。在第1拍，左手胸前、右手侧上指的动作，提供了动作的开始和方向。第2拍的反方向指一次并还原的动作，增强了动作的复杂性和视觉吸引力。第3拍的轻拍左膝然后向右指的动作，进一步丰富了上肢的动作变化。而在第4到8拍，自然摆动的手臂，让舞蹈更加自然流畅。

手形的变化在这个8拍组合动作中扮演了重要的角色。在第1到第3拍，舞者通过出食指的手形，为舞蹈增加了细腻的表现。而在第4到8拍，舞者保持自然放松的手形，突出了舞蹈的自由和随性。

在面向方向的选择上，舞者始终面向1点方向，这种稳定的面向，为舞蹈注入了稳定性和决心。

2.第二个 8 拍

街舞的魅力在于每一步的连贯性和每一个动作的独特性。在第二个 8 拍的组合动作中，舞者通过一系列独特的步法、手臂动作、手形变化以及面向的调整，展示了街舞的多样性和复杂性。

步法的设计能创造节奏感并赋予舞蹈空间感。在第 1、2 拍，舞者通过后迈一步并收回的动作，制造出动态效果。而在第 3、4 拍，舞者利用开立半蹲与并脚站立的步法，再度展示了舞蹈的稳定性与流动性。第 5、6 拍的左右脚踢，增添了动态元素。最后，第 7、8 拍的站立与开立半蹲，既突出了舞者的平衡和力量，又为舞蹈画上了句号。

手臂动作的创新和变化同样扮演了重要角色。第 1 拍手臂放松以及第 2 拍微曲向上并手心向上的动作，为舞蹈增加了起始的力度。第 3 拍两侧抬肘，以及第 4 拍举右臂的动作，进一步突显了舞蹈的活力。第 5、6 拍的伸臂和自然下放，赋予舞蹈以连贯性和流畅性。最后，第 7、8 拍的右臂上举和右手摸地的动作，让舞蹈在结束时保持了足够的张力。

手形方面，舞者在整个 8 拍组合动作中保持自然放松的状态，展示了街舞的随性和自由。

在面向的选择上，舞者在第 1、2 拍以及第 4 到 8 拍都保持在 1 点方向，然后在第三拍转向 3 点钟方向，这样的变化让舞蹈具有了空间感和深度。

3.第三个 8 拍

街舞的第三个 8 拍组合动作呈现了舞蹈中的连贯性和多样性，展示了如何通过步法、手臂动作、手形和面向的巧妙应用来创造出富有动感的舞蹈表达。

步法动作中，第 1 拍的双脚交叉和第二拍的转身动作，提供了舞蹈的初始力度和动态效果。在第 3 和第 4 拍，舞者的右脚后撤一步和左脚收回的步法，进一步增强了舞蹈的节奏感和稳定性。而在第 5 到第 7 拍，右脚和左脚向侧迈的步法，让舞蹈充满了流动性和灵活性。最后，第 8 拍的左脚收回动作，让舞蹈在结束时保持了足够的张力。

在手臂动作方面，前 4 拍，舞者的双臂保持自然放松状态，提供了舞蹈的连续性。然后在第,5 拍，左臂向侧上举的动作为舞蹈增加了活力。接下来的第 6 拍，右臂向相反方向的动作，增加了舞蹈的动态变化。而在第 7、8 拍，两手向左、右指的动作，为舞蹈的结尾增添了足够的张力。

在手形的使用上，舞者在前 4 拍保持自然放松的状态，而在后 4 拍，通过伸出食指的手形，表达了舞蹈的决心和力度。

面向的改变也是舞蹈的一个重要部分，为舞蹈创造了空间感和深度。在这个 8 拍组合动作中，舞者在第 1 拍面向 2 点钟方向，第 2 拍转向 8 点钟方向，第 3 拍返回 2 点钟方向，最后 4 拍面向 1 点钟方向。这样的面向变化，让舞蹈具有了空间转换的效果，同时也为观众带来了丰富的视觉体验。

4. 第四个 8 拍

街舞的第四个 8 拍组合动作展现了舞蹈的流动性和连贯性，将步法、手臂动作、手形和面向的元素有机地结合在一起，创造出富有动感和节奏感的舞蹈表达。

在步法方面，舞者在第 1、2 拍和第 3 拍中，通过右脚和左脚向后迈步的动作，为舞蹈注入了动态感和流动性。第 4 拍的左脚脚跟点地的动作，增加了节奏感。而在第 5、6 拍中，舞者通过左脚向前迈步和右脚向左脚前交叉的步法，展现了舞蹈的灵活性和连贯性。最后，第 7、8 拍的转身和收脚站立的步法，为整个 8 拍组合动作带来了完美的收束。

手臂动作在此组合动作中起到了关键的作用，舞者的手臂全程保持自然摆动的状态，让舞蹈的动作更加流畅和自然。

在手形的运用上，舞者的手形在整个 8 拍组合中保持自然放松的状态，强调了舞蹈的自由和随性。

面向的改变在这个组合动作中并不显著，但舞者始终面向 1 点钟方向，让舞蹈的视觉感保持稳定，同时也表现出了舞者的决心和专注。

（三）组合动作三

1. 第一个 8 拍

在街舞的第一个 8 拍组合动作中，我们了解到了如何巧妙地使用步法、手臂动作、手形和面向的转变，来塑造丰富而有力度的舞蹈表现。

步法部分，从第 1 到第 3 拍，舞者通过右脚和左脚的侧向点步，为舞蹈赋予了初步的节奏感和动态感。第 4 拍的右膝跪地和左脚向左伸出的动作，加入了舞蹈的空间变化和力度。而在第 5 和第 6 拍，重心向左上侧的移动，进一步增强了舞蹈的连贯性和流动性。最后，在第 7 和第 8 拍，右、左脚依次向左迈一步脚跟点地的动作，为这个 8 拍组合动作带来了动感和节奏的高潮。

在手臂动作上，第 4 拍的左手扶头、右手撑地的动作，为舞蹈增加了力度和支撑，同时也为接下来的步法提供了动态的铺垫。

手形方面，舞者在整个 8 拍组合中保持自然放松的手形，突出了舞蹈的随性和自由感。

在面向的选择上，舞者从第 1 到第 3 拍面向 1 点钟方向，然后在第 4 拍转向 8 点钟方向，最后在第 5 到 8 拍面向 7 点钟方向。这样的面向变化，让舞蹈具有了空间转换的效果，同时也为观众带来了丰富的视觉体验。

2. 第二个 8 拍

街舞的第二个 8 拍组合动作中，通过精妙的步法变化、手臂动作、手形和面向的调整，来塑造出丰富的舞蹈表达。

步法的变化带来了舞蹈的节奏感和动感。第 1 拍的左脚向右一步和第 2 拍的右脚向后，同时重心向右平移的步法，创建了舞蹈的起始动力和动态效果。接着第 3 和第 4 拍的原地交叉跳，增强了舞蹈的节奏感和活力。第 5 拍的双脚并立和第 6 拍的开立半蹲，为舞蹈创造了稳定性和深度。最后，第 7 拍的拍手和第 8 拍的双脚并立，为整个 8 拍组合动作带来了完美的结束。

手臂动作在这个 8 拍组合中起到了关键的角色。第 1 拍的自然摆动和第二拍的挥右臂向左指的动作，增添了舞蹈的动态和引导性。而第 3 到第 6 拍的自然摆动，为舞蹈带来了流畅性和连贯性。第 7 拍的拍手两次和第 8 拍的双臂斜上举，增加了舞蹈的力度和高潮。

手形在这个 8 拍组合中也起到了重要的作用。在前 7 拍，舞者保持自然放松的手形，突出了舞蹈的自由和随性。而在最后 1 拍，舞者通过出食指的手形，表达了舞蹈的决心和力度。

在面向的选择上，舞者在前 4 拍面向 7 点钟方向，然后在后 4 拍转向 1 点钟方向。这种面向的变化，让舞蹈具有了空间感和深度。

3. 第三个 8 拍

街舞的第三个 8 拍组合动作中，通过融合步法、手臂动作、手形和面向的变化，呈现了一种充满节奏感和动态感的舞蹈表现。

在步法方面，第 1 到第 2 拍中，舞者通过右脚左踹后落地的步法，创造了舞蹈的初始动感和节奏感。而在第 3 到第 4 拍，左脚右后交叉并还原的步法，进一步增强了舞蹈的稳定性和流动性。在第 5 到第 6 拍，左脚向左迈一步、右脚左踢的动作，为舞蹈带来了动态效果和活力。最后，在第 7 到第 8 拍，右脚落地并左脚的动作，为整个 8 拍组合动作带来了完美的结束。

在手臂动作上，第 1 到第 4 拍的上下摆动，为舞蹈增加了连贯性和流动性。在第 5 到第 6 拍，双手经后至前交叉的手臂动作，为舞蹈增加了动态元素和力度。而在第 7 到第 8 拍，击掌的手臂动作，为舞蹈的结束带来了力度和高潮。

在手形的运用上，舞者在整个 8 拍组合中保持半握拳的手形，展现了舞蹈的力度和决心。

在面向的选择上，舞者在整个 8 拍组合动作中始终面向 1 点钟方向，让舞蹈的视觉感保持稳定，并表现出了舞者的决心和专注。

4. 第四个 8 拍

在街舞的第四个 8 拍组合动作中，舞者通过巧妙运用步法、手臂动作、手形和面向的变化，展现出一种充满活力和连贯性的舞蹈表达。

在步法的部分，第 1 到第 2 拍的左右脚依次迈步，为舞蹈注入了动态感和节奏感。第 3 到第 4 拍的左脚原地踏步，右脚并左脚的动作，进一步强调了舞蹈的稳定性和连贯性。在第 5 到第 6 拍中，右脚前、后迈步的步伐，增加了舞蹈的灵活性和动感。最后，在第 7 到第 8 拍中，右脚点地，屈小腿的步法，为整个 8 拍组合动作带来了精彩的收束。

在手臂动作的部分，第 1 到第 6 拍的前后自然摆动，使舞蹈动作流畅而自然。在第 7 到第 8 拍中，双手侧平举后至右手扶脑后，左手扶右脚跟的动作，增添了舞蹈的动态元素和力度。

手形方面，前 6 拍舞者保持半握拳的状态，突出了舞蹈的力度和决心。在最后 2 拍，舞者通过放松打开的手形，展现了舞蹈的自由和随性。

在面向的选择上，舞者在第 1 拍面向 7 点钟方向，第 2 拍转向 5 点钟方向，然后在最后 6 拍面向 1 点钟方向。这样的面向变化，让舞蹈具有了空间转换的效果，同时也为观众带来了丰富的视觉体验。

第二节 有氧拉丁操训练方法

一、有氧拉丁操概述

（一）有氧拉丁操的起源与发展

有氧拉丁操作为一种独特的健身方式，从其起源于拉丁舞可见一斑。拉丁舞，源自非洲，经欧洲南部的影响和南美的演变，发展出多种舞蹈形式，如伦巴、恰恰、桑巴、牛仔、斗牛等。而有氧拉丁操正是在这些富有韵律和活力的舞蹈基础上，结合健美操的动作元素，打造出一种全新的健身体系。

有氧拉丁操的创新之处在于它引入了拉丁舞的髋部摆动动作，增强了腰部锻炼的效果，这是其他健身方式难以达到的。它还引入了拉丁舞的激情音乐元素，使健身者在疯狂的舞蹈和淋漓的汗水中，找到乐趣，减去多余的脂肪，同时锻炼出健美的体态。

进入 21 世纪，有氧拉丁操在中国北京开始流行，然后迅速在全国各地取得了巨大的成功。不同于严谨、规范的国标拉丁舞，有氧拉丁操对基本步法的要求较为宽松，单人或多人均可参与，无需特别的人数限制。此外，它更侧重于能量的消耗，动作细节上的要求不苛刻。保持运动量的同时，主要目标是做到身体各关节的协调活动，包括髋部、腰部、胸部和肩部等。

有氧拉丁操的动作相对简单，以健身步法为主，易于参与者快速学习和掌握。它提供了一种富有活力、激情四溢的健身方式，使得广大参与者能在舞动的节奏中释放压力，挥洒汗水，同时塑造美好身段，提升身体素质。

至今，有氧拉丁操已经成为全球范围内的一种热门健身方式。其独特的拉丁舞韵律和健美操的有机结合，不仅富有乐趣，同时也在无形中提升了健身者的身心健康，凸显了运动健身的多元化和趣味化，深受各年龄层参与者的喜爱。

（二）有氧拉丁操的特点与功能

1. 有氧拉丁操的特点

有氧拉丁操是一种极其热烈而奔放的运动形式，它结合了拉丁舞的风格与健美操的元素，使健身者在释放压力的同时锻炼全身，达到塑身和健身的目的。

有氧拉丁操以其热烈奔放的风格为特色，让参与者在愉快的环境中进行全身运动。这种热情奔放来自拉丁舞的性格和精神。拉丁舞需要舞者全身心地投入，让身体和音乐完全融为一体。有氧拉丁操则借鉴了这一点，让健身者在热情的音乐和轻快的舞步中，享受运动带来的乐趣。有氧拉丁操的全身运动特性使其成为一种非常高效的健身方式。参与者在锻炼过程中，全身的大部分肌肉和关节都会参与到运动中，特别是腰部、髋部和大腿内侧的肌肉，得到了更为充分的锻炼。另外，有氧拉丁操的负荷强度较小，使其成为适合所有人群的健身方式。运动者无论年龄多大、性别是什么或者身体素质如何，都可以通过有氧拉丁操找到适合自己的运动强度。同时，有氧拉丁操的热情、奔放和鲜明的节奏特性，使其在年轻人中尤为受欢迎。

相比专业的拉丁舞，有氧拉丁操在动作细节和配合上的要求较为宽松，使得更多的人能够参与其中，无论是有一定舞蹈基础的人，还是初次尝试的新手，都能快速融入这种运动方式中，感受拉丁舞蹈的韵味，同时享受运动带来的乐趣和收益。

2. 有氧拉丁操的功能

有氧拉丁操，源自拉丁舞，兼具了锻炼和娱乐的双重特性，不仅能提升人们的身体素质，还能燃烧热量，塑造完美的身材线条。这种独特的运动方式，不但在身体上有许多益处，心理上也带来了很多积极的效应。

拉丁操以多关节运动为主，尤其加强了对髋部及腰腹部的锻炼，因此对于提高这些部位的灵活性和身体的协调性具有明显的作用。这种灵活性和协调性的培养，对日常生活的影响不可小觑。在日常生活中，我们需要大量使用髋部和腰部，无论是走路、跑步、坐立，甚至是弯腰捡东西，都离不开这些部位的运动。如果髋部和腰部的灵活性和协调性足够好，那么这些动作就能更加流畅，更具效率，对提升生活质量大有裨益。

有氧拉丁操在减脂和塑身方面的效果也不可忽视。许多热爱健身的人都发现，单纯的健身运动可能效果不够显著，而有氧拉丁操能提供一种有趣而高效的方式来帮助他们实现健身目标。通过不断的动作变换，练习者可以在快乐中消耗大量的热量，同时塑造完美的身材线条。随着时间的推移，健身者的肌肉线条会越来越明显，身材也会变得越来越苗条[①]。有氧拉丁操的好处远不止于此。它是一种源自拉丁舞的运动方式，所以它具有很强的表演性和欣赏性。在练习中，人们不仅可以锻炼身体，还可以享受到舞蹈带来的乐趣。而且，通过欣赏别人的表演，人们还可以提高自己欣赏美和创造美的能力。这样的锻炼方式对于精神层面的益处也是非常明显的。

有氧拉丁操的练习不仅仅是对身体的锻炼，更是一种生活态度的体现。它鼓励人们在动感的节奏和旋律中，享受锻炼的过程，感受身体的变化，同时也享受心灵的愉悦。在这样的锻炼方式下，人们不仅能提高身体素质，更能提升生活质量。

二、有氧拉丁操的健身动作

有氧拉丁操，以其充满活力的动作和拉丁音乐的节奏，成为一种极具吸引力的健身方式。它融合了健身运动的效能和舞蹈的艺术性，带来的是全身心的锻炼和享受。此种运动方式以热身、有氧练习、放松和伸展四个部分为主，各个部分都扮演着重要的角色。热身部分的重点在于提高身体局部的灵活性，为后续的有氧练习做好充分的准备，降低受伤的风险。有氧练习部分则是此项运动的核心，旨在达到减脂、增强心肺功能等目标。而放松和伸展部分，对于舒缓紧张的肌肉、拉伸肌肉线条以及减少运动后的疼痛起到关键的作用。

虽然有氧拉丁操的动作难度并不大，但其对于动作用力方法和节奏的要求却极高。每个动作的力量都应当源自地面的反作用力，然后自下而上、由内而外地传导到整个身体。同时，全身各部位的协调用力也是执行动作的关键。这些技巧的掌握与否，将直接影响到运动效果的好坏和安全性的高低。有氧拉丁操的动作设计巧妙且有韵律，丰富的动作可以锻炼到身体的各个部位。如腰腹部的旋转动作，可以加强腰腹部的肌肉力量和灵活度。腿部的踢踏动作，则可以有效锻炼下肢力量，提高腿

---

① 张莉. 浅析有氧拉丁健身操的主要功效 [J]. 新课程（中旬），2013（7）：135.

部线条的美感。而手臂的挥舞动作，则有助于塑造匀称的手臂线条，同时也能提高肩部和背部的灵活性。

（一）抖肩

抖肩动作在有氧拉丁操中是一种常见且重要的基础动作，对于塑造肩部线条和提高肩部肌肉的力量与灵活性有着明显的效果。这个动作的执行，要求健身者双臂伸直侧下举，五指分开，掌心向前，随后开始通过左肩前顶、右肩后展的交替动作来实现。

实际上，抖肩不仅仅是一个简单的肩部活动，它也是一种对全身协调性的锻炼。在进行抖肩动作时，需要稳定的核心力量来支撑身体的平衡，同时还需要脚部的配合来维持节奏。这样的训练方式，不仅可以帮助提升肩部力量，还能对核心肌群和下肢力量进行有效的训练。在进行抖肩动作时，还需要特别注意力量的控制。抖肩并不是通过大力量的挥舞来完成的，而是通过控制肩部的小范围内的快速动作来实现。通过这种方式，可以更有效地激发肩部肌肉，同时避免因为过大的力量造成的肌肉拉伤。抖肩动作的另一个重要点是节奏感。在执行抖肩动作时，需要随着音乐的节奏进行，通过左肩前顶、右肩后展的交替动作，形成一种节奏感，这不仅可以提高运动的乐趣，也可以让肌肉更好地适应这种运动方式。

（二）恰恰步

恰恰步是拉丁操中的一个基础且关键的步法，源自拉丁舞的一种名为恰恰舞的舞种。它以两拍三动的形式为基础节奏，不仅能够锻炼身体，也能提高人的节奏感和身体协调性[①]。这种步法不仅有利于增强腿部和臀部的肌肉力量，还有助于提高身体的灵活性和敏捷性。以右侧恰恰步为例，练习者首先需要将右腿向右侧迈出一步，然后将左腿并步，接着再将右腿

---

① 邱晓玲. 浅谈有氧健身操在一次课中的多样组合 [J]. 中国市场，2012（27）：119–120.

向右侧迈出。这种动作形式的重复，使得身体能够得到充分的锻炼，同时能让身体在律动中找到舞蹈的节奏感。

值得注意的是，恰恰步的变化多样，可以向侧、向前、向后；可以并步或交叉步；可以单独做或结合其他步法一起完成。这种丰富的变化性，使得恰恰步不仅可以适应多种舞蹈形式，也可以根据练习者的身体条件和舞蹈水平，进行不同程度的调整和改变。恰恰步的独特之处还在于身体和脚步的完美配合。在脚步移动的同时，身体也需要配合脚步的节奏进行适当的摆动。这种身体和脚步的配合，不仅可以增加舞蹈的观赏性，也能让身体在运动中得到全方位的锻炼。

（三）曼波步

曼波步作为一种独特的舞步，在有氧拉丁操中占据着重要的地位。这种步法的特色在于其均匀的节奏以及对身体协调性的挑战，它可以向前、向后、向侧，甚至可以结合转体动作，给锻炼增添了更多的可能性。

对于曼波步的执行，有着具体的动作规范。例如，左脚向前一步，同时重心前移并向左摆髋，然后将重心后移至右脚，同时向右摆髋。这样的动作组合，不仅可以锻炼到腿部肌肉，还可以通过摆髋动作，锻炼到髋部和腰部的肌肉，使得身体的各个部位都能得到锻炼。

在进行曼波步时，双臂的动作也是不可忽视的部分。在舞步的配合下，双臂需要屈肘在腰间，自然摆动，形成一种与脚步相协调的节奏感。这样不仅可以增强舞蹈的观赏性，也能够让上半身的肌肉得到适当的锻炼。

曼波步的精髓在于其流畅的步法和身体动作的协调，以及身体与音乐节奏的完美融合。练习曼波步不仅可以锻炼身体，提高身体的协调性和节奏感，还可以享受到舞蹈带来的快乐，从而在愉快的氛围中，提高身体素质。

（四）桑巴步

桑巴步作为拉丁舞的重要元素，同样在有氧拉丁操中占有一席之地。

它的步法节奏明快活跃，能够很好地调动人们的热情，使健身不再枯燥无味。

桑巴步的特点在于其快速的节奏和鲜明的身体动态。在两拍两动的节奏中，每一拍的"哒"音较短，且在完成动作时需有短暂的停顿①。这种独特的节奏和动作要求，能够锻炼练习者的身体反应能力和节奏感，使健身效果更上一层楼。以向右的桑巴步为例，健身者首先需要将左腿向右迈出一步，随后身体向左转，然后左腿向右后方点一步，此时右腿需要稍微屈膝抬起。接着，将重心移至右腿，并在原地点地一次。在整个动作过程中，重要的是髋部需要随着重心的移动进行左右摆动，这样既能增强健身效果，又能增加舞蹈的观赏性。

桑巴步的变化也十分丰富，不仅可以作为单一的舞步使用，也可以和其他舞步相结合，实现更多的舞蹈效果。这种步法可以向前、向后、向左、向右进行移动，也可以重复进行，或者和其他舞步相结合，形成更复杂的舞蹈动作。

三、有氧拉丁操的组合训练方法

（一）有氧拉丁操组合训练一

1. 第一个 8 拍

在这个组合训练中，我们将面向 1 点钟方向开始，五指分开，手臂随身体摆动。训练开始时，我们首先进行两拍的右侧并步，这个动作可以帮助我们调整身体的平衡和节奏。接下来的两拍，我们要进行右侧的恰恰步，这个动作的重心转移和快节奏可以提高我们的协调性和反应能力。

在接下来的两拍中，我们将进行右腿的后伸动作，这个动作可以帮

---

① 文秀丽，鹿志海. 拉丁健身操与拉丁舞之间的关系分析 [J]. 中国学校体育，2011（S1）：67.

助我们拉伸腿部肌肉，同时也为接下来的动作做好准备。最后两拍，我们要进行左前的恰恰步，这个动作不仅可以提高我们的协调性和反应能力，也可以锻炼我们的肌肉力量。

这个组合训练的特色在于它融合了不同的舞步和动作，使得我们的身体能够在不断切换中得到全方位的锻炼。在执行这个组合训练时，我们需要保持专注，跟随节奏进行动作。只有这样，我们才能在训练中达到最佳的效果。

在实际的训练中，我们可以根据自己的身体条件和舞蹈水平，对这个训练进行适当的调整。例如，我们可以增加动作的速度，提高训练的强度，也可以改变动作的方向，增加训练的变化性。这样，我们既能够享受到训练的乐趣，也能够达到健身的目标。

2. 第二个8拍

第二个8拍的训练步骤中，身体会面向不同的方向，这一训练模式的多样性可以提升人们对空间和方向感的掌握，增强身体的灵活性和协调性。

在这个组合中，我们首先需要在1～4拍时将身体面向1点钟方向，5～6拍时转向8点钟方向，最后在7～8拍时面向2点钟方向。在整个过程中，手指需要自然分开，1～4拍随身体摆动，而在5～8拍时，手臂则需要打开，与伸腿方向形成对比。

接着我们进入舞步环节。1～2拍时执行右前恰恰步，这个步骤需要我们迅速移动重心，提高身体协调性。3～4拍时，我们需要转换方向执行左前恰恰步，这个动作不仅能锻炼我们的协调性，同时也加强了身体两侧的平衡。在5～6拍和7～8拍时，我们需要进行右脚左前和左脚右前的交叉点步，这两个动作对身体平衡性和协调性提出了更高的要求。

整个训练过程中，我们的身体需要不断地转向，这对我们的空间感和方向感提出了挑战。同时，手臂的动作也要与腿部的动作协调，这样才能保证整个动作的流畅性。而恰恰步和交叉点步的结合，则要求我们在移动的同时保持节奏感和动作的准确性。

3. 第三个 8 拍

第三个 8 拍的训练步骤中，身体依然面向 1 点钟方向，五指自然分开，手臂随着身体的节奏进行自然的摆动。这个部分的组合训练要求我们精确控制身体的动作和节奏，同时也要求我们的身体具有较高的灵活性和协调性。

在 1～2 拍，我们要迅速向前进两步，这个步骤需要我们的腿部力量和速度，同时也要求我们对身体平衡的控制。随后，在 3～4 拍的时候，我们需要进行恰恰步，并且在接近结束的时候屈膝。这个动作既考验我们对恰恰步的掌握，也增加了对膝关节的训练，强化了腿部肌肉的力量。

在 5～6 拍和 7～8 拍，我们将进行后退的恰恰步，这个步骤不仅需要我们的身体具备一定的协调性和节奏感，还要求我们对身体后方空间的判断，这样才能避免在后退过程中的失误。这两个步骤需要我们的腿部力量和躯干肌肉的稳定性，同时也增强了我们的空间感和协调性。

4. 第四个 8 拍

整个动作都面向 1 点钟方向进行。手臂随身体自然摆动，五指分开。

在步法方面，1～2 拍时，我们以左侧弓步开始，3～4 拍时，要快速收回左腿，恰、恰、恰，5～8 拍的动作与 1～4 拍的相反，即 5～6 拍先进行右侧弓步，7～8 拍快速收回右腿，恰、恰、恰。

（二）有氧拉丁操组合训练二

1. 第一个 8 拍

该训练面向 1 点钟方向开始，手臂随身体自然摆动，五指分开。

在步法方面，该训练强调了髋关节的灵活性和旋转能力。在 1～2 拍时，运动者迈出右腿并旋转髋关节，在 3～4 拍时，运动者需要快速收回右腿，接下来的 5～6 拍，运动者将动作转移到左腿，转髋，7～8 拍时，运动者需要收回左腿，这与前面的动作形成了对称，增强了整个训练的平衡感和节奏感。

2. 第二个 8 拍

运动者面向 1 点钟方向，五指分开，手臂随着身体的节奏自然摆动。

1 ～ 2 拍时，运动者需要进行右侧桑巴步，3 ～ 4 拍时，运动者需要并腿，5 ～ 6 拍时，运动者需要进行左侧桑巴步，7 ～ 8 拍时，运动者再次进行并腿的动作。

3. 第三个 8 拍

训练开始时，运动者面向 1 点钟方向，五指自然分开，手臂自然随着身体的动态节奏摆动。

1 ～ 2 拍时，运动者需要进行右侧并步，3 ～ 4 拍时，运动者将面向 8 点钟方向并进行左后交叉恰恰步，5 ～ 8 拍时，运动者再次面向 1 点钟方向并进行一字步。

4. 第四个 8 拍

训练始于面向 1 点钟方向，五指分开，手臂的动作与身体的节奏和谐一致。1 ～ 4 拍时，手臂随着身体的移动进行自然的摆动，5 ～ 6 拍时，左臂前伸，右臂后伸，7 ～ 8 拍时，手臂的动作方向相反，即右臂前伸，左臂后伸。在整个训练过程中，持续进行的是左 "V" 字步移动。

第三节　有氧搏击操训练方法

一、有氧搏击操概述

（一）有氧搏击操的起源与发展

有氧搏击操，其英文名为 Aerobic Kickboxing，是近年来在全球范围内流行的一种有氧运动方式。它的起源和发展深深植根于健身与拳击的交叉融合。搏击艺术与有氧运动的结合，不仅带来了全新的运动方式，也开启了健身领域的新纪元。

有氧搏击操最初起源于美国，那时的主要目的是提升拳击手的有氧耐力和身体素质。创始人为七度空手道世界冠军比利·布兰克斯，他独具慧眼，将搏击艺术和有氧运动有机地结合在一起。起初，这种形式的训练更多的是作为专业拳击手的训练课程、随着时间的推移，人们逐渐发现其对于提升有氧耐力和全身肌肉锻炼的效果显著，于是这项运动开始被更多人接受并引入健身房，成为一项热门的健身运动。

随着对健身理念的深入理解和对健康需求的提升，有氧搏击操以其高效的燃脂效果和全身锻炼的特性，逐渐在全球范围内流行起来。另一方面，它也凭借动感十足的音乐节奏和有趣的拳脚动作，给参与者带来了积极的运动体验，因此深受男性和女性健身爱好者的喜欢。

在训练形式上，有氧搏击操也不断创新和发展，融入了其他舞蹈元素和瑜伽、普拉提等运动方式，以适应不同人群的健身需求。例如，一些有氧搏击操的课程中，会加入跆拳道、东方武术等动作特点，这样的融合让这种运动方式更具多元化和全球化。

近年来，随着互联网的普及，有氧搏击操的传播方式也发生了变化。不少健身机构和教练通过网络平台发布有氧搏击操的教学视频，这使得有氧搏击操的推广范围更加广泛，也为更多的人提供了方便的学习途径。

这种刺激又充满活力的运动方式，无论是在燃烧脂肪、提高身体协调性方面，还是在提升有氧能力方面，都展现出了显著的效果。未来，有氧搏击操必将在全球范围内持续发展，为更多的人带来健康和快乐。

（二）有氧搏击操的特点与功能

1.有氧搏击操的特点

有氧搏击操作为一种独特的健身训练方式，具有多种鲜明的特点。

综合性强：有氧搏击操要求参与者不仅要进行有氧运动，同时也需要完成一系列拳击动作。这些动作可以锻炼到全身各大肌肉群，包括胸大肌、背阔肌、腹直肌、臀大肌、大腿肌等，因此它具有很强的综合性。

在进行有氧搏击操训练的过程中，可以达到锻炼全身肌肉的效果，进一步提升身体的肌肉力量和耐力 ①。

热量消耗大：在有氧搏击操训练中，通过连续不断的拳击和踢腿动作，能让人的心率保持在一个相对较高的水平，进而大量消耗体内的能量，达到减肥燃脂的效果。据研究，一小时的有氧搏击操训练，可以消耗 600 到 800 卡路里的热量，是一种非常高效的燃脂运动。

动感十足：有氧搏击操的训练通常伴随着动感十足的音乐，同时也需要进行大幅度的动作，这让训练过程充满了活力。通过拳击和踢腿动作的释放，可以帮助人们有效地减压，从而达到放松身心的效果。

易上手：虽然有氧搏击操的训练包含了一些拳击和踢腿的动作，但这些动作并不复杂，只需要一段时间的练习，就可以掌握基本的动作，所以有氧搏击操的上手难度并不高。而且训练中的动作都可以根据个人的身体状况和能力进行调整，使得所有人都可以参与到有氧搏击操的训练中。

2.有氧搏击操的功能

有氧搏击操的功能表现在多个层面上，包括对身体、精神和社交等方面的影响。让我们详细探讨这些功能。

（1）身体功能的提升：有氧搏击操是一项全身性的运动，它对提升身体各个方面的功能有着显著的效果。在肌肉强度和肌肉耐力方面，通过各种复杂的拳击和踢腿动作，可以有效地锻炼到身体的各个肌肉群，提升肌肉的力量和耐力。在心肺耐力方面，有氧搏击操的训练可以持续增加心率，提升心肺功能，增强血液循环，从而提升全身的有氧耐力。在柔韧性和协调性方面，有氧搏击操的训练涉及各种旋转、伸展和平衡的动作，可以提升身体的柔韧性和协调性。

（2）精神状态的提升：在精神状态方面，有氧搏击操的训练可以帮助改善焦虑和抑郁情绪，提升心理健康。这是因为运动可以刺激体内的

---

① 李俊. 低碳经济下有氧搏击的价值对大众健身的影响 [J]. 财富时代，2019（9）：135.

内啡肽释放，产生愉快的感觉。此外，有氧搏击操的动感和节奏感也可以帮助人们从日常生活的压力中解脱出来，获得心灵的放松。不仅如此，对于提升自信心，增强自我形象，有氧搏击操也起着重要作用。随着训练的进行，人们会感觉更加强壮，身材更加匀称，从而提升自我形象和自信心。

（3）社交功能的提升：在社交功能方面，有氧搏击操的训练通常是在一个团体中进行的，这提供了一个良好的社交环境。人们可以在训练中结识新朋友，互相鼓励，共享成功，从而提升社交技巧，增强归属感。此外，对于锻炼团队合作精神，提升团队协作能力，有氧搏击操也起着重要作用。

二、有氧搏击操的健身动作

（一）有氧搏击操的基本站姿

在探讨有氧搏击操的健身动作时，首先要了解的必须是站姿的选择与利用。站姿是整个有氧搏击操的基础，决定了执行动作的稳定性和力量发挥。如同建筑物的地基，站姿在有氧搏击操中也是一个基本且关键的元素。

有氧搏击操的站姿主要包括正面站姿和侧面站姿。这两种站姿各自对应了一种特殊的情景，根据实际情况选择使用[①]。

正面站姿具有明显的防御性质。双腿平行站立，略微弯曲膝盖，这样的站姿保证了身体的稳定性，即使在受到推挤或碰撞时也能维持平衡。同时，收腹立腰和放松的肩部能够让身体处于一种防御就绪状态。而双拳紧挨下颌，保证了在需要时能够迅速打出有效的防御。值得注意的是，虽然这是一种防御姿态，但在有氧搏击操中，也会根据动作设计的需要转换为攻击姿态。

---

① 王之雷. 有氧搏击操的教学方法探究 [J]. 学苑教育，2015（11）：88.

侧面站姿则更像是一种攻击性的站姿。双腿前后分立，后腿外侧呈45°，身体侧向前方，这样的站姿使身体处于一种可以迅速发动攻击的状态。这里需要强调的是，尽管这是一种攻击姿态，但在有氧搏击操中，动作设计师可能会巧妙地将它用于防御。

站姿的选择和利用对于有氧搏击操的执行起着至关重要的作用。站姿不仅决定了动作的稳定性和力量，也影响了动作的表现力和观赏性。因此，要想提高有氧搏击操的表现，就必须深入理解和熟练掌握站姿的技巧。

（二）有氧搏击操的基本拳法

有氧搏击操的基本拳法丰富多样，它们借鉴了拳击的一些基本动作，构成了该课程的核心部分。虽然拳法种类繁多，但一定的理论知识和规则依然是需要坚守的。例如，握拳的方式应为四指并拢，向内卷握，拇指向内扣在其他手指的第二指节处，以保证打击力度的同时，也能够保护手部免受伤害。

有氧搏击操中，直拳是最基本的拳法。在打出直拳的过程中，需要腿、腰和手臂配合，形成一个连贯的力量链。这种打击方式简洁高效，无论在平行站立还是前后站立的站姿上，都能有效发挥。在进行直拳打击时，手臂不应完全伸直，以保护肘关节免受伤害。同时，直拳还可以根据目标的位置，变化为高、中、低三种不同形式。

刺拳是直拳的一种变体，动作轻快，上体和髋部移动极小。在出拳时手臂不完全伸直，这样既保护了肘关节，又保留了一定的弹性，可以在必要时快速反击。

勾拳则需要腰部首先向反方向扭转并压低上体，然后再发力出拳，手臂始终保持弯曲，拳心向后。这样的出拳方式可以大大增加出拳的力量，同时也有较强的破坏性。

锤拳、摆拳、翻背拳和肘击等都是有氧搏击操中常见的拳法。这些拳法虽然在技巧和形式上有所不同，但是都强调了力量的控制和身体的协调性。例如，在进行摆拳时，需要左脚蹬地，重心移向右脚，同时右臂由下向上摆至身体中心线位置。这一系列动作不仅考验着参训者的身体协调性，同时也增强了他们的核心力量。

（三）有氧搏击操的基本肘法

有氧搏击操中的基本肘法源自于拳击和泰拳等格斗技巧，以肘尖作为最后的力点，旨在增强全身协调性和灵活度，以及提高肘关节的灵活性和爆发力。这些动作虽然复杂，但是在练习时，只要遵循正确的方法，就能够避免伤害并取得良好的效果。

抬肘是肘法的一种基础技术，其特点是肘关节由下向上抬起，拳心向下，肘尖受力。这一动作不仅能锻炼到上臂和肩部的力量，而且对于提高肘部的爆发力和反应速度也具有积极的作用。

砸肘则是将肘关节提起，由上向下沿斜方向砸压。在执行这一动作时，需要注意控制力度和速度，以保护自身不受伤害。此外，这一动作对于增强上体肌肉的力量和耐力，以及提高对攻击的反应速度具有良好的效果。

沉肘与砸肘类似，都是由上向下的动作，但沉肘更注重沿直线出肘。执行这一动作需要有良好的身体协调性和控制力，因此也是对参训者的挑战。

提肘是通过扭腰转体，肘关节由下向上沿直线上提，脚尖蹬地挺腰，这一动作充分考虑到了全身的协调性和肘关节的爆发力。

在执行有氧搏击操的肘法时，虽然主要侧重于肘部的动作，但在实际动作过程中，身体的其他部位也起到了关键作用。例如，腿部的力量，腰部的转动，以及手部的配合等，都对执行正确的肘法具有重要的影响。因此，执行有氧搏击操的肘法不仅可以锻炼到肘部的肌肉，还可以通过全身的配合，达到全身运动的效果，提高全身的力量、灵活性和协调性。

（四）有氧搏击操的基本膝法

有氧搏击操中的基本膝法来源于拳击和泰拳等综合格斗技巧，是以膝关节为力点进行练习的一种形式，具有锻炼全身肌肉，提高心肺功能，以及增强身体平衡感等多重效益。

直膝顶主要通过左腿支撑，右腿迅速屈膝向上顶抬，力达膝尖，同时收腹，身体稍后仰，目视前方。该动作要求参训者在一个快速动态的过程中，稳定身体，这有赖于强大的腿部力量和良好的核心稳定性。这种动作不仅对大腿，小腿和膝关节的肌肉群进行了深入的锻炼，而且还可以帮助提高全身的协调性和灵活性。

横膝顶是另一种重要的膝法。它的运动路线呈弧形，具体为右膝关节由外向内呈斜线迅速提吸。这个动作将膝部力量的发散方向转移到了水平面，从而对腿部和核心部位的力量产生了新的需求。因此，横膝顶可以提升腿部肌肉的力量，提高身体的平衡感和协调性。

跪膝动作则需要上体左转 90°，左腿屈膝半蹲，同时右膝直下跪，力达膝尖，同侧手可配合下击。这个动作要求参训者有良好的协调性和平衡感，同时，也要求参训者有强大的下肢力量和爆发力。

在执行有氧搏击操的基本膝法时，必须强调全身配合和正确的呼吸方式。全身配合可以保证力量的最大输出，防止肌肉拉伤和关节扭伤。正确的呼吸方式则可以保证身体在高强度运动中的氧气供应，防止出现氧气不足导致的运动中暑和运动昏厥。

（五）有氧搏击操的基本腿法

有氧搏击操中的基本腿法来源于不同的格斗艺术，包括拳击、泰拳和跆拳道等。腿法是这些体育活动中的重要组成部分，被广泛应用于有氧搏击操中，以提高参与者的心肺功能、肌肉耐力、灵活性和平衡感。

正蹬腿法是以一腿先屈膝上提，另一腿微屈膝支撑，屈膝上提腿以脚跟领先由屈到伸，快速发力，直线蹬击。这种动作对腿部、腹部和背部肌肉都有很好的锻炼效果，同时对提高身体的平衡能力也非常有帮助。

后蹬则需要身体稍转，一腿屈膝回收，小腿平行于地面，转头回视，向正后方强力挺膝伸展蹬出，身体前俯，眼视正后方，双臂自然弯曲，维持身体平衡。后蹬是一个独特的动作，可以提高参训者的反应速度和灵活性。

腾空前踢是一种具有挑战性的动作，要求左腿屈膝蹬地跳起，右腿在空中由屈到伸，绷脚面，向上弹踢，力达脚尖。这个动作可以提高腿部力量和灵活性，同时也有助于提高心肺耐力。

侧踹和腾空侧踹是两种需要较高技巧的动作。侧踹是一腿先屈膝上抬，小腿略外摆，膝盖向内收，支撑腿稍屈膝，提膝腿由屈到伸向侧踹击，力达脚跟或全脚掌。腾空侧踹可以单脚起跳也可以双脚起跳。主力腿猛地蹬地跃起，在空中向右拧转，右腿由屈到伸，直线方向踹出，力达全脚掌或脚跟，左腿屈膝收髋。动作完成后，两脚依次着地。

横扫则是通过腰髋部摆动，肩部拧转，集全力于一脚面或小腿胫骨，动作路线较长，高速拉弧形发出强大爆发力。这是一种需要全身参与的动作，对于提高身体的核心稳定性和协调性非常有效。

弹踢则需要移重心至支撑腿，右腿屈膝抬平，大小腿折叠稍内旋，绷脚尖，以膝关节为轴，迅速屈伸弹动小腿。这种动作对于提高腿部力量和灵活性，以及增强身体平衡能力都有显著的效果。

（六）有氧搏击操的格挡动作

有氧搏击操在健身效果显著的同时，亦融入了很多防身的元素。这些元素中，格挡动作尤其重要。正确的格挡动作不仅能在实战中防御对手的攻击，也能帮助提高身体的协调性和反应速度。在进行有氧搏击操训练时，学习和掌握这些格挡动作，可以提高训练的效果，增加训练的乐趣。

上格挡是一种手臂由下向上的防御动作，手臂离前额约一拳距离。这种动作主要用于防御对方的下沉式攻击，例如直拳或勾拳。在执行上格挡时，不仅需要做出快速而精准的反应，同时也需要通过全身的配合，达到最大的防御效果。

下格挡是一种手臂由上向下的防御动作，臂与身体约成一线，手距大腿约 20 厘米。这种动作主要用于防御对方的上升式攻击，例如膝顶或上挑。下格挡动作要求快速而准确，同时也需要身体的低屈和腰部的扭转，以达到最大的防御效果。

内格挡和外格挡是两种相对的防御动作。内格挡是手臂由外向内的防御，拳背朝前，拳心对着自己；外格挡则是手臂由内向外的防御，手停于肩侧，与额头等高。这两种动作可以有效防御对方的侧面攻击，如侧踹或旋风腿。

十字上防和十字下防是两种特殊的格挡动作。十字上防是双手腕交叉由下向上防御，双手离前额约一拳距离；十字下防则是双手腕交叉由上向下防御，手置于小腹前 10～15 厘米。这两种动作不仅可以防御对方的攻击，同时也能训练手臂的力量和协调性。

三、有氧搏击操的组合训练方法

（一）第一个 8 拍

有氧搏击操的 8 拍是在节奏和音乐的驱动下进行的，它可以帮助我们锻炼身体的灵活性、力量和速度，提高身体的协调性，同时，也能让我们在快节奏的训练中，享受到健身的乐趣。下面我们就来详细解析一下第一个 8 拍的组合训练方法。

首先，在第一个 8 拍中，初始动作是双手握拳，身体以右侧为轴，左膝内扣，左踝外展，面向 1 点钟方向，此时手臂的动作为右直拳。这个动作不仅能锻炼到我们的腿部肌肉，还能通过右直拳的出击，训练到我们的手臂肌肉和腰部肌肉。

接着，3～4 拍的动作是面向 1 点钟方向的左直拳。这是一个动作的转换，通过将身体的重心从右侧转移到左侧，我们可以训练到腰部的扭转力和腿部肌肉的力量。

接下来，5～8拍的动作是屈膝左转，左弓步，5～6拍面向1点钟方向，7～8拍面向7点钟方向。这一系列动作中，身体的转向和脚步的移动，无疑会对我们的腿部力量和协调性产生良好的锻炼效果。同时，侧顶左肘和左前臂的外旋，加上右直拳的出击，也会锻炼到我们的手臂和腰部肌肉。

通过上述的分析，我们可以看出，第一个8拍的组合训练方法，能够全面锻炼我们的手臂、腿部和腰部肌肉，提高我们的力量和协调性。同时，这种训练方法的节奏感和动作的变换，也会给我们带来更大的健身乐趣。因此，我们在进行有氧搏击操的训练时，应该尽量按照这种训练方法去执行，以此来提高我们的健身效果。同时，我们在做这些动作时，要掌握正确的技巧和姿势，避免在训练中受到伤害。

（二）第二个8拍

在有氧搏击操的训练过程中，第二个8拍的组合方法以肢体的协调性和力量为核心，结合有氧运动的快节奏和音乐的节拍，有效地提升了训练的效果和趣味性。

在这个8拍训练中，开始时是以双手握拳的防守姿势进行，接下来的1～4拍是右侧踢，面向1点钟方向，这个动作主要锻炼了腿部力量和身体协调性，同时也为接下来的动作过渡做好了准备。5～6拍动作变为身体左转，右膝内扣，右踝外展，面向8点钟方向，手臂动作为右摆拳。这个动作的转换，训练了身体的灵活性和反应速度，右摆拳则进一步提升了手臂和腰部的力量。7～8拍的动作是面向2点钟方向的左摆拳，这是5～6拍的反向动作，此时，我们的身体需要迅速调整方向和姿势，这对我们的反应速度和灵活性提出了更高的要求。

通过第二个8拍的训练，我们可以看到，这一套动作的设计，充分考虑了全身肌肉的锻炼和身体的协调性，而且在快节奏的音乐驱动下，训练的乐趣也得到了提升。同时，我们也应该注意，在进行这样的训练时，要严格按照动作的要求进行，尽量减少训练中的伤害。同时，要注意保持呼吸的顺畅，不要让自己在快速的动作中出现呼吸困难。这样，才能更好地享受有氧搏击操的训练，提升自己的身体素质。

（三）第三个8拍

有氧搏击操的第三个8拍组合训练方法强调了全身协调运动，其中涉及方向转变、空中跳跃和全身力量的发挥，这种训练方式不仅提高了有氧运动的效率，也加强了全身的力量训练。

开场，我们以双手握拳的姿势开始动作，接着在1～2拍间进行左转90°的开合跳，面向7点钟方向。这种转体的动作同时加上跳跃，能锻炼到我们的下肢力量和身体的协调性，同时也在提高我们的心率和氧气消耗，起到了很好的有氧运动效果。在3～4拍中，我们保持开合跳的动作，面向1点钟方向，同时手臂动作变为双臂上推。这个动作加强了上肢和核心肌群的训练，尤其是肩部和背部的肌肉，同时也进一步提升了心肺功能的锻炼。在5～6拍中，我们做出右转90°的动作。这个转体的动作再一次训练了我们的灵活性和协调性，让全身的肌肉都能参与到运动中，使锻炼效果更加全面。

第四节　健身瑜伽训练方法

一、健身瑜伽运动的起源与发展

健身瑜伽，源自古印度，深受全球欢迎，诞生于公元前，有超过5000年的悠久历史，被誉为东方最古老的健身艺术之一。这项神秘的运动形式是古印度的智者在深深的冥想中，对生命的感悟和认识，体现了人类的智慧。"Yoga"是健身瑜伽的梵语，意为"连接、统一"。它描绘了一种通过练习达到身心和谐的状态，进而实现个体与宇宙之间的连通，体现了一个旨在帮助人们最大限度发挥其潜力，实现最佳精神状态的系统。

由于健身瑜伽的源头深入古代，关于其起源的确切年代存在各种说法。很多人推测健身瑜伽可以追溯到远古的文明时代。然而，根据可查证的考古研究，人类文化史上在公元前 3000 年以前就有了健身瑜伽的萌芽。

在早期阶段，人们将健身瑜伽视为掌握咒语和冥想的手段。大约在公元前 500 年，随着农耕文化的崛起，印度的阿利耶文明在祭祀时采取了多种手段来集中和统一精神，这可能是健身瑜伽的初始形式。简单来说，健身瑜伽是一种通过有意识的呼吸调整和身体姿态，达到身心平衡，并恢复身体自我愈合能力的训练方法。健身瑜伽主要讲求心、身、灵的和谐统一，通过静坐、冥想、呼吸和体位，使人能在快节奏的现实世界中放慢步伐，去理解身体和心灵的奥秘。健身瑜伽不仅能培养一个人的耐力和情绪，还能增强肌肉的柔韧性和平衡能力。

近年来，健身瑜伽已成为全球最流行的健身方式之一。以其优雅的动作和身心养生的魅力，健身瑜伽吸引了越来越多的爱好者。全球各地的健身中心、私人瑜伽工作室和在线健身平台都推出了各种形式的健身瑜伽课程，满足不同年龄、性别和身体条件的人们的需求。

二、健身瑜伽运动的功能

（一）保持健康平和的身心状态

研究表明，人的行为模式、情绪反应以及心理状态都与内分泌系统的运作有着紧密的联系。内分泌腺体的功能偏差，无论是激素分泌过多还是过少，都可能导致身心状态的不稳定。健身瑜伽，通过其独特的练习方式，能有效地调整这些腺体的活动，维持内分泌系统的正常运作。

内分泌系统是由自主神经系统所调控的，因此健身瑜伽对神经系统的调整，能对内分泌系统产生间接的影响。此外，健身瑜伽的练习动作，比如伸展、弯曲、推压、挤压和扭转，都能对内分泌腺体产生一定的刺激和按摩效果，从而直接促进其健康运作。通过健身瑜伽的练习，可以用意识和自我对话的方式，减少焦虑和烦扰，使神经系统得到舒缓，身心进入平和的状态。

健身瑜伽作为一种兼具身心训练的运动方式，对于改善人们的健康和生活质量具有巨大的价值。这不仅源于它的各种体位练习和呼吸技巧，更在于它提倡的自我认知和心灵平和的理念。在日常生活中，人们常常会面临各种压力和困扰，而健身瑜伽正是一种可以帮助人们舒缓压力，调整情绪，增强自我认知的有效手段。

实际上，健身瑜伽的功效并不仅限于身体层面。近年来，越来越多的科学研究发现，健身瑜伽对于心理健康的影响也十分显著。例如，它能够通过改善情绪、提高自尊、增强自我效能感等方式，帮助人们提高心理素质，对抗压力和焦虑。

健身瑜伽对于身心的调整，还体现在它的呼吸技巧上。瑜伽的呼吸练习不仅能够调节人的神经系统，而且还能通过改变呼吸模式，影响人的心理状态。深度、缓慢、有节奏的呼吸能够帮助人们减轻压力，放松身心，进入冥想的状态。

此外，健身瑜伽也有助于提升人们的自我认知能力。通过对身体的观察和感知，人们可以更深入地理解自己的身体和心灵。这种自我认知的提升，不仅可以帮助人们更好地调整身心状态，也有助于人们在面对日常生活的挑战时，更加从容不迫，更具自信。

（二）改善内脏器官和消化系统的功能

健身瑜伽，历史悠久，融合了深深的智慧和丰富的实践。瑜伽不仅是一种体育运动，也是一种健康的生活方式，一种调整身心的良好途径。近年来，科学研究也证实，健身瑜伽有助于改善内脏器官和消化系统的功能，从而提升人体健康。

正常的身体功能离不开神经系统的调控，其中交感神经系统和副交感神经系统在很大程度上影响着人体内的内脏器官。健身瑜伽练习能有效调整这两大系统的平衡，从而确保内脏器官的正常运作。此外，健身瑜伽的各种体式练习，比如扭转、挤压等，都能对内脏器官产生一定的按摩和刺激效果，从而改善其功能。

瑜伽的体式练习对消化系统的效果尤为显著。瑜伽的扭转和挤压体式，能刺激肠胃的蠕动，增强消化液的分泌，从而提高消化和代谢功能。此外，这些体式还能增加肾脏的供血量，加强肾脏的代谢功能，有助于改善胃病和脊椎疾病。瑜伽练习，无论是动作还是呼吸，都是有意识的，这种对身体的深度关注和感知，能让我们更好地了解和调整自己的身体，从而提升身体功能。

在现代生活中，由于生活压力大、节奏快，人们往往容易出现消化系统的问题，比如胃病、便秘等。而瑜伽的体式练习，通过对身体的调整和刺激，可以有效地改善这些问题，提升消化系统的健康。

瑜伽还强调的是身心的统一。在瑜伽的练习中，人们可以通过对自己的身体和呼吸的感知，达到身心的和谐和平衡。瑜伽练习中的冥想，能帮助人们放下思绪，进入深度的放松和休息，从而对身心健康产生积极的影响。

（三）消除抑郁情绪和预防疾病

面对日益繁重的学习压力和复杂的社会环境，现代大学生越来越容易出现各种心理问题，其中包括焦虑、抑郁等情绪障碍，以及由此引发的生理疾病。在这种情况下，健身瑜伽以其独特的调整身心的能力，为人们提供了有效的心理疾病防治方式。

从瑜伽的角度看，抑郁和焦虑等情绪障碍，往往源自内心的混乱和失衡。健身瑜伽的冥想练习，正是通过调整呼吸，集中注意力，安静内心，达到内心的平静和平衡。这不仅可以消除负面情绪，也可以增强人们对压力的应对能力，从而防止抑郁和焦虑情绪的产生。

此外，健身瑜伽的体式练习，通过轻柔的按摩和伸展身体的各个部位，既可以改善身体的血液循环，增强身体的免疫力，又可以消除身体的紧张和疲劳，达到预防疾病的效果。与此同时，瑜伽的体式练习还能使人们的身体更加柔软，改善姿态，增强肌肉力量，从而提升整体的身体健康。

健身瑜伽不仅是一种调整身心的技巧，更是一种生活哲学。它强调身心的整体性，倡导人们以更积极的态度面对生活，以更健康的方式处理压力。在瑜伽的练习中，人们可以学到接受自己、爱护自己、对待生活的态度，这对于改变负面情绪，提升生活质量有着重要的意义。

因此，健身瑜伽对于消除抑郁情绪和预防疾病具有显著的效果。大学生应积极参与健身瑜伽的练习，以提升身心健康，改善学习和生活质量。同时，高校也应该提供更多的瑜伽课程和训练机会，引导学生认识和理解瑜伽，从而让更多的人受益于瑜伽的智慧和实践。

（四）改善身体柔韧性和美化身体线条

在现代社会中，随着生活节奏的加快和工作压力的增大，人们越来越忽视对身体的照顾和关心，导致许多身体问题的产生，其中包括肌肉紧张、身体僵硬、关节不灵活等问题。这不仅影响到人们的身体健康，也会对身心造成压力，降低生活质量。健身瑜伽作为一种身心训练方式，通过提升身体柔韧性和美化身体线条，为解决这些问题提供了有效的手段。

健身瑜伽的练习方式主要是通过各种体式的持续和流动，使身体的各个部位得到充分的伸展和活动。这些体式的设计，不仅包括前弯、后弯、扭转、倒立等复杂的动作，也包括一些简单的坐姿、站姿等基本姿势。这些姿势的练习，可以有效地拉伸和活动身体的各个肌肉和关节，使身体的柔韧性得到提升，同时也可以改善肌肉和结缔组织的灵活性，预防肌肉组织功能下降和关节僵硬。

在健身瑜伽的练习过程中，我们需要通过深度的呼吸和内心的专注，把注意力集中在身体的变化和感受上。这种身心的联动，不仅可以增强身体的力量和柔韧性，还可以帮助我们认识和理解自己的身体，发现并改善身体的不适和不足。同时，通过定期的瑜伽练习，我们也可以使身体的线条更加柔美，增强身体的协调性和平衡感，提升自身的形体美。

因此，健身瑜伽不仅可以帮助我们改善身体的柔韧性，还可以美化我们的身体线条。无论是为了健康，还是为了美观，我们都应该积极地参与健身瑜伽的练习，让身体和心灵都得到充分的放松和滋养。同时，我们也应该在日常生活中，注重身体的照顾和保养，让身体和心灵都保持在最佳的状态。

（五）改善身体的平衡能力

身体平衡的重要性在于它的广泛涉及身体的许多系统，包括呼吸系统、循环系统、神经系统和内分泌系统等。平衡感的培养是对身体控制的一种基本要求，而且还对身心健康、运动能力和防止跌倒等有重要的作用。健身瑜伽通过深度的体式练习，尤其是一些需要身体均衡的体式，如树姿势、勇士姿势等，可以有效地改善身体的平衡能力。

身体平衡与身体的各系统功能息息相关，体式的练习过程就是身体各系统在神经系统控制下进行调节的过程，以达到内在的平衡。健身瑜伽通过深呼吸和专注的身心联动，使呼吸、心率、血压等生理指标保持在适宜的状态，使新陈代谢、体温等生理机制达到平衡。

健身瑜伽的练习过程中，呼吸的深度和节奏、肌肉的张力和松弛、身体的重心和稳定性都需要持续的调整和控制，这种对身体各部位、各系统的精细控制，能够有效地提高人的身体平衡能力，增加身体的灵活性和坚韧性。

此外，健身瑜伽的练习还可以增强身体对疾病的抵抗力，消除疲劳，安定神经，使人在睡眠中得到真正的安宁。同时，通过深度的放松和内心的静默，使大脑放松，提高身体的敏感度，使人在日常生活中能更好地应对各种挑战和压力。

三、健身瑜伽运动的组合动作

（一）平衡技术组合动作

平衡技巧的组合动作是通过在身体平衡稳定的基础上，通过具体的瑜伽体式的练习，来提升身体稳定性，改善身体姿态，增强内心的平静，以及增强腹部器官的功能和双腿的力量。具体的组合动作如下：

（1）保持站立的姿态，然后将右腿弯曲放在腹股沟上，同时吸气并且双手上举，手心相对。接着呼气，同时左腿弯曲，双臂侧举，保持正常的呼吸，然后慢慢放下腿。再按照同样的步骤反方向操作，重复这个动作2到3次。

（2）保持站立的姿态，右脚后点地，双手上举，手心相对。然后吸气，同时手臂向前伸，右腿上抬，保持手臂、臀部和腿在同一个平面上，保持正常呼吸。接着，吸气慢慢起上身，腿落下，然后反方向操作。

（3）双腿开立，手臂侧平伸，右脚尖向右转45°，右腿弯曲，右侧身体向右倾靠，然后右手慢慢撑地，同时左腿侧抬，左手向左脚方向伸。吸气慢慢恢复原位，然后反方向操作，每个方向重复2到3次。

（二）腿部组合动作

下肢伸展动作涵盖了一系列针对腿部肌肉进行伸展的动作，每个体式维持20至30秒。吸气时腹部扩张，呼气时腹部收紧，体验伸展的感觉。以下是具体的动作说明：

（1）站立姿势，将腿分开并慢慢蹲下，身体前倾，手放在两脚底下，维持正常的呼吸，随后双腿伸直，保持20至30秒，然后慢慢恢复站立姿势，重复这个动作2至3次。

（2）坐在地面上，双腿伸直，吸气时双手向上举，呼气时身体下压并抓住小腿，身体放松，保持正常呼吸，停留20至30秒，吸气时身体上升，重复这个动作2至3次。

（3）坐在地面上，右腿弯曲，脚掌紧贴右腿内侧，吸气时双手向上举，呼气时身体下压并抓住脚，头部向上，让腹部紧贴左腿，正常呼吸，吸气时慢慢抬起身体，再按反方向重复这个动作，每个方向重复3至4次。

（4）坐在地面上，双腿分开，吸气时两手侧举，呼气时身体下压并抓住脚踝，正常呼吸，吸气时慢慢起身，重复这个动作3至4次。

（5）站立姿势，双手在身体后交叉，吸气时抬头挺胸，呼气时身体向前弯曲，头向腿方向靠近，双手上抬，正常呼吸，保持20至30秒，吸气时慢慢抬起身体，重复这个动作2至3次。

（6）在跪撑的姿势下，吸气时臀部上抬，呼气时肩部下压，腿伸直，脚跟向地面沉，正常呼吸，保持20至30秒，吸气时恢复原姿势，重复这个动作3至4次。

（三）髋、腹部组合动作

髋部和腹部的健身瑜伽动作能够有效地消除肠道中的气体，促进骨盆部位的血液循环，增强髋部的灵活性。以下是一些具体的动作：

（1）坐在地面上，双腿前伸，然后将一条腿弯曲，使脚掌贴近对应大腿的内侧，同时使膝关节向下沉。完成后，更换腿部方向，重复此动作3至4次。

（2）坐在地面上，双手抱住一条腿，将腿靠近胸部，保持正常的呼吸，维持这个姿势20至30秒，然后更换腿部方向，每个方向重复此动作3至4次。

（3）坐在地面上，吸气时将腿向内转动，呼气时将腿向外转动，重复此动作3至4次。

（4）躺在地面上，双腿弯曲离开地面，然后像蹬自行车一样依次向下移动双腿。完成后，更换腿部方向，每个方向重复此动作15至20次。

（5）躺在地面上，将一条腿抬起，并以顺时针方向做圆圈运动，然后更换为逆时针方向。每个方向做1次。

（6）坐在地面上，身体直立，双脚向两侧撑开。吸气时抬头，保持脊柱直立，呼气时身体向前压。保持呼吸，维持这个姿势20至30秒，重复此动作2至3次。

（四）腰部组合动作

腰部的健身瑜伽动作要求在每个姿势中找到最舒适的位置，并且在每次只进行一个背柱姿势（在进行到第四个动作后）的情况下，使整个背部得到充分的锻炼和伸展，从而加强背部的力量，同时保护腰部并消除轻微的背柱损伤。

（1）站立，双腿分开。吸气时，双手向头顶伸直，十指交叉。呼气时，身体前屈，眼睛注视手背。吸气时，身体向右转动；呼气时，身体向左转动。重复此动作4至6次。最后，吸气时将身体抬起并直立。

（2）坐在地面上，双腿分开。吸气时，两臂向两侧伸展；呼气时，身体向右后方扭转，左手指尖触碰右脚尖。吸气时，身体恢复原位；呼气时，身体向反方向扭转。重复此动作4至6次。过程中，眼睛始终注视后方的手。

（3）趴在地面上，双臂放在身体两侧。吸气时，头部和身体同时抬起，使头、肩、胸部离开地面。保持正常呼吸，并保持这个姿势30至40秒。然后吸气，抬起身体。重复此动作4至5次。

（4）跪在地面上，臀部坐在后方，手臂伸直。吸气时，用额头带动身体从下到上移动；身体向上移动时，呼气。双手撑起身体，保持呼吸。然后按原路线吸气，把身体撑回原位。重复此动作4至5次。

（5）趴在地面上，双手抓住脚踝。吸气并将头部和双脚同时抬起，保持正常呼吸。然后吸气，慢慢放下。重复此动作2至3次。

（6）趴在地面上，双手撑地使身体上起。吸气时，头部抬起，同时弯曲双膝。保持自然呼吸。然后吸气，慢慢恢复原位。重复此动作2至3次。

（7）趴在地面上。吸气时，头部和双腿同时抬起，双手在背后交叉，十指交叉。保持正常呼吸。然后吸气，慢慢恢复原位。重复此动作3至4次。

（8）趴在地面上，双手放在额头下方。吸气时，右腿抬起；呼气时，右腿向左侧压。眼睛从左侧观看右脚，保持这个姿势10至20秒。然后吸气，慢慢恢复原位。换做另一侧，重复此动作2至3次。

（五）腹部组合动作

健身瑜伽的腹部组合动作可以帮助刺激肠道蠕动，增强腹部力量，并减少多余的脂肪。

（1）平躺在地面上。吸气时，弯曲一只腿，用双手抱住这只腿。然后，抬起上身，让下巴触碰到膝盖，尽量呼气。吸气时，放下身体。然后，对另一只腿重复此动作。最后，同时弯曲两腿，进行这个动作。每个动作重复4至6次。

（2）再次平躺在地面上。吸气时，抬起上身，并将两臂前伸。同时，抬起双腿，使它们离开地面。保持这个姿势，并进行2至3次正常呼吸。然后，吸气时，慢慢放下身体，并将双手放在腿的两侧。重复这个动作2至3次。

（六）脊柱部位组合动作

健身瑜伽的脊柱组合动作有助于提升脊柱的柔韧性和灵活性，拉伸脊柱，增加脊柱中的血液流动，对腹部进行按摩，从而优化消化和排泄效果，并促进肠道的自然蠕动。

（1）采取跪撑的姿势。吸气时，低头，使整个脊柱上拱，收腹。呼气时，让背部下塌，抬头，伸展臀部，放松腰部。这个动作重复10至12次。

（2）再次采取跪撑的姿势。吸气时，低头，将右腿收到腹部前面。呼气时，抬头，将右腿向后伸展并上抬。重复这个动作10次，然后换左腿。每个方向重复2至3次。

（3）站立，吸气时，分开双腿，两臂侧平举。呼气时，身体向右后转，将右手放在腰后，左手扶在右肩上，保持呼吸。吸气时，身体转正，两臂放下。然后，换向左后转。

（4）坐直，两腿伸直，弯曲左膝，将左脚放在右腿的外侧。吸气时，右臂交叉在右腿的外侧，手撑地，左手在臀部后方撑地，保持脊柱直立。呼气时，上身向左后扭转，停在最舒适的位置，保持缓慢的呼吸。吸气时，身体转回原位。然后，换向右后扭转。每个方向重复 3 至 4 次。

（5）再次坐直，两腿伸直，弯曲左腿，将脚放在右腿的髋部。吸气时，左手抓住右脚。呼气时，身体和头向右后扭转，右手放在腰背后，保持呼吸。吸气时，还原。然后，换向左后扭转。每个方向重复 2 至 3 次。

（七）胸部组合动作

在健身瑜伽的实践中，胸部组合动作发挥着重要作用，主要有助于纠正驼背和两肩下垂的不良体态，发展胸腹部和喉部的力量和灵活性，改善神经系统的功能，以及增强血液循环。

胸部组合动作涉及的每个独立动作都有其特定的目标和效果。坐在地面上，双腿伸直，双手侧撑在身体两侧，这个动作在吸气时能够提升胸腹向上的力量，使得身体得以自然放松，这对于减轻压力和提高身体的灵活性尤为重要。重复这个动作 2—3 次，可以帮助身体逐渐适应这种拉伸和放松的模式。

跪地的动作也对提高胸部的力量和灵活性大有裨益。在吸气时，胸腹向上，脊柱后弯；呼气时，手掌压在脚掌上，可以有效地促进胸部的伸展和扩张，同时也增加了脊柱的灵活性。这个动作可以保持 5 至 10 秒，然后吸气时慢慢还原，重复 2—3 次，可以提高胸部肌肉的力量和耐力。

仰卧的动作，慢慢把头上抬，头顶地，背部伸直颈部，吸气的同时双腿上抬，双手合掌撑起，这个动作可以有效地拉伸胸部，增加胸部深部肌肉的灵活性和力量，同时还能提高身体的稳定性。保持 5 至 10 秒的正常呼吸，然后慢慢还原，重复2—3次，可以进一步增强胸部的力量和耐力。

最后一个动作是跪撑，两肘撑地，弯曲相抱，呼气时，下颚、胸部下沉向地面，同时臀部上提，这个动作不仅可以有效地拉伸胸部，增强胸部深部肌肉的力量和灵活性，同时还能提高腰背部的稳定性。保持正常呼吸，慢慢吸气，臀部后坐。重复这个动作2次，每次保持30至60秒，可以有助于提高胸部和腰背部的力量和稳定性。

（八）肩部组合动作

在健身瑜伽的实践中，肩部组合动作对于提升身体整体健康状况有着深远影响。肩部动作不仅可以扩展胸部，放松肩部关节，补养肩部，防止肩周炎，更有助于提升肩部的灵活性。下面深入探讨这些肩部组合动作以及它们在健身瑜伽实践中的作用。

绕肩的动作是肩部组合动作中的重要组成部分。通过两指尖轻轻点肩上，两肘向前绕圈由小圈过渡到大圈，这个练习可以加强肩部肌肉的柔韧性和力量，从而提高肩部的稳定性和灵活性。重复12次的练习可以确保肩部肌肉得到充分的锻炼和放松。反向的绕圈动作可以加强肩部的力量和耐力，同时还有助于改善肩部的稳定性。

在吸气时，手背在头后相对，呼气时手背分开两肩下沉。重复12次的练习可以确保肩部肌肉得到充分的锻炼和放松。在吸气时两肩向内含，呼气的同时挺胸，这个练习可以有效地拉伸胸部肌肉，同时也有助于改善肩部的稳定性和灵活性。

在两手肩后握的动作中，两膝跪地，同时两脚分开，臂在两个小腿中间，吸气同时双手上举两手相交，这个练习可以有效地拉伸肩部和胸部肌肉，提高肩部和胸部的稳定性和灵活性。重复这个练习3—4次可以确保肩部和胸部肌肉得到充分的锻炼和放松。

绕环的动作也是肩部组合动作中的重要组成部分。执行绕环需要两腿开立半蹲，两臂体前绕环，这个动作可以增强肩部和胸部的力量和耐力，提高肩部和胸部的稳定性和灵活性。重复这个练习 12 次可以确保肩部和胸部肌肉得到充分的锻炼和放松。

（九）头部组合动作

健身瑜伽头部动作的实践有助于增进身心健康。其对增加流向头部的血流量，滋养面部和头皮，使腹腔内脏器官受到挤压，促进腹部排泄功能，对整个脊柱神经系统的益处尤为显著。然而，需注意的是，过分用力可能会导致肌肉紧张或损伤，因此在进行这些头部组合动作时要维持肌肉的适度活动。

跪坐头部动作中，体态向前弯曲，将前额放在地面上，两手在腿的两侧，呼气时，臀部慢慢抬起，大腿与地面保持垂直。头部和颈部在此时承受身体一定的重量，通过保持正常呼吸，可以停止 20 至 30 秒。随后，慢慢吸气，臀部坐在脚跟上，如此重复 2 至 3 次。此种动作可以有效地增加流向头部的血流量，滋养面部和头皮，同时对脊柱神经系统的益处也尤为显著。

在平仰卧的头部动作中，吸气时收腹，双腿上抬慢慢下压，呼气时，双腿自然下沉。双手撑住腰部，臀部上抬，双手慢慢放在地面上，停住，保持正常呼吸，停止 20 至 30 秒。慢慢吸气，重复此动作 2 至 3 次。这个动作可以增加对头部的血流量，促进头皮的营养，同时对脊柱神经系统也有益。另一种平仰卧的头部动作，吸气时收腹，双腿上抬，双手托起腰部，两肘关节撑住地面，使双腿向上伸，慢慢伸直躯干，保持 1 分钟左右，然后慢慢吸气，放下背、腰、腿，身体躺平，重复 2 至 3 次。这个动作不仅能够增加头部的血流量，滋养头皮，还能对整个脊柱神经系统有所帮助。

第五节　爵士健身舞训练方法

一、爵士健身舞的动作要素及其变化

爵士健身舞是一种源于美国，且充满活力的舞蹈形式。它既融合了现代舞的线条美，又保留了爵士乐的即兴与跳跃。其独特的动作要素和变化方式，使得爵士健身舞不仅能带来美的享受，更是一种极好的健身运动。

舞者在爵士健身舞中，常常需要屈膝下蹲。这一动作有助于将身体重心接近地面，提高身体的稳定性和灵活性。在低重心的状态下，下肢就会更加具有弹性，可以做出更多的动作变化。同时，上半身的关节需保持松弛状态，根据音乐节拍做出相应的动作。这种随音乐节拍改变的舞蹈方式，增加了爵士健身舞的动态感和舞蹈韵律。爵士健身舞中的重心移动，尤其是水平方向上的移动姿势，需要舞者有良好的身体协调性和节奏感。在动态中，舞者还需要让身体各个部位，如头、肩、腰、臀、躯干等做独立的动作，这对于舞者的身体控制能力提出了更高的要求。爵士健身舞中强调角形及线条性的动作，这种形式的动作更能够体现出现代舞的特色。舞者需要通过肢体的线条感，展现出内心的情感和音乐的韵律。分割动作是爵士健身舞的另一大特点，舞者需要在一个动作中，将重拍放在头部或手部上，再将这些动作与舞蹈动作分割开来，以展现出动作中的韵律切分。这样的动作设计，使得爵士健身舞的舞蹈节奏更为复杂且具有节奏感。

在爵士健身舞中，舞者还需要迅速地将两个或三个韵律用身体同时表现出来，这就是所谓的多重节奏。这种舞蹈方式能够让舞者全身心地投入舞蹈中，体验到舞蹈的乐趣和自由。爵士健身舞中的这些动作要素和变化方式，都使得爵士健身舞成为一种富有表现力和创新性的舞蹈。舞者可以在舞蹈中释放自我，表达自己的情感，同时也能锻炼到全身的肌肉，提高身体的灵活性和协调性。可以说，爵士健身舞是一种身心兼修的健身方式。

二、爵士健身舞组合动作教学

（一）第一个 8 拍

在第一个 8 拍的动作中，身体应面对 8 点方向，视线则落在 1 点方向，双臂放松，屈肘向下。此时，重心集中在左腿，同时右脚向前跨出。接着，转向 2 点方向，视线依旧保持在 1 点方向，左脚向前跨出一步，落在右脚前面，双手自然放在腹部两侧。随后，身体回正，双臂架肘至肩平，双手握拳。

3～4 拍，舞者转身向 8 点方向，视线保持在 1 点方向，右脚向前跨出一步，落在左脚前，双手经过后脑勺，慢慢举过头顶，手背相对。

5～8 拍，左脚向左跨出一步，伸直，脚尖轻轻点地，重心移至左腿，右腿屈膝，脚尖也同样点地。与此同时，双臂由上落至与肩平，屈肘，右手肘部呈钝角，左手肘部呈锐角，右手自然落于大腿侧，左手向上举起后落至与肩平，屈肘成 90°。

（二）第二个 8 拍

1～4 拍：右腿向左腿靠拢后，左腿经右腿膝盖后旁踢着地，两脚呈踏步，屈膝；随着身体扭动，左手落下，两手沿身体两侧向上移，至肩侧打开，举过头顶，然后上身前屈、颔首，双手指尖触地。

5～6 拍：站起，身对 2 点方向，眼视 1 点方向，两腿成右弓步，右手举起画圈后落下，双手扶胯，同时左腿移至右腿右后方，两脚成踏步；转身对 8 点方向，眼视 1 点方向，两腿成左弓步，左手举起画圈。

7～8 拍：右腿向左腿靠拢，屈膝，脚尖点地，左手落下，右手举过头顶，掌心朝前，翘臀。

（三）第三个 8 拍

在第三个 8 拍的 1～4 拍，舞者的头部向右偏，右腿同时提起，双手握拳，左手屈肘放在体前，而右手屈肘则位于头顶。接着，舞者的头部向左偏，双手松开，变为掌心朝上的手势，左手屈肘放在胸前，右手在肩侧屈肘向上。接下来，舞者转向 2 点方向，视线依旧维持在 1 点方向，重心移至右腿，左脚向体侧跨出一步，脚尖轻轻点地，再向右腿靠拢，屈膝，脚尖仍然点地。双手的位置也做出了相应的调整，右手扶胯，左手向肩侧伸直后落下扶胯。

第三个 8 拍的 5～8 拍，舞者转身对 8 点方向，视线仍旧在 1 点方向，左腿在前，右腿在后，脚尖点地，双手举过头顶，手背相对。紧接着，右脚向前跨出一步，落在左脚前，双手在体下侧打开，翘起手腕，掌心朝下。再次转向 2 点方向，右腿位于左腿前，双手举过头顶，手背相对。最后，左脚向前跨出一步，落在右脚前，双手在体下侧打开，翘起手腕，掌心朝下。

（四）第四个 8 拍

1～4 拍，舞者需转身对 1 点方向，身体保持稳定的重心，右脚向体侧大步迈出，脚尖轻轻触地。此时两腿分开，宽度约为肩宽，双手握成半拳状，缓缓举过头顶。接着，右脚向左后方退一步，脚尖仍然轻触地面，眼睛视线转向 7 点方向。此时，左手背向后展，右手屈肘至胸前。同样的动作需在反方向上重复进行。

5～8 拍，左脚向前迈出一步，稳稳落在右脚前，随后是右腿的前踢动作。这个过程中，双手需要随着腿部运动自由摆动。当右脚落在左脚前面时，左脚踮起脚跟，两脚形成踏步状态，双手同步举过头顶，手背相对。

在第 8 拍时，舞者需要将上身前倾，同时屈膝下蹲，双手指尖轻触地面。

（五）第五个 8 拍

慢慢起身，重心在左腿，右腿屈膝，脚尖点地，身体随着右脚脚尖左、右的扭动分别向 8 点方向、1 点方向扭转，同时双手自由摆动。

（六）第六个 8 拍

1～4 拍，舞者需将右腿置于前方，左腿在后，形成稳定的踏步姿势。左手在肩前伸直，而右手在肩侧伸直，两掌心向下。紧接着，舞者的身体开始逆时针旋转 360°，回到原来的准备姿势。在旋转的过程中，右手拇指和中指形成打响指的动作，随后左脚向前迈出一步。同样的，左手也打响指，而右脚向前迈出一步。

5～8 拍，右手和左手先后举过头顶，手背相对，然后，右腿需要屈膝 90°，提腿，与此同时，双手握拳并屈肘下拉。当右脚着地的同时，双手向肩两侧打开，掌心朝下。在此过程中，右手需要绕过头部做一个圆周运动，身体再次进行逆时针方向的 360°旋转，最终回到准备姿势。

最后，舞者需要两腿分开，双手握拳，左手在胸前平端，右手在肩前屈肘。接着，双拳慢慢变为掌，然后缓缓落在大腿上。

（七）第七个 8 拍

1～4 拍，舞者需要向右送肩，双手握成半拳的形态。然后，舞者需将身体回正，含胸，继而向左送肩。接下来，右腿向侧面踢出，同时双手在肩两侧打开，掌心朝下。

5～8 拍，右脚落在左脚前，两腿屈膝，左脚的脚尖点地，形成稳定的歇步姿势。左手于身体前方伸直，手掌朝下，而右手屈肘，小臂与左手臂相交，手背相对。这时，舞者的头需要向右偏，同时向后送胯。接着，头向左偏，右手搭在左手上，向左送胯。最后，头回正，右腿屈膝 90° 向上提，右手放在臀部，左手举过头顶，掌心朝左。

（八）第八个8拍

1～4拍：转身对7点方向，右脚落地，两腿成左弓步，右手握半拳屈肘于胸前，左手落于体侧。反方向重复该动作。

5～8拍：转身对1点方向，眼视7点方向，右腿屈膝跪地，左腿屈膝落于右腿前，左手落于体侧，右手于胸前握拳屈肘；眼转视1点方向，左腿向体侧打开，左手举过头顶，掌心朝左，右手于体下侧伸直；左腿再移至右腿前，双手向体后方打开。

（九）第九个8拍

1～4拍：以左腿为重心站立起来，然后转身对2点方向，眼视1点方向，重心移至右腿，左腿屈膝，脚尖点地。与此同时，双手从身后经体前举过头顶，手背相对。

5～8拍：翘臀，再收臀。

（十）第十个8拍

1～4拍：转身对8点方向，眼视1点方向，左、右两脚先后向前跨出一步，同时右、左手先后于体前屈肘伸出，双手交叉，左手在上，右手在下；转身对1点方向，上身扭向左边，左腿从身后移至体侧，两腿分开比肩略宽，右脚点地，左手在肩侧屈肘呈90°，右手在体侧屈肘呈90°，双手掌心朝上；上身扭向右边，左脚点地，右手在肩侧屈肘呈90°，左手在体侧屈肘呈90°，双手掌心朝上。

5～8拍：身体逆时针方向旋转一周，首先身对7点方向，眼视1点方向，双手落于身体两侧，握半拳；上身扭对1点方向时，双手松拳，然后再转身对7点方向，眼视5点方向，双手扶胯；再转身对3点方向，右腿在左腿前，左脚点地，双手扶胯；再转身对1点方向，右腿在左腿前，右脚脚跟碰左脚脚尖。

（十一）第十一个 8 拍

1～2 拍：转身对 8 点方向，眼视 1 点方向，重心放在左腿上，右腿屈膝，膝盖对 1 点方向，脚尖点地，右手击打右胯；转身对 1 点方向，左腿在前，右腿在后，右手举过头顶，掌心朝前。

3～4 拍：右手落下，屈肘于胸前，手掌贴于左肩，接着左手做相同动作；两腿开立，双手向肩两侧打开，立掌，回到准备姿势。

5～8 拍：左腿向体侧打开后伸至右腿右后方，同时，左、右手轮流于肩侧伸直，立掌，另一只手则扶胯；重复该动作；然后转身对 7 点方向，重心在左腿，右腿屈膝，脚尖点地，膝盖对 6 点方向，左手置于身后，右手绕至后脑勺，然后落于腹部左侧，眼视 5 点方向。

（十二）第十二个 8 拍

1～2 拍：眼视 1 点方向，左手不动，右手在体下侧伸直，翻转手腕使掌心朝前；重心移至右腿，左腿屈膝，脚尖点地，右手于体侧向上屈肘，掌心朝上。

3～4 拍：眼视 7 点方向，重心在左腿，右腿屈膝，脚尖点地，右手在体侧向下屈肘，翻转手腕使掌心朝前；眼视 1 点方向，重心移至右腿，左腿屈膝，脚尖点地，右手于体侧向上屈肘，掌心朝上。

5～6 拍：同 3～4 拍。

7～8 拍：转身对 1 点方向，由左脚开始向前跨三步，同时摆手。跨左脚，右手放在身后，左手在体前握拳屈肘；跨右脚时左手在身后，右手在体前握拳屈肘。

（十三）第十三个 8 拍

1～2 拍：右脚向前跨一步落在左脚前，右、左手先后举过头顶，手背相对；右腿屈膝 90° 提腿，双手握拳，屈肘下拉。

3～6 拍：当右脚在左脚前着地时，双手向肩两侧打开，掌心朝下；随着左脚向前跨一步落在右脚前，转身对 2 点方向，眼视 1 点方向，右手绕到后脑勺后，左手移至肩前；转身对 7 点方向，重心在左腿，右腿屈膝，脚尖点地，双手扶胯；转身对 1 点方向，两腿分开比肩宽，左手胸前平端，右手握拳屈肘落在左手手背上，两手呈 90°。

7～8 拍：两腿屈膝，双手落在大腿上，然后双手撑地做俯卧撑准备姿态。

（十四）第十四个 8 拍

做俯卧撑。

（十五）第十五个 8 拍

同第十四个 8 拍。

（十六）第十六个 8 拍

1～4 拍：两腿跪地，双手逆时针绕头顶一周，眼随手动。

5～8 拍：抬头，双手相握于头顶，上身后倾，双手落于两腿之上。

第六章　健美操创编的基本理论

第一节　健美操创编中的艺术表现

一、健美操创编中的空间艺术

（一）空间设计的原则与技巧

健美操创编中的空间艺术，旨在通过有序的空间配置、艺术的设计和优雅的动作来呈现运动员的能力和创新。其中，空间设计的原则与技巧在创编过程中起到了至关重要的作用。

空间设计，是指在固定的空间内，通过运动员的身体和道具的运动，将空间分割成不同的区域，然后在这些区域内创作和表演。设计的原则通常涉及动作的连贯性，动作的分布应遵循一定的逻辑，以确保观众能够顺畅地理解整个表演。设计的技巧则包括如何有效地利用空间，如何通过运动员的运动来创造和破坏空间的边界，以及如何通过这种动态的空间分布来创造视觉冲击力。

为了实现有效的空间设计，一个重要的原则就是保持空间的平衡。运动员在场地上的位置、道具的位置和运动员的动作都需要考虑到空间的均衡性。例如，如果一名运动员始终在场地的一边表演，那么这个空间就会显得不平衡。通过移动和旋转，可以使空间分布更加均匀，增强整体的视觉效果。

同时，对空间的掌握也是创编中必不可少的一种技巧。通过运动员的移动和道具的运用，可以创造出各种空间形状和效果。例如，通过抛掷和接住道具，可以创造出垂直空间的运动效果；通过运动员的跳跃和翻滚，可以创造出水平空间的动态变化。

此外，为了让空间设计更有艺术性，创编者还需要注意空间和时间的关系。一个好的空间设计，应该能够随着时间的推移而发生变化，这种变化不仅可以体现在空间的大小和形状上，也可以体现在空间的层次和深度上。通过这种方式，可以使整个表演更富有动态性，更能吸引观众的注意力。

（二）空间利用的创新实践

健美操创编中的空间艺术在实践中得以进一步创新和发展。空间利用的创新实践主要体现在以下几个方面：

1. 对立空间利用的创新

创编者通过引入对立空间的概念，让运动员通过动作和道具在同一个场地上创造出两个或更多对立的空间，例如上下、左右、前后等。这种对立空间的创新实践使健美操表演更具有戏剧性和视觉冲击力，给观众带来全新的观赏体验。

2. 空间层次感的创新

创编者不再满足于单一的平面空间，开始尝试创建多层次、多维度的空间。这需要运动员利用跳跃、翻滚、转体等动作，以及道具的抛掷和接住，来创造出立体的空间效果。这种空间层次感的创新实践增加了健美操表演的立体感和深度，使表演更具有吸引力。

3. 空间流动性的创新

创编者强调空间的流动性，通过运动员和道具的持续移动，创造出动态变化的空间。这需要运动员在动作执行过程中，不断改变自己和道具在场地上的位置，形成一种持续不断的空间流动。这种空间流动性的创新实践使健美操表演更富有动态美，给观众带来强烈的视觉冲击①。

4. 空间转换的创新

创编者探索空间转换的可能性，通过运动员和道具的移动，让一个空间在瞬间转变为另一个空间。这需要运动员在动作和道具使用过程中，灵活掌握空间和时间的关系，以达到空间转换的效果。这种空间转换的创新实践使健美操表演更具有惊喜和变化，使观众的注意力始终保持在最高点。

（三）空间表达的艺术效果

健美操创编中的空间艺术，其独特性主要表现在空间表达的艺术效果上。如何通过健美操这样的体育项目，在有限的空间内创造出无限的艺术效果，成了每一个健美操创编者的挑战与追求。

在空间设计的原则与技巧的基础上，创编者需要具备敏锐的艺术触觉，捕捉到各种可能的空间变化，将其转化为具有艺术感的表演。创编者通过设计不同的动作和编排，使运动员在操场上移动的轨迹形成各种美丽的图案和形状，如螺旋、波浪、交叉等，以此来体现出空间的流动性和连续性。

创新实践中，运动员通过对动作的精准控制，可以在空间中创造出强烈的视觉对比和动态感，如快慢、高低、远近等，从而给观众带来强烈的视觉冲击。运动员在空间中的移动，道具的使用，甚至呼吸的节奏，都可以构成一种强烈的空间表达。

在空间表达的艺术效果中，空间不再仅仅是运动员表演的舞台，而是变成了表演的一部分。空间与运动员，运动员与道具，道具与音乐，形成了一种紧密的关联和互动，共同构成了健美操的艺术效果。

---

① 王芹，刘全立，张玉江. 健美操组合动作及队形创编教学设计 [J]. 体育教学，2023，43（6）：75-77.

二、健美操创编中的时间艺术

（一）时间节奏的把握与应用

在健美操的创编过程中，时间艺术是至关重要的一个组成部分，其中，时间节奏的把握与应用被视为关键元素之一。与音乐紧密相连的健美操运动，就像是在操场上的舞蹈，时间节奏是它的生命线。精准把握和巧妙应用时间节奏，可以使健美操表演更具张力和生动性，从而在视觉和听觉上给观众带来强烈的艺术享受。

健美操的时间节奏首先体现在音乐的选择上。音乐的节奏与动作的节奏必须精准匹配，这样才能体现出健美操的流畅性和和谐性。音乐的快慢、强弱、高低、轻重等都会影响健美操的时间节奏感。此外，音乐的结构和主题也会影响时间节奏的设定。

时间节奏的把握不仅需要在创编阶段考虑，更需要在实际训练和表演中得以体现。运动员需要在一遍又一遍的练习中，找到最合适的动作节奏，以此来表达音乐的韵律和情感。在实际表演中，运动员还需要根据现场的气氛和观众的反应，灵活调整自己的时间节奏，这样才能最大程度地提升表演的艺术效果。

在健美操的时间艺术中，时间节奏的把握与应用无疑是一门高深的艺术。只有在深入理解音乐的节奏结构，熟练掌握动作技术，灵活调整动作节奏，才能在健美操的创编与表演中，真正实现时间节奏的艺术表达，为观众呈现出一场视听盛宴。

（二）时间分配的策略与效果

在健美操的创编中，时间分配策略的应用与表现效果是一个值得深入研究的问题。它涉及如何科学、合理地分配整个健美操动作的时间顺序与长度，以更好地配合音乐，营造出各种各样的视觉与听觉效果。

时间分配策略关乎整个健美操节目的动态平衡和艺术效果。恰当的时间分配能够保证运动员在完成动作的同时，也能够充分地展示自己的艺术表达能力。例如，在一段快节奏的音乐中，如果我们设计了连续、高强度的动作，就需要考虑如何在短时间内完成这些动作的转换，同时还要保证动作的准确性和表现力。相反，在慢节奏的音乐中，我们可能需要设计更为细腻、连贯的动作，需要更多的时间来展示和渲染。

此外，时间分配策略还需要考虑健美操动作的实际执行难度和运动员的身体条件。对于一些技术难度较高的动作，我们需要给予足够的时间来保证动作的完成质量。而对于一些体能消耗较大的动作，我们则需要在时间分配上给予充分的考虑，以防止运动员在动作执行过程中出现体能不足的情况。

（三）时间流动的艺术展现

健美操创编中时间流动的艺术展现，是通过对时间的精细把控，展示健美操特有的动态美学。这种时间艺术不仅在于对节奏和节拍的掌握，还体现在整个健美操节目的韵律感上，为观众构建一种充满张力的观赏体验。

时间在健美操中的流动不仅是线性的，而且是充满动态变化的。健美操创编人员会利用不同的音乐节奏、动作组合、表演节奏，营造出快慢变化、起伏跌宕的时间感。例如，利用快节奏音乐中的短时间内完成高难度的动作组合，以营造紧张激烈的效果；或者在慢节奏的音乐下，通过缓慢、流畅的动作，呈现出宁静、深沉的艺术效果。

健美操中的时间流动还体现在表演者如何利用自身的节奏感和时间感，将动作与音乐、情感表达有机结合。这种个人的时间感会影响到整个节目的节奏，是动作、音乐与表演者三者之间的默契共鸣。

时间流动的艺术展现还需要考虑观众的接受度。表演者需要在保证动作完成质量和安全性的同时，还要兼顾观众的视觉享受，使之在短时间内经历从紧张到舒缓，从快速到缓慢的情感转变。

健美操创编中的时间艺术，是一种综合了动作设计、音乐节奏、情感表达和观众反应等多种因素的艺术表现方式。它让时间流动成为健美操中无形而又重要的一种元素，为观众提供了一种全新、丰富的审美体验。

三、健美操创编中的动作艺术

（一）动作设计的原则与方法

在健美操创编中，动作设计的原则与方法是至关重要的。它关乎整个健美操节目的表现力，是连接健美操选手和观众的重要桥梁。

在动作设计中，保持流畅性与连贯性是重要原则之一。每一个动作都应当自然过渡，使整个表演流畅自如。这样既能呈现出运动的美感，又能最大限度降低运动员的受伤风险。同时，动作的连贯性也能让观众更好地理解和欣赏健美操的表演内容。同时，健美操动作的设计也应当符合生物力学的原理。运动员的身体条件、力量、柔韧性等都应在设计中得到充分考虑，以确保动作的可行性并尽可能地避免伤害。此外，动作的设计还要考虑运动员的个性特点和风格，让每一个动作都能展现出运动员的个人魅力。

对于方法而言，创新是动作设计中不可或缺的部分。健美操是一种充满艺术性和创造性的运动，因此动作的设计也要求有新颖的思维和独特的创意。设计者可以从多种途径寻找灵感，如生活经验、自然界、艺术作品等，来为动作设计提供新的创意和元素。同时，动作设计也应用模块化的思维，即将动作分解为一系列可以单独练习和组合的模块。这样不仅方便运动员逐步掌握和提高，而且也方便根据节目的需要进行灵活的组合和调整。最后，设计者需要考虑健美操的完整性和一致性，确保各个动作和整个健美操节目的主题和风格保持一致。同时，还需要不断反馈和优化，不断在实践中检验和改进动作的设计。

动作设计的原则与方法是健美操创编的基础，它既要满足运动的基本需求，又要追求艺术的创新和表达。这种对动作艺术的追求，是健美操走向成功的关键所在。

（二）动作变化的创新与实践

在健美操的创编中，动作变化的创新与实践作为整个艺术表现的核心，其重要性不言而喻。在实际应用中，动作创新并不仅仅是在已有动作的基础上增加新的元素或变化，更需要在体验、理解和创新中寻找新的灵感，以实现动作艺术的表达。

1. 体验

每一位健美操运动员都应该深入体验各种基础动作，通过亲身体验，深入理解动作的构成、特点和表达，从而为创新提供深厚的基础。同时，运动员还可以从其他艺术形式中寻找灵感，如舞蹈、戏剧、电影等，以丰富自己的动作语言和表达。

2. 理解

理解并掌握动作的基本要素是实现创新的关键。这包括理解动作的身体机制、动作的节奏和速度、动作的空间布局等等。对这些要素的深入理解，可以使运动员在创新中有的放矢，避免盲目试错，提高创新的效率和质量。

3. 创新

在体验和理解的基础上，运动员可以开始尝试对动作进行创新。这可能包括改变动作的速度、强度、方向，或者在动作中加入新的元素和动作，甚至可以尝试将不同的动作组合在一起，创造出全新的动作。这种创新需要运动员拥有足够的创造力和想象力，但同时也需要在实践中不断尝试和调整。

动作创新的实践是一个持续的过程。每一次的创新和尝试都可能带来新的灵感和想法，运动员需要不断地实践，不断地反思和调整，以使创新的动作达到最好的效果。同时，运动员也需要勇于接受挑战，不断挑战自己的极限，以实现更大的突破和进步。

在健美操的创编中，动作变化的创新与实践是一项艰巨但充满挑战的任务。只有通过不断的体验、理解、创新和实践，才能创造出具有深度和广度的动作艺术，从而赋予健美操更丰富的表达力和感染力。

（三）动作表达的艺术价值

在健美操中，动作表达的艺术价值占据了中心地位，正是通过细腻且具有表现力的动作，健美操才能传达出深沉的内涵，引起观众的共鸣。下面将以细化的方式探讨动作表达在健美操创编中的艺术价值。

动作表达是健美操运动员与观众沟通的主要方式。每一个动作，无论是微妙的手部动作，还是大幅度的全身运动，都承载着运动员想要表达的情感和故事。精准、生动的动作表达能够深深打动观众的心灵，使他们沉浸在运动员创造的艺术世界中。

动作表达的艺术价值体现在其传达的深层含义上。健美操的各个动作并非是孤立的，而是通过一定的逻辑和节奏相互连接，共同构建起一个完整的故事。这就要求健美操运动员不仅要关注每一个单独动作的执行，更要理解和把握这些动作在整体中的位置和作用，通过连贯的动作表达呈现出深刻的主题。

动作表达的艺术价值也体现在其对美的追求上。健美操中的动作往往富有美感，无论是线条的流畅，还是形态的优美，都给人以视觉享受。这种对美的追求不仅体现在动作的表面，更体现在动作背后的情感表达上。美感的动作能够触动观众的情感，让他们感受到运动员内心的真挚与热情。

动作表达的艺术价值还体现在其创新性上。健美操是一种充满活力和创新的艺术形式，运动员们不断地在动作的创新和实践中寻找新的表达方式，以此满足观众日益增长的审美需求。通过对动作的创新，健美操能够不断更新自我，保持其鲜活的艺术生命力。

第二节　健美操创编的依据

一、练习者的年龄特征

年龄特征是健美操创编的重要依据之一。每个年龄阶段的练习者都有独特的生理、心理特征，创编的健美操需要与之相适应，以发挥最佳效果。

儿童少年的生理机能正在不断发展，他们精力旺盛，求知欲强，善于模仿，乐于表现。健美操的创编需要体现这一年龄段的特性，设计一些活泼、简单易学，强调趣味性和游戏性的动作。儿童喜欢的歌谣和音乐可以融入其中，以增加他们的学习兴趣和参与度。这样的健美操既可以提高儿童的身体素质，又能培养他们的团队精神和乐观的人生态度。

青年人是生命力最旺盛的一代，他们的体力、耐力和协调能力都处于最佳状态。健美操应以展示他们的活力和热情为目标，设计一些力度大、节奏快、动作幅度大的内容。同时，为了让他们更好地发挥自己的能力，配乐应选择节奏强烈、富有动感的音乐。这样的健美操可以充分挖掘青年人的潜力，让他们在活动中释放压力，增强自信。

中老年人的身体机能相对较弱，但他们的生活经验丰富，心态更为平和。他们需要的是一种可以放松身心、提高身体素质的健美操。因此，设计时应以安全性、简单性为原则，避免复杂和剧烈的动作，而选择一些舒展、缓慢、节奏稳定的动作。在音乐选择上，也应倾向于旋律悠扬、节奏舒缓的乐曲。这样的健美操不仅能使他们保持身体健康，还能让他们感到生活的乐趣，实现"越活越年轻"的理念。

在创编健美操时，我们必须尊重每个年龄阶段的特点，设计出适合他们的健美操，让他们在活动中得到身心的锻炼和愉悦。因此，理解并利用好练习者的年龄特征，是健美操创编的关键。

二、练习者的性别特征

在健美操创编中，充分考虑练习者的性别特征是至关重要的，这既体现在动作的选择上，也表现在动作的表现方式上。男性与女性在生理上存在显著差异，因此，他们在健美操的表现方式上也各具特色。

男性健美操练习者一般拥有更强的力量，创编时可着重表现男子的阳刚之气。动作设计可以更强调力量和速度，比如抓地、推撑、翻腾等，同时动作应更为直接、开放，有力且富有挑战性。音乐选择上，可以偏向于节奏鲜明、旋律豪迈的曲目，以增强表演的张力。这种表现方式可以体现男性的力量感和矫健身姿，呈现出他们特有的豪迈洒脱的动作造型。

与之不同，女性健美操练习者则更具阴柔之美。她们的柔韧性和协调性往往超过男性，因此在编排上，可以适当增加一些线条流畅、轻柔、舒展的动作，或是富有舞蹈性的动作，如摆动、旋转、跳跃等。同时，音乐的选择则应倾向于旋律优美、节奏舒缓的曲目，以凸显其柔美。这种展示方式可以更好地呈现女性的柔和、灵巧和韵律美，使人们感受到女性独有的优雅和韵味。

无论男性还是女性，健美操的目标都是展示力、美、健的完美融合。因此，在创编时，我们不仅需要充分考虑性别特征，同时还要尊重每个人的个性，以此为基础，设计出更有特色、更具吸引力的健美操，让每个人都能在其中找到自我，享受身心的愉悦。

三、练习者的身体状况特征

健美操作为一种注重健身性的体育活动，其创编离不开对练习者身体状况特征的考虑。这些特征包括但不限于协调性、灵活性、柔韧性和节奏感，还包括身体的健康状况。练习者的这些身体特点决定了他们能够承受的训练强度，以及可以完成的动作种类和程度。

身体协调性好的练习者，他们的动作更加流畅，身体的各部位能很好地配合，创编时可以设计一些对协调性要求较高的动作，如跳跃、转体等。身体灵活度高的练习者，可以完成一些大幅度的弯曲、伸展等动作，增加动作的美感和观赏性。身体柔韧性好的练习者，可以通过做一些拉伸动作，增强肌肉的柔韧性和弹性。对于节奏感好的练习者，可以通过设计一些与音乐节奏相匹配的动作，增加健美操的韵律感。

创编时还需要考虑练习者的身体健康状况。对于身体状况不佳的练习者，需要避免设计一些对身体负荷过大的动作，如大幅度的跳跃、翻腾等。对于身体状况良好的练习者，可以增加一些对力量和耐力有一定要求的动作，以提高身体素质。

四、场地、设施的环境条件

创编健美操时，场地和设施的环境条件是必须考虑的重要因素。这些条件影响着健美操的安全性、实用性，甚至美观性，需要和健美操的内容、风格相匹配。

场地和设施条件首先影响着健美操的安全性。不论是在室内还是室外，场地应保证足够的空间，地面应尽可能平整，以避免因碰撞或摔跌造成的伤害。设施条件较好，如有专业的健美操垫，可以设计一些难度稍大和复杂的动作，如翻腾、跳跃等。若设施条件较差，应适当降低健美操的难度，尽量避免动作过大或过高，防止意外事故的发生。

场地和设施条件也会影响健美操的实用性。在空间有限的场地中，需要设计一些占地面积小，但动作连贯流畅的健美操。在宽敞的场地中，可以考虑设计一些大范围移动的动作，更好地利用空间。此外，场地的光线、通风等条件也会影响健美操的效果和练习者的体验。

人数也是创编健美操需要考虑的重要因素。几人的小组可以设计一些相对自由的动作和变化，而几百人甚至上千人的大规模表演，则需要精心设计，以保证整齐、协调、视觉冲击力。

五、健美操基本技术的特点

（一）身体节律性弹动特点

健美操是一种充满韵律和节奏感的运动，它的特色就在于动作的弹性与连贯性。这种弹性体现在身体的各个关节、肌肉的屈伸以及整个身体的起伏移动中。

创编健美操时，弹性是一个不可忽视的要素。动作设计需要依据身体节律性弹动特点，考虑身体各关节的合理屈伸，以及肌肉的适度张力。每个动作的转换都应顺畅自然，让练习者能够在动作中体验到流动的美感，享受到运动的乐趣。每一次的屈伸、跳跃、旋转，都应该配合音乐的节奏，以确保整个健美操的连贯性和协调性。此外，重心的起伏也是体现健美操节奏感的重要手段。重心的上下移动不仅为动作增添了动感，同时也是保持身体平衡的关键。在进行高难度动作时，如跳跃或旋转，通过控制重心的转移，可以更好地完成动作，降低摔倒的风险。

健美操的创编应该将弹性和节奏感融入每一个动作中，使每一次的屈伸、跳跃、旋转都充满了活力和美感。通过对身体节律性弹动特点的深入理解和运用，我们能够创作出富有韵律感、动感和美感的健美操，让健美操真正成为一种能够提升身体素质，同时又充满艺术魅力的运动。

（二）身体姿态的控制性特点

在健美操中，身体姿态的控制性特点起着至关重要的作用。音乐的韵律给予动作节奏感，身体姿态的控制则提供了动作的精准度和稳定性。无论动作如何复杂多变，保持标准的身体姿态是每一个健美操动作的基础。

身体姿态的控制涉及身体重心的正确位置。在健美操的动作中，身体重心的稳定决定了动作的稳定，也关系到练习者的平衡能力。对于跳跃、转体等动作，对重心位置的精准控制更是必不可少。身体各部位的正确位置，以及各关节的正确屈伸也是身体姿态控制的重要内容。例如，在执行一个旋转动作时，如果身体各部位的位置不正确，或者关节的屈伸不准确，可能会导致动作失败，甚至可能造成伤害。身体各部分肌肉的正确收缩与放松也是身体姿态控制的关键。正确的肌肉控制能够确保动作的顺畅和效率，同时也能够防止肌肉拉伤等运动损伤[①]。

正确的身体姿态控制不仅能保护练习者，避免运动伤害，同时也能提高动作的效果和美感。优美的身体姿态，配合动作的节奏和幅度，能够展现出健美操的独特魅力。在创编健美操时，我们需要充分考虑身体姿态的控制性特点，设计出既安全又美观的动作，让每一次练习都能成为一次美的享受。

（三）身体的协调性特点

在健美操的练习和表演中，身体的协调性是一种基础而又关键的素质。由于健美操的动作涉及全身各大关节和肌肉群的运动，所以对练习者的身体协调性有着较高的要求。尤其是在执行一些复杂动作时，更是需要肌肉、关节之间的精准协调。

身体协调性的表现形式多种多样，包括肌肉间的协调，关节间的协调，以及全身各部位间的协调。在动作的执行过程中，肌肉需要保持适度的紧张与松弛，关节则需要精准地完成屈伸动作，全身各部位也需要和谐配合，以保证动作的流畅和准确。在复杂的健美操动作中，身体协调性的要求更高。例如，在执行跳跃或旋转等动作时，需要全身各部位的精准配合，确保动作的完成和身体的平衡。而在执行一些对称或非对称的动作时，身体的左右两侧需要有良好的协调性，以保证动作的平衡和美感。

在创编健美操时，我们需要考虑身体协调性，设计出可以充分展示身体协调能力的动作。同时，通过对身体协调性的训练，也能够帮助练习者提高自身的身体素质，增强身体的灵活性和敏捷性，从而更好地享

---

① 刘德涛. 健身瑜伽运动损伤分析与对策 [J]. 健与美，2023（3）：120-122.

受健美操的乐趣。

（四）健美操的重心移动特点

健美操的重心移动特点是其独特的运动属性之一，它关乎着动作的流畅度、平稳性及练习者的安全性。健美操中的每一个动作，无论是基本步法还是高难度技巧，其设计和执行都应遵循重心平稳移动的原则。

在创编健美操时，我们需要考虑重心移动的特点，以确保整个运动的流畅性和连贯性。例如，我们可以设计一些重心移动平稳、节奏稳定的动作，使得动作的过渡更为自然、流畅，同时也能降低运动损伤的风险。此外，重心移动的速度和幅度也是健美操创编时需要考虑的重要因素。过快的重心移动速度或过大的重心移动幅度，可能会导致练习者的身体失去平衡，甚至可能引发关节扭伤、肌肉拉伤等运动损伤。因此，健美操的创编应以稳定的重心移动为基础，使练习者能在保持身体平衡的同时，充分发挥出健美操的美感和动感。

第三节　健美操创编的过程与方法

一、健美操创编的基本步骤

（一）编制总体方案

创编健美操是一个系统而细致的工作，其成功在很大程度上取决于创编前的总体方案。在编制总体方案的过程中，我们需要深入理解健美操的目标、任务和要求，并对练习者的条件、练习时间、场地等进行详细的了解和考察。

首先，我们需要清晰定义健美操的风格和类别。不同风格和类别的健美操有不同的特点和要求，如动感型的健美操需要强调动作的力度和节奏感，而艺术型的健美操则更加注重动作的美感和表现力。这一阶段，我们还需要确定健美操的长度和速度，以确保它适合练习者的身体条件和练习时间。

其次，我们需要构建健美操的基本架构并设计其结构顺序。基本架构是健美操的骨架，决定了健美操的整体形态和流程。结构顺序则涉及动作的排列和组合，要求我们充分考虑动作的连贯性和过渡，确保整个健美操流畅且具有韵律感。

再者，我们需要精心安排健美操的运动高潮。运动高潮是健美操的亮点，往往需要融合高难度动作或特色动作，其安排的位置会直接影响到健美操的整体效果和观赏性。

最后，我们还需要根据健美操的特点和要求，以及练习者的情况，制订出合理的练习计划和教学方法。在这个过程中，我们既要保证健美操的质量和效果，也要注重练习者的安全和体验。只有这样，我们才能创编出既有特色又符合要求的健美操。

（二）动作的选择与确定

动作的选择与确定是健美操创编的关键步骤之一，它直接决定了健美操的质量和特色。这一步骤的目标是在满足健美操风格和类别的基础上，选取最适合的单个动作和组合动作，为健美操提供丰富、多样的动作元素。

动作的选择需要充分考虑健美操的风格和类别。比如，舞蹈型健美操可能更注重动感和韵律感，而体操型健美操可能更强调动作的准确性和技巧性。因此，我们需要依据健美操的特性，选择合适的动作元素，以突出其独特风格。单个动作和组合动作的选择，都应当依据创编原则。单个动作应当符合人体的生理结构和运动规律，既能够有效锻炼身体，又能体现动作的美感。而组合动作则需要注意动作间的连贯性和过渡性，保证整体的流畅性和韵律感。

此外，动作的选择还需要考虑练习者的能力和水平。对于初学者，可以选择一些简单、易学、安全的动作；而对于经验丰富的练习者，可以适当增加动作的难度和复杂性，以提升健美操的挑战性和趣味性。选择和确定动作时，我们还需要注重动作的创新和特色。每一个动作，无论是单个动作还是组合动作，都可以通过创新的方式来表现，使得健美操具有独特的魅力和个性，从而吸引更多的人来参与和欣赏。

（三）音乐的选配、制作与剪辑

音乐在健美操创编过程中起着至关重要的作用。它不仅为动作提供了韵律，也对动作的风格产生极大影响。好的音乐选择和制作能让健美操更具吸引力，同时也能有效地提升健美操的实践效果。

选择合适的音乐首先要考虑音乐的节奏和速度。这两个因素直接控制着动作的节奏和速度，从而影响到健美操的运动强度。一般来说，节奏快、动作复杂的音乐对应的运动强度会更大，反之，则运动强度更小。因此，在选择音乐时，我们需要充分考虑练习者的身体状况和能力，选择合适的节奏和速度。

另外，音乐的风格对动作的风格也有重要的指导作用。音乐的风格受到时代、民族、地域、环境以及创编者个人风格的影响。不同的音乐风格会引导出不同的动作风格，比如激情四溢的摇滚乐适合配合力度大、动感十足的动作，而柔美的古典乐则更适合搭配舒展、优雅的动作。

（四）练习与修正

在健美操创编过程中，练习与修正是一个不可或缺的步骤。这不仅是为了对整套健美操的结构顺序和艺术性进行检验，也是为了根据实际的执行效果进行反思和改进，从而使创编的健美操更加完善，更好地满足练习者和观看者的需求。

创编健美操并不是一蹴而就的过程，而是一个反复试验、调整和优化的过程。创编者需要在实际练习中观察和分析练习者的反应，例如：如何更好地完成动作、动作间的转换是否流畅、音乐是否和动作配合得恰到好处，等等。此外，创编者也需要关注观看者的反应，看看他们是否被健美操所吸引，健美操是否能够满足他们的审美需求。

　　基于以上反馈，创编者需要及时进行反思和修正。这可能包括调整动作的顺序、改变动作的节奏、修改动作的细节，或者更换配套的音乐等。这些调整和优化都需要综合考虑练习者的能力、观看者的反应，以及创编者自身的创作意图。

（五）汇编成图、文字说明、视频

　　健美操的创编不仅仅是动作和音乐的设计，还涉及如何将创作成果以图解、文字和视频的形式呈现出来。这一步骤将健美操从虚构的空间变为具象的形式，让其他人更容易理解和学习。

　　文字说明是健美操创编过程中的重要组成部分，它为每一个动作提供详细而准确的描述。文字描述应该清晰明了，尽量避免过多使用专业术语，使得初学者也能轻松理解。同时，对于复杂的动作，需要进行详细的分解解释，以帮助练习者更好地掌握。图解可以有效地帮助人们理解健美操的动作，它可以是动作的步骤图，也可以是动作的示意图。详图可以展示动作的具体步骤和姿势，简图则可以描绘动作的总体形式和方向。不同类型的图解应根据实际情况和需求进行选择。视频作为一种动态的表现形式，可以更直观地展示健美操的全过程，让人们能够更真实、全面地理解每一个动作的完成方法以及音乐和动作的配合关系。此外，视频便于分享和传播，让更多人能够接触和学习到健美操。为了确保这些内容的保存和传播，需要采用数字化的方式进行储存，例如刻录到光盘或者上传到网络云盘中，这样可以有效地防止信息的丢失，也方便将来的查阅和使用。

二、健美操的创编方法

（一）多向思维法

　　健美操的创编，作为一种创造性活动，需要开发者运用多向思维。

这就意味着他们不仅仅需要以常规的思维路径去理解和解决问题，还需要从多个角度、层面去思考，观察问题，寻求新的可能性。

多向思维的重要性，在于它打破了单一、线性的思维方式，使创编者可以在更宽广的视野中发现和探索可能性。从全局的角度出发，创编者可以更深入地理解健美操的各个方面，包括动作、节奏、音乐和风格等。这种全面的视角可以帮助他们从新的视角看待问题，挖掘出更多的解决方案。

多向思维也强调思维的灵活性。当面临困难，或者在某个问题上受阻时，多向思维鼓励创编者改变思维方向，转移注意力，去寻找新的启示。这种转变可能来自对问题的新的理解，也可能来自问题无关但有启发性的其他领域。例如，一个舞蹈动作的创新可能就来自对自然界动物运动的观察。

此外，多向思维还可以帮助创编者发现和利用不同的解决问题的方法。当通常的方法不能解决问题时，创编者可以尝试交换条件、目标或者其他因素，以此寻找新的解决路径。这种思维方式鼓励创编者对传统的健美操理念进行挑战，从而推动健美操创编的进步。

（二）联想创新法

健美操的创编过程中，联想创新法是一个非常有价值的创编方法。它的核心在于将看似无关的元素、概念、理念或者事物联接在一起，以此引发全新的想法和创意。而这种联想创新，不仅仅局限于单一领域，往往还需要将跨学科的知识和观点进行结合，才能得到更为丰富的启示。例如，在健美操的创编过程中，我们可以尝试将舞蹈元素、体操元素，甚至生物学中的动物运动模式进行融合，以此形成全新的动作设计。而在音乐选择上，可以尝试将流行音乐、古典音乐、民间音乐等不同风格的元素进行整合，创造出与众不同的配乐效果。

联想创新法的使用还需要灵感的驱动。灵感往往是在深入思考后，突然对某一问题或者事物的本质有了全新的理解和顿悟。这种瞬间的思维火花可能会引导我们找到问题的解决之道，或者创造出全新的想法。因此，我们需要提高对灵感的捕捉能力，及时记录下这些突然闪现的思维火花，并尽快对其进行深入的思考和整理，使之变成可实施的创新方案。我们也要认识到，灵感的产生并不是偶然的，而是与我们的知识储备、思考习惯，甚至情绪状态等多方面因素紧密相关。丰富的知识储备可以为我们的联想提供更多的元素和可能性，良好的思考习惯可以帮助我们更有效地进行深入思考，而积极的情绪状态则有助于我们更敏锐地捕捉到灵感。

（三）录像分析法

录像分析是一种借鉴思路的创编方法，一般从他人的套路中吸取精华，对自己的成套动作起到启发作用。运用录像分析法时，主要关注以下几方面。

1. 成套结构

成套结构在健美操的创编中，起着决定性的作用。它不仅是创编过程的组织骨架，也是创新和艺术性的发挥场所。在制定成套结构时，需要考虑音乐段落与动作段落、音乐情绪与成套情绪以及音乐高潮与动作高潮是否能有机结合，这就需要健美操创编者具备深厚的音乐素养和丰富的动作知识，同时还需要拥有出色的艺术想象力和创新思维。

音乐段落与动作段落的关系，可以理解为健美操的"节奏"设计。音乐的节奏与动作的节奏需要相互照应，这样才能让动作与音乐形成统一的整体感，让人有流畅而和谐的视觉和听觉体验。音乐情绪与成套情绪的关系，则是健美操的"情感"设计。音乐的情感色彩要与动作表达的情感相匹配，通过音乐和动作共同营造出的情感氛围，可以引发观众的共鸣，增强健美操的感染力。

音乐高潮与动作高潮的关系，则是健美操的"张力"设计。音乐的高潮部分通常是情绪最激昂、节奏最紧张的部分，这时的动作设计也需要能够与之相匹配，达到动作的高潮，形成音乐与动作的共振，让整个健美操的表现力达到顶峰。而在高潮之后的动作设计，也需要考虑如何与音乐的节奏变化相适应，以保持整个健美操的连贯性和完整性。

2.难度分配

难度分配在健美操的创编中，就像一部剧本的情节设计，对于整个作品的吸引力和观赏性起到了决定性的作用。良好的难度分配能让观众的注意力始终保持在高度的集中状态，增强健美操的观赏性和感染力。

难度分值的分配就像剧本的主线和副线，需要按照整个健美操的主题和目的进行合理规划。高难度的动作能够为整个健美操带来高潮，提升表演的震撼力，但如果全部堆砌高难度动作，又会使整体效果显得单调乏味。因此，高难度和低难度动作应该合理搭配，以产生动态变化和视觉冲击力[①]。

难度动作组别的选择就像剧本中的角色分配，需要根据健美操的特点和目标群体进行挑选。如果练习者群体的年龄、性别、身体状况差异较大，那么应选择具有普遍性、接受度高的动作；如果目标群体具有较高的运动能力和技巧水平，那么可以选择较高难度的动作，以挑战和展示练习者的技能。

难度动作在健美操中的位置就像剧本中的情节顺序，需要按照整个健美操的节奏和情绪走向进行设计。难度动作的出现，既可以作为高潮的导火索，增强健美操的冲击力；也可以作为转折的起点，帮助改变健美操的气氛和情绪。

3.基本操化动作的连接

基本操化动作的连接在健美操创编中起到了承上启下的作用，就如同故事的篇章过渡，舞蹈的步法转换，为整个健美操的流畅性和连贯性提供了必要的保证。动作的连接部分，正是健美操创编的关键之处，不仅考验创编者的技术水平，更体现了其审美能力和艺术魅力。

---

① 刘莉，史健.高校健美操训练中的难度动作训练研究 [J].当代体育科技，2022，12（28）：52-55.

在观察动作录像时，我们会发现一个动作的结束与下一个动作的开始，往往存在一种微妙的衔接。这种衔接既要保证动作的连贯性，使动作能够无缝对接，形成一个完整的运动链条；又要注意动作的变化性，使每一个动作都能体现出其独特的风格和特色，增加健美操的视觉效果和表现力。

在具体的编排上，基本操化动作的连接需要考虑动作的方向、角度、力度、速度等多个因素。如何从一个动作平稳过渡到另一个动作，既需要创编者有深厚的动作基础，也需要其具备高超的审美创新能力。例如，一个动作以跳跃结束，下一个动作可以以落地滚动开始，形成动静结合、变化多样的视觉效果。

4. 过渡与连接动作的编排

过渡与连接动作的编排是健美操创编的重要环节，它在动作之间搭建了桥梁，使整个健美操的动作流程得以顺利推进。过渡与连接动作对于健美操的整体效果有着重要的影响，它们能够消除动作之间的生硬断裂，使动作流畅连贯，增强了整个健美操的观赏性和艺术性。

过渡与连接动作的选择和编排需要考虑多种因素。首先，需要考虑的是过渡动作和连接动作与前后两个动作的关系。一个好的过渡动作或连接动作应该能够顺畅地将前后两个动作串联起来，既要有适当的呼应和对应，也要有恰到好处的转变和创新。例如，一个旋转的过渡动作，既可以呼应前一个动作的旋转元素，又可以为后一个动作的跳跃带来动力和张力。其次，过渡与连接动作的选择和编排还需要考虑整个健美操的风格和主题。过渡与连接动作应适应整个健美操的风格，烘托出健美操的主题。例如，一个舒缓的过渡动作，可以烘托出整个健美操的轻松和愉快的气氛；一个激烈的连接动作，可以烘托出整个健美操的激情和活力。最后，过渡与连接动作的编排还需要考虑创新和独特性。新颖的连接动作会给人留下深刻的印象，提升健美操的观赏性和吸引力。因此，在编排过渡与连接动作时，我们不仅要参考其他优秀的健美操，也需要发挥自己的创新能力，设计出独特的过渡与连接动作。

5. 托举与配合的创意

托举与配合的创意在健美操创编中扮演了至关重要的角色。它不仅能提升健美操的视觉冲击力，增强其艺术感染力，更能体现健美操创编者的艺术构思和音乐主题的创新理解。这些独特的托举与配合动作，就像舞台剧中的精彩亮点，给人留下深刻的印象，同时也为整个健美操的主题和情绪添上了独特的色彩。

托举与配合动作的创意涵盖了广泛的领域。它可能源自于练习者的生活经验，也可能受到其他艺术形式的启发。创编者需要充分发挥想象力和创新能力，设计出能够吸引观众眼球，体现音乐风格和健美操主题的独特动作。这些动作可以是优美的旋转，也可以是力量感十足的托举，还可以是富有律动感的跳跃，或者是动静结合的肢体语言。

在具体的编排中，托举与配合动作需要考虑动作的难易程度，音乐的节奏和情感，以及练习者的技术水平和体能条件。同时，托举与配合动作的设计还需要考虑安全性。创编者需要确保动作的执行既能保证练习者的安全，又能体现出动作的美感和力度。

（四）三维动画辅助法

三维动画辅助法在健美操创编中提供了一种新颖的工具和方法，使创编过程能更为精确、直观和高效。这种技术的运用，正如在一个无限可能的虚拟空间里，可以任意设定参数，探索各种可能的动作组合和编排方案，而不必担心实际操作中的各种限制和风险。

使用三维动画技术，可以将教练员的创意快速转化为可视化的动作模型，通过屏幕直观展示给运动员，提高理解和模仿的效率。在动作训练中，三维动画可以为运动员提供精确的参照，更好地把握动作的细节，同时避免了误解和误导。另外，通过模拟动作的执行过程，可以预见可能出现的问题，及时调整和优化动作设计，提高动作的完成度和准确度。

此外，三维动画还可以对动作进行定量化的分析和评价，比如动作的角度、力度、速度等都可以通过软件精确计算，为动作的改进和完善提供科学依据。在竞赛中，可以利用三维动画技术辅助解释比赛规则，让运动员更准确地理解和执行比赛规则，提高竞赛成绩。

运用电脑三维动画技术，教练员可以以更高的精度和速度从现有动作中创造出新的动作。它使得动作的形象性、经验性趋向于动作的专业性、多样性。这种方法为动作的创新打开了新的空间，使得动作的创新不再仅仅依赖于教练员和运动员的个体经验和直观感觉，而是可以建立在更为科学和系统的基础之上。

（五）基本组合法

基本组合法为健美操创编提供了一种有效的策略。它强调通过对已知动作的创新组合，来构造新的技术动作和整套动作组合。这种方法涉及对动作特性的深入理解、对技术规则的精准把握，以及对创新可能性的敏锐捕捉。

此方法关键在于发现并挖掘不同动作间的共性和相似性，将它们结合在一起，创造出新的技术动作或整套动作组合。这要求教练员具备丰富的动作库和深厚的专业知识，能够灵活运用和调整各种动作，使其在新的组合中发挥出最大的效果。基本组合法的成功运用，需要教练员具备高度的创新思维能力。教练员需要以开放的心态接受新的可能性，勇于打破旧有的束缚，寻找和尝试新的动作组合。同时，教练员也需要在保持创新的同时，关注组合动作的合理性、协调性和流畅性，以及其与音乐的融合程度。此外，基本组合法的运用还需要教练员具备严谨的分析和评价能力。每一个新的动作组合都需要经过精心的设计和严格的测试，确保其在保证技术难度的同时，也能满足表现美学、配合音乐、符合运动员身体状况等各方面的要求。

第七章 健美操创编的综合策略与技巧

第一节 健美操造型创编

一、健美操造型创编的原则

（一）音乐节奏与动作配合原则

1. 音乐节奏对健美操的影响

音乐节奏在健美操的创编中起到了至关重要的作用。音乐本身作为健美操中的一个无形的组成部分，实际上是一种强有力的工具，它能够影响和塑造健美操动作的速度、节奏感、和谐度以及表达的情感等各个方面。音乐是健美操的灵魂，这是因为音乐通过节奏、旋律和和声为动作提供了一种自然的节奏和情感基础。在健美操中，每个动作都必须与音乐节奏相协调，才能达到和谐、流畅的效果。音乐的节奏和旋律的强度与快慢，决定了动作的速度和强度。例如，强烈、快速的音乐节奏要求动作的速度和力度更大，而柔和、慢速的音乐节奏则要求动作的速度和力度适中或轻柔。此外，音乐节奏还对健美操的情绪表达起着重要作用。精心设计的音乐配乐可以增强健美操的情感深度和视觉冲击力。音乐节奏的变化可以引导观众的情绪，进而影响观众对健美操的理解和欣赏。快节奏的音乐可以带来激情、热烈的氛围，激发动作的活力和热情；而慢节奏的音乐则能够营造出优雅、宁静的氛围，使动作显得更加优雅、宁静。这种音乐与动作的结合，使健美操不仅是一项体育运动，更是一种艺术形式，能够吸引和感动观众。

2.动作与音乐节奏的配合方式

在健美操的创编和表演中，动作与音乐节奏的配合不仅是一门艺术，同时也是一项重要的技术。成功的配合可以带来和谐的视觉效果，展现健美操的美感和节奏感，这对于动作的表现和整个健美操的艺术效果至关重要。

健美操的动作应与音乐节奏保持一致，这是最基本的配合方式。音乐中的每一个节拍，都应与一种动作相对应。比如在音乐强拍时做出强烈的动作，营造出强烈的视觉效果；而在音乐的弱拍时做出轻柔的动作，使得动作和音乐能够融为一体，达到和谐统一的效果。这种严格的节奏与动作的配合，要求编舞者和演员都需要具备相当高的音乐节感和动作控制能力。

除了动作的节奏感，音乐节奏也可以用来塑造动作的强度和情绪。快节奏的音乐往往带有更多的活力和热情，因此，在快节奏音乐中的动作可以是快速、激烈的，体现出热烈、激情的情绪；而慢节奏的音乐则给人宁静、优雅的感觉，因此在慢节奏音乐中的动作可以是慢速、优雅的，展现出平静、温柔的情绪。通过音乐节奏的变化，动作的强度和情绪也随之改变，这就需要演员具备强大的情绪控制力和表现能力，才能准确地表达出动作的意义和情感。音乐的节奏变化和旋律的起伏，为动作创编提供了更多的可能性。例如，在音乐节奏变快的部分，可以设计出一系列的快速、复杂的动作，展现出健美操的高难度和技巧；而在音乐节奏变慢的部分，可以设计出优雅、简单的动作，展现出健美操的美感和情感。这种根据音乐节奏变化进行动作创编的方式，可以使健美操有更强的节奏感和动态感，使健美操更具有观赏性和艺术性。

（二）动作组合原则

1.动作组合的灵活性与多样性

健美操的动作组合要求具备高度的灵活性与多样性。在编排过程中，创作者需要考虑如何将不同类型的动作和动作序列结合起来，形成一个具有连贯性、节奏感和动态感的整体。这需要创作者具备广泛的动作知识和创新思维。动作组合的灵活性主要体现在如何灵活运用和组合不同的动作元素。例如，一组健美操动作可能包括跳跃、转体、平衡和地板动作等多种元素，创作者需要考虑如何将这些元素融入动作组合中，使其既能展示运动员的技术能力，又能增强整体的表演效果。动作组合的多样性则体现在如何利用不同的动作和动作序列来增强健美操的视觉效果和观赏性。例如，创作者可以通过变化动作的顺序、速度、强度和形式，来创造出各种各样的动作组合。这种多样性不仅能让健美操更具吸引力，还能充分展现运动员的技术水平和表演才华。

2. 动作连贯性的重要性

在健美操的编排和表演中，连贯性强的动作可以使健美操呈现出流畅、和谐的视觉效果，给观众带来美的享受，同时也是评判健美操表演优劣的重要标准。

健美操是一种集体的、音乐性的、艺术性的运动，其美感来自动作的流畅和连贯，动作的连贯性能够使整个健美操表演如同一幅流动的画卷，每个动作都在恰当的时间、恰当的位置完成，没有生硬的接合，也没有突兀的断裂。只有动作连贯，才能使健美操达到最佳的艺术效果。在动作的设计中，每一个动作和下一个动作都必须完美地衔接在一起，这需要运动员具有非常高的技巧和协调性。如果动作的连贯性做得好，那么即使是最困难的动作，也能够流畅地完成。这看起来仿佛是轻而易举的事情，正是健美操的高难度所在。健美操动作的连贯性，不仅需要运动员的身体各部位配合默契，还需要运动员对音乐有深入的理解和感觉。动作连贯性的训练，能够帮助运动员提高对身体的控制能力，增强身体各部位的协调性，同时也能提升运动员的节奏感和音乐感。流畅、连贯的动作，可以提升健美操的观赏性，从而吸引观众的目光，使他们能够更加投入地欣赏表演。

3.动作难度与安全性的平衡

在健美操的动作组合中，如何平衡动作的难度与运动员的安全性是至关重要的问题。创作者在设计动作和组合时，需要充分考虑运动员的技能水平、身体条件和动作执行的安全性。对于动作难度的追求，不能忽视安全性的重要性。

动作的难度直接关系到健美操的竞技水平和观赏效果。高难度的动作能够突出展示运动员的技术水平和身体素质，也能提高健美操的观赏性和吸引力。因此，创作者通常会在动作组合中加入一些高难度的动作，以此来提升整体的表演效果。同时，我们必须重视动作的安全性。过于复杂或过于困难的动作，如果超出了运动员的技能范围或身体承受能力，可能会导致运动员受伤。设计动作组合时，创作者需要确保所有的动作都在运动员的能力范围内，并且可以安全地执行。

在健美操的动作组合设计中，平衡动作难度与安全性是一项关键的任务。我们需要在追求高难度的同时，确保运动员的身体安全。这就需要创作者具备深厚的动作知识，理解每一个动作的技术要求和风险因素，同时还需要深入了解运动员的技能水平和身体条件。只有这样，才能设计出既具有挑战性，又安全可行的健美操动作组合。

（三）舞蹈美学与身体语言原则

1.舞蹈美学的内涵理解

舞蹈美学是一门关于舞蹈审美现象的哲学研究，也是健美操创编的重要依据。舞蹈美学的内涵是多元的，涵盖了从舞蹈的动态美、形态美，到音乐美、空间美等多种美的体现。在健美操中理解和应用舞蹈美学，能够提升健美操的审美价值，更好地体现出健美操的艺术魅力。

健美操的动态美是舞蹈美学的一个重要组成部分，它源于舞者的动作和力度的变化，使观众在观赏过程中感受到流动的韵律和节奏，如同欣赏一幅动态的画卷。理解动态美的内涵，就要学会捕捉健美操中的动作细节，感受动作的流畅与连贯，理解动作中隐藏的力量与美。

形态美则体现在舞者的动作造型和舞台布局中，它是静态美和动态美的完美结合，给观众留下深刻的视觉印象。理解形态美的内涵，就要观察健美操中的线条和形状，理解它们如何通过舞者的身体动作和空间布局表达出优美的视觉效果。

音乐美体现在健美操的音乐和动作配合上，音乐为健美操的动作提供了韵律基础，使健美操的动作和音乐成为一体，共同创造出美的境界。理解音乐美的内涵，就要学会在健美操的编排中用心听，感受音乐的节奏和旋律，理解它们如何与动作相互作用，创造出富有韵律美的健美操。

空间美体现在健美操的空间运用和舞台设计上，通过舞者的空间运动和舞台元素的配置，创造出具有深度感和层次感的视觉空间。理解空间美的内涵，就要感受健美操中的空间关系和布局，理解它们如何通过舞者的移动和布局创造出具有立体感的舞台空间。

在健美操的创编中，理解舞蹈美学的内涵，能够帮助我们更好地理解和应用各种美的元素，将健美操塑造成一幅富有艺术感的动态画卷，为观众带来深入的艺术体验。这也是健美操创编中不可或缺的一环，是每一位健美操创作者和舞者都应具备的基本素养。

2. 身体语言在健美操造型中的运用

身体语言是舞蹈艺术中的关键元素，它通过舞者的动作、表情和姿态传达情感，塑造角色，讲述故事。在健美操造型创编中，身体语言的运用能够提升健美操的表达力，使健美操不仅仅是身体的运动，更是情感和思想的交流。

健美操是一种以体育和艺术为基础的运动形式，它融合了舞蹈、体操、音乐等元素。在健美操的表演中，舞者通过精确的动作和灵活的身体语言，以优美、流畅的姿态展示出各种各样的动作组合，向观众传递出一种积极、健康、美好的生活态度。

在健美操的造型创编中，身体语言的运用就是要根据健美操的主题和音乐的情感，选择适当的动作和表情表达舞者的情感和态度。例如，如果健美操的主题是快乐和自由，那么舞者就可以通过轻松、自如的动作和开朗、灿烂的表情表达这种快乐和自由的情感。

同时，身体语言的运用还需要考虑舞者的身体条件和技术水平。一个好的健美操造型，不仅要求舞者有一定的身体素质和技术基础，更需要舞者能够灵活运用身体语言，通过身体的动作和表情，将内心的情感和思想传达给观众。

（四）创新与个性表达原则

1.创新思维在健美操造型中的应用

在健美操造型创编中，创新思维是推动健美操艺术发展的重要动力，它让健美操在传统的基础上，不断吸收新的元素，展现出新的风貌，使健美操的艺术表达更为丰富多元。

创新思维在健美操造型中的应用体现在对传统健美操动作的拓展和对新型动作的尝试。对于传统健美操动作，创新思维可以帮助我们在保持其基本特征的同时，通过改变动作的速度、力度、角度等，赋予动作新的形态和内涵。对于新型动作，创新思维则是我们勇于尝试和实践的动力，让我们可以将更多的现代舞蹈元素，甚至是其他体育项目的元素，融入健美操中，形成独特的健美操风格。

创新思维在健美操造型中的应用也体现在对音乐和舞台的新颖运用。健美操音乐的选择不再局限于传统的健美操音乐，而可以尝试更多类型的音乐，如流行音乐、电子音乐等，甚至可以尝试无音乐的表演，只通过舞者的呼吸和动作产生节奏感。舞台的布置也更加灵活和有创意，可以利用灯光、道具等元素，创造出不同的舞台效果，使健美操表演更加丰富和立体。

在健美操造型创编中，我们也应注重个性的表达。每个舞者都有自己独特的风格和特点，创新思维就是要让这些个性得到充分的体现和发展。我们可以通过对动作的改编、对音乐的重新解读、对舞台的新颖运用，将舞者的个性融入健美操的表演中，让健美操既具有普遍性，又有个性化的表达。

2. 个性化元素在健美操造型中的体现

在健美操创编中，个性化元素的运用能够让每一支健美操拥有独特的气质和风格，使其在众多健美操中独树一帜。这些个性化元素来自舞者的内心，是对舞者个人风格、情感和经验的表达，它们既能反映舞者的个性，也能提升健美操的艺术价值。

舞者的个性是由其独特的动作风格、表演技巧和内心情感共同塑造的，它是舞者在舞蹈表演中最具有魅力的元素之一。在健美操创编中，我们可以通过观察和理解舞者的个性，选择与其个性匹配的动作和表演方式，从而使舞者的个性在健美操表演中得到充分的体现。

对于动作的选择，我们可以结合舞者的技术特长和偏好，选择那些能够展示舞者个性的动作。比如，如果舞者擅长力量型的动作，我们就可以在健美操中加入更多的力量型动作；如果舞者善于表达情感，我们就可以在健美操中设计更多的表情和肢体语言。

对于音乐的选择，我们可以根据舞者的情感和喜好，选择那些能够激发舞者情感的音乐。音乐的节奏、旋律和风格，都能影响到舞者的情感状态和表演风格，因此，选择合适的音乐，是体现舞者个性的重要手段。

对于舞台的设计，我们可以结合舞者的特点和健美操的主题，设计出富有创意的舞台布局和灯光效果。舞台的设计不仅能为健美操增添视觉效果，也能帮助舞者更好地表达自己的个性和情感。

（五）舞者能力与体验配合原则

1. 舞者能力的提升与舞蹈造型的匹配

健美操的核心魅力在于舞者的动态展示。健美操中的每一个动作，每一个流线，都是舞者的身体力量、灵活性、敏捷性以及协调性的真实体现。为了使健美操的表演更具观赏性和艺术性，舞者的身体能力与造型设计的相互适应与提升就显得尤为关键。

舞者的身体能力是构成健美操的基石，这包括力量、灵活性、速度、敏捷性、协调性等各项身体素质。这些身体能力不仅决定了舞者能够完成的动作种类和难度，也影响着舞者动作的质量和效果。因此，提升舞者的身体能力，是健美操创编中的重要任务。仅有身体能力的提升是不够的，如何将这些能力融入舞蹈造型中，使之与舞蹈造型相匹配，才是真正的挑战。在这方面，我们需要深入理解每个动作的技术要求，明确舞者需要达到的身体条件，然后根据舞者的实际情况，有针对性地进行训练，从而提升舞者的身体能力。

我们也要注意到，每个舞者都有自己的特点和优势，因此，在健美操创编中，我们需要根据舞者的个人特点，设计出适合舞者的舞蹈造型。这就要求我们在创编过程中，充分尊重舞者的个性，挖掘舞者的潜力，使舞者在健美操表演中能够得到充分的发展和表现。在这个过程中，舞者的体验也是我们需要重视的一方面。我们要让舞者在表演健美操的过程中，不仅能感受到自身身体能力的提升，也能感受到健美操表演的乐趣和满足感，从而更加投入健美操的表演中，提高健美操的艺术效果。

2. 舞者体验在健美操造型中的价值

舞者在健美操表演中的体验，与其说是一种感受，不如说是一种在动与静、音与色、力与美中的沉浸。这种体验对于舞者而言，不仅是身心的参与，更是个人能力的发挥和提升，是与音乐、舞台、观众以及自我之间的互动和连接。

在健美操的表演中，舞者通过身体的力度、节奏、线条以及动作的精确度，与音乐形成和谐的互动，创造出优美、流畅、充满张力的舞蹈形象。这种与音乐的深度互动，使舞者体验到了艺术的共振，产生了强烈的情感投入和满足感，增强了舞者对健美操表演的热爱和投入。与此同时，舞者在舞台上与空间、光线、道具等舞台元素进行互动，通过身体的移动和空间的变换，表达出舞蹈的空间感和立体感。这种与舞台元素的互动，让舞者在身体与空间的对话中，体验到了空间的无限可能，激发了舞者的创造力和想象力。

当然，舞者与观众的互动也是其体验的重要部分。舞者通过身体的动作和表情，向观众传递健美操的主题和情感，与观众建立起情感的连接。这种与观众的互动，使舞者体验到了共享和交流的喜悦，增强了健美操表演的感染力和吸引力。舞者的体验还体现在与自我之间的互动上。在健美操的表演中，舞者通过不断的训练和挑战、对自我能力的认知和了解、对自我潜力的发掘和提升，体验到了自我超越和成长的喜悦。

（六）观众感知与交流原则

1. 观众感知在健美操造型中的考虑

在健美操的创编与表演过程中，观众感知是一项需要考虑重要的因素。作为舞台艺术的一种，健美操旨在通过舞者的身体动作、音乐节奏以及舞台效果，引发观众的情感反应，引起观众的共鸣，从而实现艺术的传达。

观众感知在健美操造型中的考虑，首先体现在对观众视觉体验的考虑上。作为一种视觉艺术，健美操的吸引力很大程度上来自其优美的动作造型、独特的舞台效果以及和谐的色彩搭配。因此，我们需要从观众的视觉感受出发，设计出优美、流畅、有力度的动作，搭配合适的舞台布景与服装，以营造出美的视觉享受。其次，观众感知的考虑也体现在对观众情感体验的考虑上。健美操不仅仅是视觉艺术，也是情感艺术。它通过舞者的动作语言，传达出特定的情感与主题，引发观众的共鸣。因此，在健美操的创编过程中，我们需要深入理解作品的主题与情感，通过动作设计、音乐选择等方式，将这种主题与情感有效地传达给观众。再者，观众感知的考虑也体现在对观众思想体验的考虑上。健美操作为艺术的载体，承载着舞者的思想与观念，传达着社会的价值与理念。因此，我们需要在创作过程中，深入挖掘主题的深层含义，引导观众进行深度的思考和理解。

2. 健美操造型与观众之间的交流与互动

健美操表演是一种复杂的艺术形式，它包含的不仅仅是舞者的独立表演，更是舞者与观众之间的交流与互动。舞者通过身体动作，音乐的配合以及舞台的布局，向观众传达情感、主题和故事，而观众则通过观看、感受，甚至是参与，回应舞者的表演，实现了一种特殊的艺术交流。

　　健美操表演造型的设计首先需要考虑观众的接受能力和审美习惯。这是因为，健美操的价值在于被观众接受和欣赏。为了达到这个目标，我们需要通过对观众的理解和考虑，设计出能够触动观众，与观众产生共鸣的健美操造型。这包括选择适合观众理解的动作，选择能够引起观众共鸣的音乐，以及设计能够吸引观众眼球的舞台布景。此外，健美操表演也是舞者与观众之间情感交流的重要载体。舞者在表演中，通过身体的动作，传达出自己的情感和心境，而观众则通过观看和感受，理解并回应舞者的情感。在这个过程中，舞者需要通过对动作的精细处理、对音乐的深度解读、对舞台的独特布置，让自己的情感得以真实地传达给观众。健美操表演还可以是舞者与观众的互动体验。有时候，舞者可以通过引导，让观众参与到表演中来，如鼓掌、合唱等。这种形式的互动，可以拉近舞者与观众的距离，增强观众的参与感，也使得健美操的表演更加丰富和生动。

（七）舞台效果与视觉冲击原则

1.舞台效果的创设与呈现

　　舞台，作为健美操展现的空间，其效果的创设与呈现对于健美操的整体视觉冲击力有着至关重要的影响。舞台效果的创设与呈现应当同时考虑舞蹈内容的主题、舞者的表演以及观众的感受，才能最大化地展现出健美操的艺术魅力。

　　舞台效果的创设首先要考虑的是舞台布景的设计。舞台布景是舞台效果的基础，它需要与健美操的主题、音乐和舞蹈动作相协调，共同构建出一个独特的表演世界。灯光、色彩、布景元素的选择都应当反映出健美操的主题，为观众营造出一个浓厚的氛围。通过对舞台布景的巧妙设计，可以使舞者的动作和音乐在视觉上得到强化，从而增强舞台效果的感染力。舞台效果的创设还包括舞台光影的运用。灯光可以强化舞台效果，突出舞者，同时为舞蹈表演营造出情绪和氛围。适时变化的灯光还可以模拟出时间和空间的变化，为舞蹈表演添加更多的戏剧性。而在一些创新的健美操表演中，利用高科技的光影技术，甚至可以创造出一些超现实的视觉效果，为观众带来视觉冲击。当然，舞台效果的呈现还需要舞者的配合。舞者需要利用整个舞台空间，与舞台布景和光影进行互动，把舞蹈动作完美地融入舞台效果中。通过舞者的动作、音乐的节奏以及舞台效果的变化，将健美操的主题和情感完整地展现出来。

在考虑舞台效果的创设与呈现时，我们还需要考虑观众的视角。舞台效果应当能够从观众的视角出发，让每一个观众都能感受到健美操的魅力。这就需要我们在设计舞台效果时，既要注意整体的效果，也要关注细节的处理。

2. 视觉冲击在健美操造型中的表现

健美操是一种高度视觉化的艺术形式，它借由舞者的身体动作、音乐的节奏，以及舞台效果的配合，呈现出强烈的视觉冲击力。视觉冲击在健美操造型中的表现，既体现在整体的构图与布局，又体现在每一个细节的处理上。

视觉冲击在健美操造型中的表现需要通过动作的设计与组合来实现。每一个健美操动作，都是一个完整的视觉元素，它的形状、线条、节奏都可以给人产生强烈的视觉冲击。而当这些动作组合在一起，就构成了一幅动态的画面，这种画面的变化与流动，就是视觉冲击力的来源。因此，健美操的创编者需要深入理解每一个动作的视觉特性，熟练掌握动作组合的技巧，以创造出具有视觉冲击力的健美操造型。视觉冲击在健美操造型中的表现还体现在与音乐节奏的配合上。音乐节奏可以引导观众的视觉注意力，使观众的视觉感知与音乐节奏形成同步。因此，健美操的创编者需要选择能够与动作节奏相匹配的音乐，让音乐节奏与视觉冲击力形成有机的结合。视觉冲击在健美操造型中的表现，还需要通过舞台效果的设计来加强。舞台布景、光影效果、色彩搭配都可以增强健美操的视觉冲击力。因此，健美操的创编者需要充分利用这些舞台元素，设计出能够增强视觉冲击力的舞台效果。

二、健美操造型创编类型

（一）单人造型

1.低姿造型

在健美操的创编与表演中，各种造型的应用使得舞蹈更具视觉美感和表现力。单人造型的运用能够凸显舞者个人的风格和技巧，为健美操的整体表演增添了丰富的元素。

低姿造型，顾名思义，主要是指舞者的身体较低，接近地面的造型。这类造型通常包括如下蹲、半蹲、跪等动作，表达的情感通常更为内敛，也常常被用来在舞蹈中创造节奏的变化，或是过渡到其他类型的动作。低姿造型的表现力非常丰富[①]。例如，舞者可以通过在地面上的旋转、滑动等动作，表现出如水滑、流动的特质；也可以通过僵直、快速的动作，表现出力量和决断的特质。在舞蹈表演中，低姿造型的动作常常能引人注目，为表演增添独特的魅力。设计低姿造型时，舞者需要注意动作的精准与流畅，保证身体的平衡和控制，同时还要注意与音乐和舞蹈主题的配合，使得动作与音乐、主题融为一体。

低姿造型在表演中往往能营造出特殊的视觉效果。当舞者身体靠近地面时，他们在舞台上的移动往往能形成引人注目的线条和形状。此外，舞者还可以通过与地面的互动，如跳跃、滚动等，创造出更具视觉冲击力的效果。

2.中姿造型

中姿造型在健美操创编中占据重要位置，它是连接低姿造型与高姿造型的桥梁，同时也能展现出舞者个人的风格与技巧。中姿造型主要指舞者的身体位置处于半立状态，例如半蹲、弯腰、半跪等动作。这类造

---

① 杨莉.健身健美操动作的创编探讨 [J].文体用品与科技，2021（2）：22-23.

型通常是舞者在过渡到更高或更低的姿态时的重要过渡动作，同时也常常用于表达柔和、平静的情感。

在设计中姿造型时，舞者需要注意身体的平衡和控制，同时也要考虑动作的连贯与流畅。例如，舞者在半蹲的状态下，需要通过脚尖、膝盖和腿部肌肉的共同作用，保持身体的稳定。同时，舞者也需要注意腰部的弯曲程度，以保证整个动作的美观。

在音乐和主题的配合上，中姿造型同样发挥着重要的作用。舞者可以通过调整动作的速度和力度，使得中姿造型与音乐节奏和舞蹈主题相匹配。例如，舞者在轻柔的音乐中，可以选择平缓、优雅的中姿造型，而在快节奏的音乐中，可以选择动作明快、精确的中姿造型。

中姿造型的视觉效果同样独特，它可以构成舞蹈中的重要视觉焦点。当舞者在舞台上进行中姿造型的表演时，观众的视线往往会被舞者的动作吸引，从而进一步增强舞蹈的表现力。

3. 高姿造型

高姿造型在健美操的创编和表演中扮演着重要角色，它的特点是舞者的身体位置处于直立或者升高的状态，例如站立、跳跃、抬腿等动作。这类造型因其显著的视觉冲击力和空间占据力，常常被用来作为健美操表演的亮点和高潮。

高姿造型在设计时需要考虑的是如何有效利用舞者的身体力量和控制能力。因为往往涉及对身体的全方位运动，包括旋转、跳跃等技巧性强、难度较高的动作，舞者需要保持良好的身体条件和卓越的技巧。此外，高姿造型对于身体的平衡、力度的控制以及身体各部位的协调性要求也较高。高姿造型的设计需要紧密配合音乐和主题。对于音乐节奏的把握，对于乐曲情绪的捕捉，对于主题的深入理解，都是设计高姿造型时需要考虑的因素。舞者在高姿造型中的每一个动作，每一个转身，每一个跳跃，都应该与音乐和主题紧密相连，共同构建健美操的整体艺术效果。

视觉上，高姿造型往往给观众带来强烈的冲击力。舞者的身体升高，动作的振幅加大，使得观众可以更直观地感受到舞者的技巧和力量。在一段健美操表演中，高姿造型常常被设计在重要的部位，如开场、高潮或者收尾，通过视觉效果的提升，强化健美操的表现力。

（二）双人造型

1.高低型造型

双人造型是健美操创编中常见的一种形式，它通过两位舞者的互动和配合，创造出复杂而富有动感的视觉效果。高低型造型是双人造型中一种常见的类型，通过两位舞者身体高度的差异，营造出有层次感和动态感的舞蹈画面。

在高低型造型中，一位舞者的身体位置较高，另一位舞者的身体位置较低。这种高低差异可以是由舞者身体的自然高度决定，也可以是由舞者动作的设计决定，例如一位舞者跳跃，而另一位舞者下蹲。无论是哪种方式，都需要舞者们精确的配合和良好的默契。

高低型造型的设计和表演，不仅需要考虑舞者们的身体条件和技巧，也需要考虑音乐节奏、舞蹈主题和观众视角。在音乐节奏上，高低型造型通常与音乐的强弱、快慢相匹配，形成动态的节奏感。在舞蹈主题上，高低型造型可以用来表达各种情感和主题，例如欢快、挑战、合作等。在观众视角上，高低型造型通过高低变化，使得舞蹈画面更具视觉冲击力和立体感。

同时，高低型造型还需要舞者们有高度的团队协作能力。两位舞者在表演时，需要彼此配合，默契地完成每一个动作，确保舞蹈的流畅和安全。在这过程中，舞者们不仅可以提升自己的舞蹈技巧，也可以培养自己的团队合作精神。

2.正反型造型

正反型造型在双人健美操创编中是一种常见而有趣的形式。这种造型通过两位舞者相反而对称的动作设计，形成强烈的视觉冲击力和动态美感。

正反型造型的特点是两位舞者在同一时间执行相反的动作，例如一位舞者的左手抬起，另一位舞者则是右手抬起；一位舞者向前跳跃，另一位舞者则向后跳跃。这种动作的反差和对称，既能增强舞蹈的动态感，也能强化舞蹈的节奏感。

正反型造型的设计和表演，需要舞者对身体的精确控制和对舞蹈的深入理解。每一个动作，每一个转身，每一个跳跃，都需要两位舞者精准的配合，确保动作的对称和节奏的一致。同时，舞者还需要灵活运用舞蹈语言，以表达各种不同的情感和主题。

在音乐节奏上，正反型造型可以与音乐的强弱、快慢相匹配，形成有节奏感的舞蹈画面。在舞蹈主题上，正反型造型可以表达各种不同的主题，例如挑战、合作、对抗等。在观众视角上，正反型造型通过动作的对称和反差，使得舞蹈更具视觉冲击力和艺术魅力。

3.技巧类造型

技巧类造型在双人健美操创编中扮演着重要角色，它以舞者之间高难度的技巧动作和协调配合为主，为观众带来视觉上的惊艳和挑战感。这类造型的设计和表演通常涉及一些难度较高的动作，如相互配合的跳跃、旋转、翻滚等。它们的执行需要舞者们有很高的身体素质、出色的舞蹈技巧，以及极好的团队协作能力。

技巧类造型的创作需要与音乐、主题紧密相连，表达舞者对舞蹈和音乐的理解。舞者们在执行高难度技巧动作的同时，也要让这些动作与音乐的节奏、强弱，以及舞蹈的主题和情感相吻合。在舞蹈主题上，技巧类造型可以用来表达各种复杂且强烈的情感，如激情、挑战、争斗等。

在视觉效果上，技巧类造型往往能给观众带来深刻的印象。高难度的技巧动作，如飞跃、旋转等，不仅能展现舞者的出色技能，还能为舞蹈增添动感和冲击力。同时，舞者间的紧密配合和默契，更是能让观众感受到团队的力量和魅力。

（三）三人造型

1. 同类变化造型

同类变化造型在三人健美操中是一种常用且有效的表现形式。它的核心是由三位舞者在同一时间或者不同时间执行同一种动作或者动作的变化形式，以此来展现出舞蹈的节奏感和动态感。

在同类变化造型中，舞者们可以选择同一种动作的不同执行方式，比如同样是手臂抬起，可以有快速抬起、缓慢抬起、连续抬起等不同的变化形式。同样，舞者们也可以在不同的时间点执行相同的动作，比如一个舞者抬手的动作可以先于其他舞者，这样就形成了视觉上的错位感。

设计和执行同类变化造型需要对舞蹈节奏和动作变化有精确的把握。每个舞者在执行动作时，都要严格按照设计的节奏和顺序，同时还要关注自身的动作与其他舞者的动作的关系，确保整个造型的协调和流畅。

音乐节奏对于同类变化造型的影响非常大。舞者们需要精准地捕捉音乐节奏，将动作的变化与音乐的变化紧密结合，形成音乐和动作的和谐统一。而舞蹈主题则可以通过同类变化造型的设计得到体现，比如通过动作的快慢、力度的大小，来表达不同的情感和主题。

在观众视角上，同类变化造型由于具有视觉上的动态感和变化感，往往能引起观众的注意，增强舞蹈的吸引力。此外，同类变化造型还能强化舞蹈的空间感和立体感，为健美操增加更多的艺术价值。

2. 异性组合造型

异性组合造型在三人健美操中是一种富有表现力的创编方式。它通过男女舞者的巧妙搭配和互动，创造出独特的视觉效果和艺术魅力。

在异性组合造型中，舞者们可以通过各种不同的动作和队形来展示男女之间的差异和和谐。比如，男舞者可以执行一些力量性强、动作大气的动作，如抬举、旋转等，而女舞者则可以表演一些柔软、细腻的动作，如滑步、转身等。这样的组合可以使舞蹈更具层次感和丰富性。

设计和执行异性组合造型，不仅要求舞者们要拥有精湛的技巧和优越的身体条件，也需要他们对舞蹈主题和音乐节奏有深入的理解。每一个动作，每一次转身，每一次互动，都要与音乐的节奏和舞蹈的主题紧密结合，共同构建出鲜明的舞蹈形象。

在音乐和主题上，异性组合造型可以通过不同的动作和互动形式，表达各种不同的情感和主题。比如，男女舞者的相互扶持可以表达出互助和合作的主题；男舞者的抬举和女舞者的旋转可以展示出爱情和浪漫的主题。

在视觉效果上，异性组合造型能给观众带来强烈的视觉冲击力和艺术享受。男女舞者的不同身材、动作和表情，以及他们之间的互动和配合，都能引发观众的情感共鸣，增强舞蹈的艺术表现力。

3. 技巧类造型

技巧类造型在三人健美操中扮演着不可或缺的角色。它的核心理念是运用独特而复杂的技巧，通过舞者间的协同配合，创造出饱满的视觉冲击力和艺术性。

技巧类造型往往要求舞者们执行一系列的高难度技术动作，如协同翻滚、连续跳跃、错位旋转等。这类动作往往对舞者的身体条件和舞蹈技巧有极高的要求，因此也极大地考验着舞者的技艺水平和团队配合能力。

设计和表演技巧类造型时，舞者们不仅要对每一个动作有精准的掌控，还要对整体的舞蹈节奏和音乐配合有深入的理解。因此，技巧类造型在实际表演中，既有强烈的视觉冲击力，也具有深邃的艺术韵味。

在音乐节奏上，技巧类造型往往与音乐的变化紧密结合，形成有节奏感的舞蹈画面。在舞蹈主题上，技巧类造型可以用来表达各种复杂且强烈的情感，如挑战、争斗、合作等。在观众视角上，技巧类造型由于其高难度的技巧和精准的配合，往往能引起观众的强烈关注和赞叹。

（四）多人造型

1. 中心型造型

中心型造型是多人健美操中常见的创编形式，特点是通过动作和队形的设计，将观众的视线引向舞台中心，从而强化舞蹈的视觉冲击力和舞台效果。

在中心型造型中，舞者们围绕一个中心点进行表演，这个中心点可以是一位舞者，也可以是一组动作或者一个特定的舞蹈元素。比如，所有的舞者都朝向舞台中心进行动作，或者所有的动作都在舞台中心展开和收束，从而形成视觉的焦点。

设计和执行中心型造型时，舞者们需要精确把握每一个动作的位置和时间，以确保所有的动作都能准确无误地指向舞台中心。同时，舞者们还需要通过表情、眼神和身体的力度，强化对中心的指向和表现。

在音乐节奏上，中心型造型可以与音乐的节奏和旋律相匹配，形成有节奏感和旋律感的舞蹈画面。在舞蹈主题上，中心型造型可以用来表达各种不同的主题，如集中、注意、目标等。

在视觉效果上，中心型造型通过将观众的视线引向舞台中心，能有效地吸引观众的注意力，增强舞蹈的视觉冲击力和舞台效果。

2. 同向型造型

同向型造型在多人健美操中是一种常用的表现方式，其特点在于所有舞者执行相同或相似的动作，并朝同一方向进行，从而形成强烈的视觉冲击力和艺术感染力。

设计同向型造型时，舞者们需要对动作的执行和方向进行精确的协调和配合。比如，所有舞者可以同时向同一方向旋转、跳跃或滑步，形成视觉上的统一和连贯。同时，舞者们还需要注意自己的动作与其他舞者的动作是否协调一致，以确保整个舞蹈的流畅性和和谐性。

在舞蹈主题上，同向型造型可以用来表达各种集体主题，如团结、协作、向前等。在音乐节奏上，舞者们的动作应与音乐的节奏和旋律紧密配合，共同创造出富有节奏感的舞蹈画面。

在视觉效果上，同向型造型由于其明显的方向感和连贯性，往往能给观众带来强烈的视觉冲击力。同时，舞者们同向的动作和表情也能深深感染观众，使观众深入地参与和感受舞蹈。

3.呼应型造型

呼应型造型在多人健美操中是一种引人注目的创作策略。通过精心设计的动作和队形,舞者们形成视觉上的呼应和互动,从而营造出独特的舞蹈画面和节奏感。

呼应型造型的核心是动作的相互反映和互补。例如,一组舞者在舞台的左侧执行一系列动作,而另一组舞者则在舞台的右侧以相反或相似的方式执行同样的动作。这种左右呼应的动作设计,不仅增强了舞蹈的视觉效果,同时也创造了鲜明的节奏感和空间感。

设计和表演呼应型造型时,舞者们需要精确地掌握每一个动作的时间和空间。这需要舞者们具备良好的节奏感,对舞蹈的动作和音乐有深入的理解,同时也要求舞者们之间有密切的配合和默契。

呼应型造型在舞蹈主题的表达上具有独特的价值。通过动作的呼应和互动,舞者们可以表达出一种集体的力量,展示出团结协作、互助互信的主题。同时,呼应型造型也可以通过动作的对比和反差,表达各种复杂和细腻的情感。

在视觉效果上,呼应型造型通过动作的左右呼应,形成了强烈的视觉冲击力和动态美。同时,由于呼应型造型往往需要舞者们在不同的时间和空间进行动作,因此也创造了丰富的空间层次和时间变化,使舞蹈更加生动和有趣。

第二节 健美操队形设计

一、健美操队形设计的原则

(一)构图清晰

健美操队形设计的艺术魅力和运动特质在于其清晰的构图、鲜明的舞台效果以及对整体和局部的精准把握。动态平衡与协调是设计队形中的重要原则，它们对于舞者的精准表现和舞蹈的整体美感起着决定性的作用。

当谈及动态平衡，我们指的是在舞蹈的动态变化中，保持队形的稳定和整齐。这需要舞者们具有良好的身体协调能力和高超的舞蹈技巧，能够在动作的转换和节奏的变化中，依然保持队形的稳定和协调。对于编导来说，他们需要精准把握每一个动作的设计和转换，确保舞者们在执行动作时，可以自然而然地保持队形的平衡。

而在队形的协调方面，清晰的构图是关键。队形构图清晰不仅可以提高观众的视觉感受，也是保证舞蹈整体效果的重要因素。"字间距小，行间距大"，即每个舞者在队形中的位置应紧凑而有序，而队形之间的距离则要适当放宽，这样可以形成鲜明的视觉层次感，也便于舞者在动作的转换和行进中保持队形的协调和平衡。同时，"各部分内密外疏"的原则也是队形设计中的重要考虑。通过调整队形中的舞者间距和位置，让每一个部分都保持紧凑和连贯，而各部分之间的距离则适当放宽，这样可以使队形在视觉上更具层次感和立体感，同时也更有利于舞者的动作表现和空间运用。

（二）丰富新颖

健美操的队形设计也是一种艺术创作，它需要设计者在保持清晰构图的同时，也富有创新和新颖性。只有这样，才能在吸引观众的视线的同时，也赋予健美操更深层次的艺术表现力。

丰富新颖的队形设计表现在两个层面，一是在队形的构成上，二是在队形的变化上。在队形的构成上，既可以选择对称的设计，也可以选择非对称的设计。对称的设计往往给人以和谐、稳定的感觉，而非对称的设计则可以增加视觉的冲击力和动态感。

同时，队形也不必总是一个整体，它也可以是由多个小队形组成的。这些小队形可以通过相互呼应、配合，创造出更丰富、更复杂的视觉效果。

在队形的变化上，设计者可以运用各种不同的基本队形，通过有机的组合和变化，创造出丰富多彩的新队形。基本队形虽然有限，但是它们的组合和变化的可能性是无穷无尽的。通过巧妙地变换队形，设计者可以在保持视觉清晰度的同时，也增加了舞蹈的动态感和节奏感。

（三）对比鲜明

在健美操队形设计中，对比鲜明的原则同样极其关键。这一原则不仅可以丰富视觉感受，增加舞蹈动态感，同时也是对健美操编导艺术审美和创新思维的考验。一套健美操的队形通常包含十多个，而如何将这些队形设计得富有变化、对比鲜明，就成了编导必须解决的问题。

鲜明的对比可以表现为不同队形的交替变化，特别是相邻的队形之间要尽量避免相似，以营造出鲜明的视觉效果和节奏感。例如，一个舞蹈队形可能以一种广阔、开放的布局开始，然后突然转变为一种紧凑、集中的布局，这种鲜明的对比不仅可以增加视觉冲击力，同时也可以带动节奏感和动态感。

此外，对比鲜明也可以表现在动态与静态的交替，快与慢的对照，繁复与简单的对比等等。这些对比的运用，都可以使健美操在视觉和感知上产生丰富多变的效果，增加舞蹈的吸引力。

（四）变化流畅

队形的变化流畅是健美操队形设计的关键环节，这不仅体现在队形本身的多样性和新颖性，更重要的是在于队形变化和转换的自然性和流畅性。这种流畅的变化不仅需要舞者具备高超的舞蹈技巧和良好的体态控制能力，也需要编导具备精湛的编导技艺和独特的创新视角。

变化流畅的原则在于设计出可以自然过渡的队形，使得舞者在进行队形变化时既能保持舞蹈的流畅性，又能体现出队形的多样性和丰富性。例如，编导可能会设计一系列相互关联的队形，使得每个队形都能自然地过渡到下一个队形，同时每个队形都能呈现出不同的视觉效果和舞蹈表现。

在双人或三人的健美操中，队形种类相对有限，因此如何设计出巧妙且流畅的队形变化就显得尤为重要。只有通过巧妙且流畅的队形变化，才能营造出丰富多彩且令人目不暇接的视觉效果，使舞蹈更具观赏性和艺术性。

（五）展示动作

在健美操队形设计中，动作的展示是其最主要的目的。因此，如何将动作与队形设计紧密结合，以使得在队形中的动作能充分展示其美感和表现力，是每一个健美操编导必须面对的问题。

首先，要明确每个动作的主要展示面。在健美操中，每个动作都有其特定的展示面，这决定了观众看到的是动作的哪一个方面。例如，一个跳跃动作，其主要展示面可能是跳跃的高度和舞者的空中姿态；而一个旋转动作，则可能需要重点展示舞者的旋转速度和稳定性。因此，设计队形时，必须考虑到如何使这些主要展示面得到最好的表现。

其次，要注意动作与队形的匹配。不同的动作，可能需要不同的队形来进行展示。比如，一些大幅度的动作，可能需要更开阔的队形来进行展示，以体现动作的幅度和力度；而一些精细的动作，则可能需要更紧凑的队形，以突出动作的细腻和精致。

最后，要考虑动作在队形中的布局。一个好的队形设计，不仅需要考虑到队形本身，还需要考虑动作在队形中的布局和分布。通过合理的布局，可以使得每个动作都能在最适合的位置和时间点得到展示，从而最大化呈现动作的表现力。

二、健美操队形设计

（一）双人队形

双人健美操的队形设计是一个挑战和创新的过程，它需要以两个舞者为中心，创建出各种独特而富有创新性的队形。

双人健美操队形设计，不仅要充分考虑每个舞者的舞蹈能力，还需要注意两人间的协作和配合。设计者要巧妙地将舞者的个人特点与他们之间的互动相结合，让两个舞者在舞台上形成一种和谐统一的整体。例如，通过利用镜像队形、交错队形、对角线队形等多种队形设计方法，让每一个舞者都能在舞蹈中展现出自己的独特风采。

此外，双人队形设计还需要注意动态和静态的结合。在舞蹈中，两个舞者需要通过动态的变换和转换，将一个个静态的队形连接成一条流畅的舞蹈线条。例如，通过旋转、跳跃、滑行等动作，让舞者在舞台上形成一种流动的画面，给予观众出一种充满动态美感的视觉享受。

双人队形设计示例如图 7-1 所示。

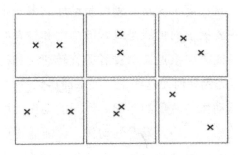

图 7-1　双人队形设计示例

（二）三人队形

三人健美操的队形设计，在舞台上展现出的是一种高度的和谐与协调。在这种队形中，三位舞者的互动、配合以及队形之间的过渡都需要精心设计和策划。

三人队形设计需要着重考虑平衡和对称性。在舞蹈中，三位舞者需要通过精细的协调和配合，将各自的动作融入整体队形中，形成一个和谐且富有动感的视觉整体。对称性的队形，如三角形、线形、圆形等，都能让舞蹈看起来更有整体感和美感。

此外，三人队形设计也需要注意动态和静态的结合。在舞蹈中，三位舞者不仅需要在静态的队形中展现出和谐统一的视觉效果，同时也需要在动态的队形变化中，通过互动和配合，创造出流畅的舞蹈线条。例如，通过旋转、跳跃、转换位置等动作，使队形的变化富有动态美感，为观众提供一种富有韵律感的视觉享受。

在实际设计中，可以利用三人的数量优势，设计出丰富多变的队形，如行列交错、一前两后、环形、扇形等，让每个舞者都能在舞蹈中充分展现自己的魅力，同时又与其他舞者形成和谐统一的整体。

三人队形设计示例如图 7-2 所示。

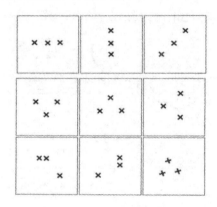

图 7-2　三人队形设计示例

（三）六人队形

六人健美操队形设计，既需要考虑队形的多样性和创新性，也需充分考虑舞者之间的协调和配合，以及队形对舞蹈主题的支持和增强。

在六人队形设计中，首要的任务是保证每位舞者在队形中都能充分展示自己的动作。这需要设计者巧妙地利用舞台空间，创造出既能让舞者展现个人魅力，又能凸显团队协作的队形。常见的六人队形有环形、菱形、阵列式等，这些队形都能让每位舞者在舞台上找到自己的位置，并通过相互协作展现出卓越的舞蹈表现。六人队形设计也需要注意动态变化和过渡的自然流畅。为了营造出动态的视觉效果，设计者需要通过创新的队形变化和转换，将一系列静态的队形连接起来，形成一条富有韵律感的舞蹈线条。这不仅能增强舞蹈的动态美感，也能让舞者更好地投入舞蹈的表演中。

六人队形设计应与舞蹈的主题和内容紧密结合，通过队形的变化和转换来强化舞蹈的主题表现。例如，如果舞蹈的主题是关于团队合作的，那么设计者就可以利用队形来展现舞者之间的协作和配合；如果舞蹈的主题是关于个人挑战和成长的，那么设计者就可以利用队形来突出舞者的个人表现。

六人队形设计示例如图 7-3 所示。

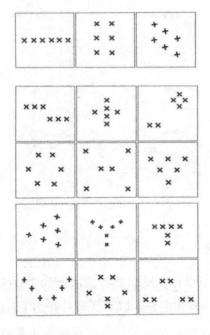

图 7-3　六人队形设计示例

（四）八人队形

八人健美操队形设计，是一种富有挑战性和创新性的工作。这种设计要求编导需要综合考虑八位舞者的动作表现、空间布局，以及他们之间的互动和配合。

在八人队形设计中，首要的任务是确保每个舞者在队形中都有足够的空间进行动作表演。这需要编导根据舞台空间大小、舞者的身体条件，以及舞蹈的主题和风格，设计出既符合舞蹈主题又能充分展示舞者个人特长的队形。常见的八人队形有：方阵、圆形、星形、交错排列等。其次，八人队形设计也需考虑队形的动态变化和过渡。为了创造出动态的视觉效果，需要设计出一系列队形的变化，比如：从方阵变换到圆形，从交错排列转换到星形等。这种队形的变换和过渡要求舞者具备高水平的舞蹈技巧和良好的队形意识。此外，八人队形设计需要考虑舞者与舞者之间的互动和配合。在舞蹈中，舞者需要通过眼神交流、动作配合等方式来实现队形的变化和过渡，这种互动和配合将极大地增强舞蹈的表现力和观赏性。

在实践中，八人队形设计还可以根据舞蹈的主题和风格，融入更多的创新元素。比如，可以利用光影效果、空间布局、舞者动作的变化等手段，创造出独特而富有创新性的八人队形。

八人队形设计示例如图 7-4 所示。

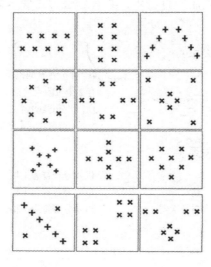

图 7-4 八人队形设计示例

第三节　健美操音乐选配

一、健身健美操的音乐选配

（一）音乐与健美操的基本结构

1. 音乐的基本结构

音乐的基本结构有三大组成部分：节奏、旋律和和声。这三大要素交织在一起，形成了音乐的骨架，为音乐赋予了灵魂和生命力。

节奏是音乐的重要组成部分，它决定了音乐的节拍和速度。节奏是由音符的长短和强弱组成的，其复杂性和多变性为音乐创造了无限的可能性。在健美操中，节奏对于确定动作的速度和力度起着决定性的作用。例如，快节奏的音乐会引导运动员进行快速、有力的动作，而慢节奏的音乐则适合更柔和、优雅的动作。节奏在音乐中的独特地位使得它可以独立存在，例如无旋律的打击乐，其音乐魅力主要来源于独特的节奏感。以 4 拍为例：

时值——时间关系：

×　×　×　×	4 个 4 分音符的拍子
×．×　×．×	有 2 个带附点的拍子
×　×　×　×　—	1 个切分点，1 个 2 分音符
××　××××	2 个 8 分音符，4 个 16 分音符

力度——强弱关系：

2/4 强、弱	以 4 分音符为 1 拍，每小节 2 拍
3/4 强、次强、弱	以 4 分音符为 1 拍，每小节 3 拍
4/4 强、弱、次强、次弱	以 4 分音符为 1 拍，每小节 4 拍

节奏——2/4：

$$× \quad × \mid × \quad × \mid \underline{×} \quad × \quad \underline{×} \mid × \quad — \mid$$

$$×. \quad \underline{×} \mid \underline{×}\underline{×} \quad × \mid \underline{×}\underline{×} \quad \underline{×\ ×\ ×\ ×} \mid × \quad — \mid$$

旋律是音乐的主体，由一系列有规律的音符串联而成，形成了音乐的线条感和主旋律。旋律就像音乐的灵魂，通过高低起伏、快慢变化，展现了音乐的情感和主题。在健美操中，旋律往往用来引导动作的流畅度和连贯性，运动员的动作会随着旋律的变化而变化，形成一场精彩的视听盛宴。例如：

5　1　2　3　4　3　1　2　1　6　1　　若干个不同的音高个体

5　12　3·4　31　2　16　1　—　　加上了时间关系

5　12　│3·4　31　│2　16　│1　—│　加上了 2/4 拍的强度关系，

　　　　　　　　　　　　　　　　　　成为了一句旋律

和声则是对旋律的补充和丰富，通过不同音符的组合产生和谐或者紧张的感觉，增强了音乐的表现力和立体感。在健美操中，和声也往往被用来引导动作的变化和节奏感，如旋律的和谐和紧张可能会引导运动员的动作形成柔和或者强烈的对比。

2. 音乐与健美操动作的一般结构

音乐与健美操动作的关系，可以通过生活中常见的说话和写作来形象地理解。在一首乐曲中，整首乐曲就好比是一篇完整的文章，每一个乐段如同文章的一段，乐句相当于文章中的句子，乐句中的乐节或小节则如同文章中的一个词组或一个单词。

在健美操的音乐选择中，通常会选择使用单拍子或 2/4 拍子的爵士乐或迪斯科音乐。这些类型的音乐通常节奏明显、动感十足，非常适合健美操的特点。在这种音乐中，通常 2 个小节构成一个动机（4 拍），2 个动机构成一个乐节（8 拍），2 个乐节构成一个乐句（16 拍），2 个乐句构成一个乐段（32 拍）（图 7-5）。

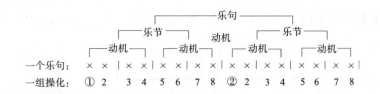

图 7-5　健美操音乐结构

同样，在健美操的动作设计中，也采用类似的结构。通常，4个8拍构成一个大段组合，2个8拍构成一个小段组合，1个8拍则构成一个单组合。这种结构的设计，旨在使音乐和动作能够紧密配合，共同创造出流畅、协调的表演。

在音乐和健美操动作的结构设计中，既要考虑音乐的旋律、节奏、和声等要素，也要考虑运动员的动作的连贯性和流畅性。此外，音乐和动作的结构还应该根据健美操的主题和风格进行选择和设计。例如，如果健美操的主题是强烈和激烈的，那么可以选择节奏快速、旋律激昂的音乐，并设计出力度大、速度快的动作；如果健美操的主题是优雅和柔美的，那么可以选择节奏缓慢、旋律优美的音乐，并设计出流畅、优雅的动作。

（二）健身健美操音乐选配的特点

1. 乐曲与成套动作的完整性

健身健美操的音乐选配是一门艺术，同时也是一门科学。它旨在创建一种和谐统一、充满动感和节奏感的表演，以提供一种身心愉悦的运动体验。音乐的选择与成套动作的设计，应当相辅相成，以实现健美操的完整性和统一性。

完整性是健美操音乐选配的重要特征[①]。这意味着音乐和动作应该形成一个完整的单元，一首乐曲通常由前奏、主体和结尾三部分组成，而

---

① 唐宁 . 浅析健美操音乐的选用与剪辑 [J]. 太原大学学报，2009，10（4）：103-105.

健美操的成套动作也包括开始、主体和结束部分。这种对应关系有助于整套操的连贯性和流畅性。

为了保证音乐与动作的完整性，音乐剪辑是一种常用的方法。音乐剪辑可以通过调整乐曲的长度，对乐曲的各个部分进行裁剪和粘贴，以达到与健美操动作相匹配的目标。例如，如果需要增加乐曲的长度，可以通过复制并粘贴某一乐段来实现；相反，如果需要缩短乐曲，可以裁剪掉某些不必要的部分。同时，在剪辑过程中，保持乐曲开头和结尾的完整性是十分重要的，因为它们往往包含了乐曲的主题和基调，对于整套健美操的情绪和氛围起着决定性的作用。

音乐选配的过程中，我们应该始终保持对美的追求和对完整性的尊重。每一个动作，每一个音符，都应该是一个整体的组成部分，相互协调，相互补充。只有这样，才能创造出既符合规则，又富有艺术性和观赏性的健美操表演。

2. 乐曲速度与锻炼者年龄、水平的相应性

乐曲的速度与锻炼者的年龄和水平息息相关。对于健美操来说，乐曲速度直接影响着运动的强度，乐曲的快慢决定了动作的速度和力度。因此，选配合适的音乐速度，是保证运动效果和避免运动伤害的关键。

一般来说，乐曲的速度应当与运动员的年龄和水平相匹配。例如，对于年轻、水平较高的运动员，可以选择节奏较快的乐曲，以满足其对高强度训练的需求。相反，对于年龄较大或水平较低的运动员，应选择节奏较慢的乐曲，以确保运动的安全性和可行性。

此外，乐曲的速度还应当与运动员的心率相协调。许多研究表明，心率为（220 － 年龄）× 70% 次 / 分钟是健身锻炼的理想指标。如果运动后，运动员感觉良好，且心率在这个预期的健身指标内，那么说明乐曲的速度是适宜的。如果心率超出这个范围，可以通过调整乐曲的速度来调整心率。

在实际的健美操教学和训练中，应根据练习内容来确定音乐的速度。例如，对于需要强化训练的高水平运动员，可以选择每 10 秒 26 拍以上的

音乐；对于健身健美操的锻炼，可以选择每 10 秒 26 拍以下的音乐。在健身健美操的成套音乐中，一般的速度约为每 10 秒 24 拍，拉伸动作的音乐节拍为每 10 秒 16～20 拍，低冲击的步法动作的音乐节拍为每 10 秒 21～24 拍，高冲击的跑跳动作的音乐节拍为每 10 秒 25～26 拍[①]。

3. 乐段转换与队形变化或动作组合变化的一致性

乐段转换与队形变化或动作组合变化的一致性是健美操音乐选配的关键要素之一。音乐与动作的整体一致性是健美操艺术表现力的重要体现，也是观众对健美操表演欣赏的重要依据。

在音乐中，乐段之间的旋律转折与文章的段落一样，具有相对的独立性和起承转合的规律性。健美操的动作组合变化和队形变化如果能与音乐的乐段转折一致，不仅会增强操的层次感，也会帮助观赏者理解操的创意，从而提升健美操的艺术表现力。

举例来说，当音乐节奏快速时，可以设计一些快速、连贯的动作，以匹配音乐的节奏；而在音乐节奏放缓时，可以设计一些慢速、优雅的动作，以符合音乐的气氛。同样，队形的变化也可以根据音乐的节奏和旋律进行调整，例如在音乐高潮部分，可以设计一些复杂且引人注目的队形，以增加视觉冲击力；在音乐柔和部分，则可以设计一些简单且优雅的队形，以营造和谐的氛围。

4. 乐句、乐节与组合动作的对称性

乐句、乐节与组合动作的对称性是健美操音乐选配中不容忽视的要素。这种对称性有助于创建和谐统一的视听体验，是音乐与动作完美结合的关键。

健美操的组合动作的设计应该遵循音乐的乐句和乐节的规律。在一首音乐中，每一个乐节或乐句都有其固定的拍数，因此，健美操的组合动作的长度也应该与之相匹配。例如，如果一个乐节有 8 拍，那么对应

① 唐宁.浅析健美操音乐的选用与剪辑[J].太原大学学报，2009，10（4）：103-105.

的组合动作也应该设计为 8 拍。同样，如果一个乐句有 16 拍，那么相应的组合动作也应该设计为 16 拍。这种一一对应的关系有助于增强音乐与动作的协调性，使得整体表演更具吸引力。

在实际的创编过程中，可能会遇到非规则性的乐句和乐节，例如某个乐节可能是 10 拍或其他任意拍数。在这种情况下，应该根据音乐的特点灵活调整，使组合动作的长度与乐节的拍数相适应。否则，如果忽视了音乐的特点，仅仅固守 8 拍或 16 拍的规则，那么可能会导致音乐与动作的分离，从而影响整体的视听效果。

5. 乐拍强弱与动作力度的协调性

乐拍强弱与动作力度的协调性是健美操音乐选配中必不可少的一部分。这种协调性能增强动作的节奏感和表现力，使健美操的视听效果更加吸引人。

音乐的节拍强弱变化能够有效地引导健美操动作的节奏和力度。健美操常选用节奏明快、力度感强的单拍子或 2/4 拍子的乐曲，其中，强拍和弱拍的交替变化为健美操的动作提供了规律性的节奏参照。例如，发力的动作，如踢腿、大跳或展示的瞬间等，应设计在音乐的强拍上，以强化动作的力度感和观赏效果。而那些需要更轻柔、缓和的动作，如落地、收回和转换等，应设计在音乐的弱拍上，以实现动作的流畅和自然。

音乐节拍强弱的运用不仅能提升健美操的艺术感，同时也能有助于引导运动员调控呼吸和力度，从而使动作的表现更具节奏感和力度感。因此，我们可以说，乐拍强弱与动作力度的协调性是健美操音乐选配的关键因素之一。

6. 音乐风格与动作风格的统一性

在健美操的设计中，音乐风格与动作风格的统一性是一种艺术的追求。一套优秀的健美操，就如同一部成功的音乐剧，每一个动作，每一个转身，每一个表情，都在和音乐进行互动，彼此融合，共同创造出一种令人难以忘怀的艺术体验。

音乐风格的选择首先受到地域和民族的影响。不同地域和民族的音乐有着各自独特的韵味和风格，能够引发不同的情绪反应。例如，西班牙的弗拉门戈音乐充满了热情与激情，中国的古典音乐则流露出深沉与内敛。因此，健美操的动作风格应与选定的音乐风格保持一致，以达到最佳的艺术效果。

同时，音乐的情绪也会影响动作的风格。快乐的音乐配以轻快活泼的动作，悲伤的音乐则需搭配低沉、深情的动作。这种音乐情绪和动作风格的统一，可以更好地触动观众的情感，使他们更容易投入演出中。

选择由多首乐曲合成的音乐时，更需要注意风格的相近性。尽可能选择同一地域或民族的乐曲，可以使整个健美操展现出统一和协调的风格。如果音乐风格过于繁杂，可能会造成音乐与动作风格的错位，使整套健美操显得混乱，无法达到良好的艺术效果。

（三）健身健美操选配的步骤与方法

1. 反复聆听

健身健美操的音乐选配是一项至关重要的任务，因为音乐对于健美操的表现力和动感产生着深远的影响。首先，我们需要将目标放在那些具有明显节奏、活力四射并且可以激发运动员情绪的音乐上。一些爵士、迪斯科、摇滚音乐，甚至部分轻音乐都是健美操的绝佳选择。

音乐的选择始于反复聆听。我们应该尽可能地听取各种不同类型的音乐，无论是旋律优美的古典音乐，还是充满活力的现代音乐，都不要遗漏。在听音乐的过程中，记住任何能引起我们共鸣的旋律、乐章甚至是一小段音符，它们都可能会成为我们下一次健美操音乐选配的灵感来源。甚至有些时候，一首乐曲中的一段特别吸引我们的打击乐段落，可能就是我们下一次健美操表演音乐的重要部分。

反复聆听音乐的另一个好处是，我们可以从中发现和学习到各种不同的音乐元素，比如旋律、节奏、和声等。这些元素对于理解和掌握音乐的性质和特点具有重要意义，可以帮助我们在未来的健美操音乐选配中做出更好的决策。

确定曲目后，不妨尝试将音量调至最大，再次聆听。这样可以帮助我们更好地感受音乐的力度和情感，同时也可以检查音乐的质量是否达标。如果在最大音量下，音乐的音质仍然清晰，没有失真，那么这首乐曲就很可能适合作为健美操的配乐。

2. 详细记录

在健身健美操音乐选配过程中，详细记录每一首音乐的关键特性是必不可少的步骤。这有助于我们更好地理解和分析音乐，为未来的操编创作提供宝贵的信息。

首先，要注意记录音乐的速度。一般来说，健身健美操的音乐速度约为 24 拍 /10 秒。在比赛环境中，这个速度可能会适当加快，但通常不超过 26 拍 /10 秒。通过专门的电脑软件，我们可以轻松地调整音乐的速度，但要注意调速的幅度应适中，过大或过小都可能导致音乐失真。

其次，要记录音乐的节拍和乐段。这包括音乐的前奏、主题部分、唱词位置、重复部分以及特殊音效等信息。例如，我们可以用括号标记前奏的拍数，用小节线分隔每一个乐段，用下划线表示唱词的位置，用符号标记特殊音效等。例如：

第一行记前奏：用括号把它括起来，如:（8 8）表示前奏是 2 个 8 拍。

第二行开始记主体部分：

用小节线"|"分开每一个乐段；

有唱词的地方用"＿＿＿＿＿"下划线表示；

重复的地方用"‖：：‖"表示；

有特殊音效的地方用"△、∨、～、≈"等表示；有打击乐的地方用"×"表示。

例如:（8 8）8888|8 8 8 8|8 8 8 8|× × × 5|

前奏 2 个 8 拍，第一乐段 4 个 8 拍，第二乐段 4 个 8 拍带唱词，第三乐段 4 个 8 拍，其中第 4 乐段有波浪音效，第四乐段有 3 个 8 拍加 5 拍的打击乐。

详细的记录也方便我们对音乐进行深入的分析和理解。通过对音乐的深入研究，我们可以发现音乐的韵律、旋律、和声等多种元素，从而帮助我们在健美操编排中，更好地利用音乐创造出更有艺术性的健美操表演。

3. 设计剪辑

（1）力求乐曲开头的独特性。在健美操音乐的选择和设计中，开头部分是非常重要的。就像一本书的开篇或一部电影的开场，音乐的开头需要吸引人，令人难以忘记，而且要让人对接下来的内容充满期待。

音乐的开头部分通常可以由提示音或不超过两个八拍的前奏音乐开始，要求的是新颖和独特。开头部分应具有一种引人入胜的魅力，它应该能够唤起人们的兴趣，引起人们的注意。这就需要选择一种特别的音乐样式，或者是一种独特的音乐元素，例如独特的旋律、特殊的音乐效果等等。为了能与后面的快节奏形成对比，从而产生更强烈的视觉和听觉冲击力，开头部分通常可以选择一段抒情的慢板音乐。慢板音乐通常温柔、悠扬，富有情感，它可以营造一种宁静、舒适的氛围，为快节奏部分的到来营造出强烈的对比，从而使整个音乐和动作更具动态性和张力。这段开头音乐并不能过长。一般来说，开头部分在两个八拍左右就足够了。如果过长，可能会使观众失去耐心，而过短则可能无法有效地引起观众的注意。因此，选择和设计音乐的开头部分，就需要充分考虑其在整个音乐结构中的位置和作用，以达到最佳的效果。

（2）重视结尾乐曲的稳定性。在健美操的音乐设计中，结尾的稳定性同样重要。音乐是由稳定和不稳定的因素相互作用而进展的，因此在选曲时，我们需要清楚主音的位置。主音，作为乐曲的"主角"，通常会在乐曲的开头出现，而且也会在结尾重现，或者出现在音乐的高潮部分，它起着稳定音乐的作用。音乐的结尾通常是最亮、最响的部分，它起着画龙点睛的作用，为整个音乐画上一个完美的句号。因此，建议在设计健美操的动作时，应让动作在一个乐句或一个乐节的第一拍结束，以确保音乐和动作的和谐统一。这样既能保证动作的连贯性，又能使音乐和动作的结尾形成一个完美的呼应，进一步提升健美操的艺术表现力。

（3）注意过渡衔接的流畅性。在健美操音乐剪辑中，过渡和衔接的流畅性尤为重要。有时，前后两段音乐在速度或调式上可能并不完全一致，如果强行将其拼接在一起，可能会显得突兀，破坏了音乐和动作的连贯性[①]。因此，我们需要采取一些策略来增强音乐的流畅性和和谐性。一种常见的策略是在两段音乐之间加入一段打击乐或一些效果音。打击乐或效果音可以起到过渡的作用，使前后音乐的转换更加自然，减少音乐的跳跃感，增强音乐的连续性。例如，一段鼓点、一段短暂的无声或者一些特殊的音效，都可以有效地缓解音乐的突然变化，使音乐更加流畅、顺畅。此外，我们也可以通过调整音乐的节奏、力度或者旋律来实现音乐的过渡和衔接。例如，我们可以通过逐渐加快或减慢音乐的速度，逐渐增强或减弱音乐的力度，或者逐渐改变音乐的旋律，来实现音乐的平滑过渡。

（4）保证音乐高潮的审美性。在健美操音乐的设计和剪辑过程中，保证音乐高潮的审美性是非常关键的一环。音乐的高潮部分通常是主旋律的再现或者发展，这是整首曲目最具吸引力、最能触动人心的部分。它如同一部精彩的故事的高潮，如同一场演出的巅峰，带给观众最深刻的感受，让人难以忘怀。在剪辑音乐时，我们应当格外重视这个高潮部分，避免将其剪掉或者弱化。相反，我们应该尽可能突出和扩大它的效果，让它在整个曲目中占有显著的地位。例如，我们可以通过增加音量、加强节奏、丰富和声等手段，来加强音乐高潮的表现力。此外，我们也应该注意将音乐的高潮与健美操的动作高潮相结合，使音乐和动作在高潮部分达到完美的统一和协调。例如，我们可以在音乐高潮部分设计一些特殊的动作，如大跳、旋转、抛物等，让动作的强烈表现力和音乐的高潮相互映衬，相互加强。

---

① 唐宁. 浅析健美操音乐的选用与剪辑 [J]. 太原大学学报，2009，10（4）：103-105.

（5）尊重原创曲目的完整性。在健美操音乐的选配过程中，尊重原创曲目的完整性是非常重要的。这并不意味着我们不能对原创曲目进行修改，而是说，在进行修改时，我们应尽量保持音乐的整体连贯性和统一性，避免给人一种割裂、混乱的感觉。初学者在剪辑音乐时，最好能选择同一首乐曲进行调试。这样可以较好地保持原创曲目的完整性，也更有利于他们理解和掌握音乐的整体结构。无论是对音乐的开头、结尾，还是对中间部分进行衔接、加长或剪短，都应以不破坏音乐整体感为原则。如果为了创新，选择多首曲目进行组合，也必须注意音乐的整体性。不同曲目的开头、结尾和旋律风格可能各不相同，如果直接简单地拼凑在一起，很可能会形成"拼凑感"，使整个音乐听起来没有统一感，给人一种杂乱无章的感受。因此，如果需要组合多首曲目，应选择风格、节奏相近的乐曲，并在衔接处设计适当的过渡，以保持音乐的流畅性和统一性。

4.认真剪辑

健美操音乐的剪辑工作确实是一项需要极高耐心和细致度的工作。任何的粗心大意或者焦躁不安都可能影响到音乐剪辑的质量。因此，在进行音乐剪辑前，确保思绪清晰，准备充分至关重要。

首先，要明确剪辑的目标和意图。是否是为了配合特定的健美操动作？是否是为了表达特定的情绪或主题？还是要让音乐适应特定的场合或人群？这些都是在剪辑前需要明确的问题。其次，要认真分析和研究所选择的音乐。理解其基本结构、旋律线条、节奏形态、和声处理等。这样在剪辑过程中，才能更好地把握音乐的整体走向，避免破坏音乐的完整性和连贯性。接下来，需要制订详细的剪辑计划。哪些部分需要保留，哪些部分需要修改，哪些部分需要删除，哪些部分需要增加，都需要提前明确，并详细记录。同时，还要考虑如何处理各个部分之间的过渡，使整首音乐听起来流畅自然。最后，在进行剪辑操作时，一定要细心严谨，一步一个脚印地进行。每完成一个步骤，都要认真检查，确认没有问题后，再进行下一步。同时，每进行一次修改，都要及时保存，避免因为意外失误，导致之前的努力付诸东流。

音乐剪辑并非一朝一夕之功，需要在实践中不断尝试和总结，才能逐渐提高。但只要我们能保持认真细致的工作态度，就一定能创作出既满足健美操需要，又具有艺术感染力的音乐作品。

5. 修改完善

在健美操的音乐剪辑完成后，必须进行严谨的修改和完善工作。音乐是健美操的灵魂，是塑造和展示健美操艺术形象的重要手段。一首优秀的健美操音乐不仅需要符合运动员的动作节奏，也需要适应运动员的心理感受，甚至可以通过音乐来激发和调动运动员的运动激情。

剪辑完成后，需要做出两种不同速度的乐曲供运动员选择。一种速度稍慢，适用于健美操的初级阶段训练，可以帮助运动员更好地掌握和熟悉动作；另一种速度稍快，适用于比赛时使用，能够增加健美操的观赏性和挑战性。让运动员提出对音乐的感受和修改意见，是非常重要的步骤。运动员是健美操的直接参与者，他们对音乐的感受，对音乐配合动作的合理性的认识，能够提供宝贵的第一手信息，对于优化音乐剪辑有着重要指导作用。同时，在成套动作与音乐的反复配合中进行修改，也是不可或缺的过程。只有通过实践，才能检验音乐剪辑的效果，才能发现和改正存在的问题，进而使音乐更好地适应和配合健美操动作，达到音乐与动作的完美融合。

二、竞技健美操音乐选配

（一）竞技健美操音乐选编的特点

1. 音乐类型独特、取材广泛

竞技健美操音乐的选编需要充分考虑音乐的多样性和独特性，以满足运动的丰富性和挑战性。这种音乐类型是一种特殊的音乐形式，它包含了多种元素，如摇滚乐、交响乐、民族音乐、电影音乐、电子音乐等。这些音乐的共同特点是节奏感强、富有激情，可以引发运动员的运动热情和观众的情绪共鸣。

电子音乐是其中的重要元素之一，其音色丰富，节奏鲜明，适合健美操的快速、力量性和艺术性。电子音乐包括了众多子类型，如DISCO、House、Techno、AMbient、Trance 等，这些音乐的风格各异，但都具有鲜明的节奏感和韵律感，能够有效地提升健美操的观赏性和挑战性。

在选配音乐时，不仅要考虑音乐的风格和节奏，还要考虑音乐的主题和氛围，以确保音乐与健美操动作、场地环境、运动员的状态等各个元素的良好配合。此外，音乐的取材也应尽可能广泛，可以从不同的音乐类型、不同的地域和民族、不同的历史时期等方面进行选择，以增加音乐的丰富性和独特性，增强健美操的艺术效果。

2. 音乐主题健康、主旋律鲜明

选配竞技健美操音乐的关键是要确保音乐的主题思想明确，积极健康，并且主旋律突出。音乐的主题不仅是音乐创作的出发点，也是传达给观众的主要信息。主题健康向上的音乐能够激发运动员的精神，提高他们的表演水平，同时也能给观众带来积极的情绪反馈。

鲜明的主旋律是音乐的重要元素，它对于塑造音乐的整体形象和结构有着决定性的作用。主旋律通常通过重复和变奏的方式在音乐中反复出现，以强化主题，并为音乐的动态变化提供线索。在竞技健美操音乐中，主旋律至少要出现两次，以确保其在音乐整体结构中的重要地位。

音乐的主题和主旋律需要与健美操动作和运动员的精神状态相一致，所以在选配音乐时，除了考虑音乐本身的特点外，还要考虑它与健美操的配合效果。尽管同一首音乐中可以包含多种风格，但为了避免音乐主题的混淆和风格的冲突，一般推荐选用风格一致的音乐。如果需要使用多首风格不同的音乐，那么在音乐的过渡和衔接上需要特别注意，以保证音乐的整体性和流畅性。

3. 音乐节奏多变、拍节清晰

在竞技健美操中，音乐的节奏多变性和清晰的拍节是两个关键因素。

一首节奏多变的音乐可以带动健美操的节奏变化，帮助创作出更加丰富多样的动作组合，增加了编舞的灵活性，同时也更能吸引观众的注意力。

节奏的多变性体现在音乐的节奏形式、节奏强度、节奏速度等多个方面。不同的节奏变化能够塑造出不同的音乐风格和氛围，为健美操的编排提供更多的创作空间。比如，快速的节奏可以烘托紧张刺激的氛围，慢节奏则更适合表达优雅、宁静的情绪。

同时，清晰的拍节是健美操配乐必不可少的一个元素。拍节是音乐的基本构成单位，它对于确定音乐的节奏感有着重要的作用。清晰的拍节不仅能够帮助运动员准确把握节奏，更好地与音乐同步，同时也能帮助观众更好地感受到音乐和动作的融合，提高观赏效果。

4/4 拍和 2/4 拍的音乐是竞技健美操中最常用的，这种节拍的特点是强弱拍清晰，律动感比较强，音乐鼓点强劲有力，符合竞技健美操规则所倡导的方向。使用这样的音乐可以使运动员更容易把握节奏，同时也能更好地烘托出动作的力度和节奏感。

4. 音乐速度较快、音质好

竞技健美操作为一种高强度运动形式，其配乐的速度通常比健身健美操快。快节奏的音乐可以激发运动员的运动激情，帮助他们更好地进入运动状态，提升运动表现。然而，音乐速度的设定并非越快越好，而应考虑运动员的实际能力和动作执行的准确性。合理的速度应该是在保证动作质量的同时，激发运动员的活力，创造出良好的运动节奏。

音乐的速度应尽量保持原曲的风格和音质，过度的改变可能会破坏原有的音乐感觉，使得音乐失去了原有的魅力。此外，音乐的音量大小也需要适中，过大或过小的音量都可能会对运动员的表现造成影响。

音质在健美操音乐中也起着重要的作用。高质量的音乐不仅可以提升运动员的表现，也可以为观众带来更好的观赏体验。因此，我们需要确保各声部音色定位清晰，动效的运用适当，避免不必要的噪声，以保证音乐的质量和效果。

（二）竞技健美操音乐结构设计

设计健美操音乐的结构是一项关键的任务，需要考虑健美操的规则和主题。在设计中，可以采用二段式或三段式的方式。

二段式是由两个乐段组成的曲式，其特点是前后两段形成对比。在此种曲式中，常见的是以四个 8 拍的主旋律与四个 8 拍的副旋律组合。具体设计可能为：开始前奏—副旋律—主旋律—过渡音乐—副旋律—主旋律—结束。这种设计方式使得乐曲前后形成鲜明的对比，能够引领运动员和观众的情绪。

三段式是由三个乐段组成的曲式。在此曲式中，第一段与第三段相同或基本相同，形成一种回归的感觉，而第二段则具有对比性质，增加了音乐的层次感。常用的设计方式为四个 8 拍的主旋律接四个 8 拍的副旋律再接四个 8 拍的主旋律，具体为：开始前奏—主旋律—副旋律—过渡音乐—主旋律—副旋律—主旋律—结束。

在设计中，可以灵活运用这两种方式，并根据对音乐的理解和创新进行组合。无论是二段式还是三段式，都要保证音乐的完整性和连贯性，尤其是主旋律的表现，以满足运动员和观众的审美需求。同时，音乐的结构也应与动作设计相协调，以达到最好的表现效果。

（三）竞技健美操音乐剪辑程序

竞技健美操音乐剪辑过程是一个精细而复杂的过程，涉及多个步骤，包括采集音源、确定音乐的速度、分析并确定需要的音乐元素、进行剪辑和混合，将完成的音乐以特定的格式保存并刻录成光盘。

（1）采集音源。音源的质量直接影响到最后音乐的效果，所以在采集时，必须确保音源的音质足够高。这可能需要专业的设备和技术来捕捉和输入音源。

（2）确定音乐速度。这可以通过相关的软件来完成，使得音乐的节奏和速度与健美操的需求相匹配。

（3）分析元素。分析元素的过程则需要深入理解和欣赏音乐，确定哪些声音或段落对最后的作品有贡献，哪些则可以剔除。这可能需要音乐的知识和敏锐的听觉。

（4）剪辑。在确定了需要的元素后，将这些元素保存起来，作为剪辑的基础。剪辑过程包括调整音调、复制和粘贴音乐片段、渐进渐出的过渡效果、左右声道的互换，以及编写节奏等。

（5）缩混。剪辑完成后，需要进行混音，将多个音轨混合在一起，包括打击乐节奏、人声节奏、音效，以及调整声道比例，以形成一个完整、和谐的音乐作品。

（6）保存并刻录。将完成的音乐以 WAVE 或 MP3 格式保存，并刻录成光盘。这样，无论是在练习、演出、还是比赛中，运动员和教练都可以方便地播放和使用音乐。

第四节　健美操套路创编

一、有氧健身操的创编

（一）有氧健身操创编的原则

1.健康性原则

有氧健身操的创编首要关注的是健康性原则，这是健身操存在的根本。有氧健身操是一种以提高身体健康水平为主要目标的运动方式，旨在通过有氧运动，提升心肺功能，增强身体素质，延缓衰老，因此，其创编必须始终围绕健康这一核心出发。

健康性原则主要体现在以下几个方面：一是在有氧健身操的动作设计中，要全面考虑参与者的身体条件，确保每一个动作的准确性，以预防运动过程中可能产生的伤害；二是在动作的选择和编排上，需要遵循身体生理规律，防止对身体功能造成过度负荷，如疲劳过度、呼吸急促等；三是在训练强度的选择上，要符合参与者的身体状况，通过逐步提升强度，使身体能适应各种不同强度的训练，避免过度疲劳和运动伤害①。

在进行有氧健身操创编时，设计者需要深入了解和学习人体生理、运动生物力学等相关知识，对运动者的身体状况进行全面评估，避免采用可能对运动者产生伤害的动作和训练方法。同时，还要根据运动者的身体反应和训练效果，不断调整和优化操例设计，保证其符合健康性原则。而且，设计者还需要对有氧健身操的目标群体进行深入研究，了解他们的身体素质、运动需求和习惯等，以此为依据，制定出满足其个性化需求的有氧健身操，从而实现健康的运动目标。

2. 针对性原则

针对性原则在有氧健身操创编中占据重要地位，这意味着设计者需考虑训练者的年龄、性别、职业、身体状况、运动能力等诸多因素，以定制出最适合他们的健身操。

以年龄为例，每个年龄阶段的训练者有着不同的生理和心理需求。对于少年儿童，他们在生长发育阶段，身体功能并未完全成熟，需要更多富有童趣和活力的动作，同时需保证运动强度的适中，以避免过度疲劳或伤害。动作的选择应天真活泼，形象简单，易于模仿，符合他们的接受能力和模仿力。

对于青年人，他们的体力和精力充沛，能够接受更高强度的运动。他们对健身操的需求多元化，男性可能会更关注肌肉力量和耐力的提升，而女性则可能更注重舞蹈元素和身材塑形。因此，为他们设计的健身操应具有热烈奔放、舒展健美的特点，且充满时代感和活力。

对于中老年人，健美操的设计则需要更加注重心肺功能的提升、关节灵活性和协调性的培养。由于他们的身体状况和运动能力与年轻人有

---

① 胡凤婷，曹文玲，高杰. 健身瑜伽在新时代高校体育中的体育价值 [J]. 衡水学院学报，2022，24（1）：97-101.

所不同，所以健美操的动作应选择简单易学、低冲击的动作，同时也需要调整运动强度和速度，避免剧烈的运动造成身体负担。

在这个过程中，设计者需要深入了解各个年龄段的身体和心理特征，以及他们对健身操的具体需求。同时，也需要反复试验和调整，以找到最适合他们的健身操。

3. 科学性原则

科学性原则在有氧健身操创编中占据了关键地位，这是因为科学性原则不仅关乎运动的效果，更关乎参与者的健康。科学性原则强调健身操的运动负荷、成套结构、动作编排等都应符合人体生理和运动规律。

科学合理的运动负荷对于保障有氧健身操的效果至关重要。心率常被作为衡量运动负荷的一种重要指标。在设计有氧健身操时，应使运动者的心率达到其最高心率的 60% 至 80%，在此范围内，人体能在有氧条件下运动，达到良好的锻炼效果。此外，运动负荷的变化应符合人体的生理曲线，由小到大，由弱到强，使心率逐渐上升，这样不仅能够保证锻炼效果，更能避免因运动强度过大引发的运动伤害。

有氧健身操的成套结构也需要符合科学性原则。通常，一套有氧健身操由准备、基本、结束三部分组成。准备部分主要是帮助参与者逐渐适应接下来的运动强度，一般以拉伸、踏步、呼吸练习等为主；基本部分是锻炼的主体，以基本步法和步法变化的组合为主，旨在通过有氧代谢锻炼身体各部分，塑造健美形体，提高协调能力和有氧耐力；结束部分主要是帮助运动者放松肌群，消除疲劳，恢复体能。此外，在动作编排上，设计者需要按照渐进有序的规律进行。动作的难易程度应由易到难，由单一到组合，由静止到移动，以此帮助运动者逐渐适应，并提升他们的运动技能和体能。

（二）有氧健身操创编的要素

1. 动作要素

在有氧健身操创编过程中，动作要素是最基本和最关键的因素。一套完整的有氧健身操通常由许多单独的动作以及动作的组合构成，而这些单独的动作又由身体各个部位的动作组成。可以说，动作要素是创编有氧健身操的基础。

身体的各个部位，包括头部、手臂、躯干和腿部，都可以成为动作设计的基本单位。这些身体部位的动作不仅为整套有氧健身操提供了丰富的素材，也为运动者在进行锻炼时提供了各种可能的动作选择。尤其需要注意的是，腿部动作在有氧健身操中占据核心地位。无论是高冲击还是低冲击的基本步法，以及步法的变化，都离不开腿部的参与。因此，在设计有氧健身操动作时，应优先考虑腿部动作的设计。由于腿部动作直接关联到有氧操的强度和节奏，因此这也被视为有氧健身操动作设计的重要特点。设计完腿部动作之后，接下来需要设计的就是上肢动作，包括掌部、手臂和躯干的动作。这些动作与腿部动作配合，可以丰富有氧健身操的形式，增加动作的难度和趣味性，同时也可以进一步提高锻炼的效果。

2. 空间要素

空间要素在有氧健身操的创编中起着至关重要的作用。它决定了动作在三维空间中的展现形式，包括动作空间和移动空间。动作空间主要包含了动作的前、后、上、下、左、右六个基本方向，以及各种中间方向。移动空间则是指在执行动作过程中，身体在空间中的移动路径和方向。

动作空间的选择直接影响到动作的形式和难度。例如，上升的动作可能涉及跳跃，下降的动作可能涉及蹲伏，左右的动作可能涉及扭转等。而不同的动作方向也可以带来不同的视觉效果和训练效果。

移动空间的选择则影响到整套操的流畅性和连贯性。在有氧健身操中，通常会包含前进、后退、左移、右移等基本移动方式，同时也会涉及直线、曲线、弧线等复杂的移动路线。

空间要素的运用需要综合考虑动作的难易程度、执行者的运动能力，以及健身操的整体效果。在选择动作方向和移动路线时，应尽可能地保持多样性和变化性，以增加有氧健身操的趣味性和挑战性。同时，也需要避免单一的方向、单调的路线，或者过于复杂、无规律的空间变化。

3. 时间要素

时间要素在有氧健身操创编中扮演着非常关键的角色，它主要包括动作速度和持续时间。这两个方面共同决定了健身操的难度、强度以及最终的锻炼效果。

动作速度直接决定了动作的难易程度和运动强度。对于不同类型的健美操动作，我们需要选择合适的动作速度。比如，拉伸类的动作通常需要较慢的速度，以确保安全和效果；而对于高冲击步法类的动作，则需要较快的速度，以达到更高的运动强度。另外，年龄、接受程度、运动能力等因素也会对动作速度产生影响，我们需要综合考虑这些因素，选择合适的动作速度。

持续时间是决定有氧运动效果的关键因素。有氧健身操的成套时间必须超过 12 分钟，因为只有足够长的持续时间，才能达到明显的有氧运动效果。一般来说，成套时间在 45—60 分钟是比较理想的，这样可以充分锻炼心肺功能，提高身体的有氧耐力。但对于少年儿童和中老年人，由于他们的身体条件和运动能力有所限制，成套时间可能需要相应地缩短。

4. 音乐要素

音乐在有氧健身操中的作用可以说是举足轻重的，它是有氧健身操的灵魂，能够影响和决定锻炼效果，激发情绪，增强表现力和感染力，还可以启发创编构思。正因为如此，音乐要素在有氧健身操的创编过程中显得尤为重要。

音乐的节奏和风格应与健美操的动作特点相统一，这是一个最基本的原则。不同的音乐风格适应不同的动作节奏和风格，同时，它也应适应不同年龄段的人群。比如，清脆悦耳的儿童音乐适合少年儿童，它们的节奏明快，旋律简单，能够吸引孩子们的注意力，调动他们的积极性。对于青年人来说，现代感强的流行音乐更能够引起他们的共鸣，因为这类音乐通常节奏鲜明，律动感强，可以帮助他们更好地投入运动中。而对于中老年人来说，富有民族风格的现代音乐则更能够打动他们，这类音乐既有他们熟悉的旋律，又有现代的元素，适合他们进行适度的有氧运动。

（三）有氧健身操编排的过程

1. 总体方案构思

编排成套有氧健身操的过程就像创作一部精彩的剧本，涉及对整个流程的设计、规划和组织。这个过程的第一步就是进行总体方案构思。在编排有氧健身操的过程中，首先需要根据有氧操的功能、锻炼对象的特点以及锻炼环境等多种因素，对整套操的结构和风格有一个大体的设想。这包括确定整套操的总体风格，选择适合的动作类型，以及规划整套操的持续时间。

对于整套操的风格来说，它应与锻炼对象的需求相匹配。例如，针对年轻人可以设计具有活力和动感的风格；针对中老年人可以设计轻松舒缓的风格。这样不仅可以满足他们不同的审美需求，也可以符合他们的身体条件。

动作类型的选择是整套有氧健身操的重要内容。这要根据锻炼对象的身体状况和运动能力来确定。例如，对于身体素质较好的人群，可以选择难度较高、动感较强的动作；而对于身体素质一般或者有特殊需求的人群，可以选择难度适中、强度适宜的动作。

确定整套操的持续时间是一个很重要的环节。时间长度应根据锻炼对象的身体状况和耐力来设定。一般来说，一套完整的有氧健身操的持续时间应在20—60分钟之间。当然，也可以根据实际情况进行适当的调整。

2 选择动作素材

选择动作素材是创编有氧健身操的重要一环，这个过程深受平日对动作资料积累程度的影响。选择的动作应具有锻炼价值，能够受到人们的喜欢和接纳。关于动作的选择，可以从一些基础的步法入手，然后再进行创新，形成各种组合步法和变化性步法。

在挑选动作素材时，从其他项目中借鉴的动作应与健美操的动作特点和风格相吻合。就算是从某种舞蹈中提取的动作，也必须将其转化成适合健美操风格的动作。也就是说，我们需要在借鉴和创新中找到平衡，使得最终选定的动作既具有独特性，又能符合健美操的整体风格和特点。

在选择动作素材的过程中，我们还需要进行实际操作和尝试，以验证所选动作的效果和可行性。试做的过程中可以进一步体验动作的细微之处，调整动作的节奏和强度，确保最终选择的动作真正适合健美操的创编。

动作素材的选择不是一次性的过程，而是需要根据实际情况进行多次的调整和优化。每一次调整都是对整套健美操更深层次的理解和体验，也是创编者个人技术和创新能力的提升。这一过程虽然烦琐，但却能保证最终创编出的健美操有其独特性，能够得到人们的认同和喜爱。

3. 选择与编辑音乐

音乐在有氧健身操的创编过程中扮演着至关重要的角色。适当的音乐可以提升健身操的动感，为锻炼者带来愉悦的体验，从而更好地达到锻炼的效果。因此，对于音乐的选择和编辑，应以其是否符合有氧健身操的特点为准。

在创编过程中，有两种情况可以考虑。一种是先编排成套动作，然后根据动作的节奏、强度和气氛来选择或编辑相应的音乐。这样做的好处是，可以根据动作的需要，挑选出最适合的音乐，更好地突显动作的特点和效果。另一种是先选择或编辑音乐，然后再按照音乐的节奏和旋律来编排动作。这种方式的优点是，可以让动作更好地融入音乐中，使健身操呈现出更高的艺术性。而且，对于很多人来说，音乐是他们进行有氧健身操的主要动力，因此，好的音乐可以极大地激发他们的锻炼热情。

无论是选择哪一种方式，创编者都应充分理解和掌握音乐的特性，如节奏、旋律、速度、情感色彩等，以便能选出最适合的音乐。同时，也可以通过编辑音乐，如调整音乐的速度或混合不同的音乐，更好地配合动作的需要。在实践中，两种方式并不是互斥的，而是可以相互结合、灵活使用的。最重要的是，要始终记住，音乐和动作是互相配合的，二者共同创造出有氧健身操的独特魅力。

4.建立基本结构

建立基本结构是有氧健身操编排过程中的关键一步，这一阶段要求创编者依据有氧健身操的原则和目标，以及预先选定的音乐，规划出整套动作的框架。

按照有氧健身操的三个基本部分，也就是准备、基本和结束部分，我们可以对整套动作进行高效的组织。准备部分主要是为即将进行的锻炼做好准备，通过简单、缓慢的拉伸动作和呼吸练习，使身体逐步进入运动状态；基本部分是整套动作的主体，主要包含各种有氧动作，要求躯干保持正直，动作强度和节奏逐渐提升；结束部分以缓慢的拉伸和放松动作为主，旨在帮助身体恢复，消除运动带来的疲劳。

在构建基本结构的过程中，还需要注意动作的逐步过渡，遵循从简单到复杂、从慢到快、从低强度到高强度，然后逐步下降的规律，以保证整套健身操的流畅性和连贯性。此外，也要注意将确定的步法类型合理分配到三个基本部分中，以及根据音乐的节拍和段落安排动作的变化，使得健身操的动作和音乐能够完美匹配。最后，确定每个部分的时间，以及动作的节拍和组合动作的数量，是为了确保整个健身操的结构科学、合理和有序。这种结构性的设计可以让参与者更好地理解和掌握整套健身操，也有利于达到预期的健身效果。

5.分段编排

分段编排是健身操创编中一个微观而重要的环节。这一步骤涉及如何细化已经构建好的基本结构，以及如何针对每个部分编排具体的动作。对于每个主要部分，包括准备、基本和结束，我们都要根据配套的音乐的节奏和节拍进行详细的动作设计。一般来说，编排步法是首要任务，因为步法往往是整套健身操的主线，决定了整体的节奏和强度。然后，我们会根据步法设计出相应的手臂动作和躯干动作，这些动作要与步法动作协调一致，共同构成一个完整的动作组合。

动作设计时，需要考虑动作的方向和路线，确保动作的变化富有合理性和多样性。例如，对于一些高强度的部分，可以设计一些大幅度的动作和快速的转身，以增加动作的挑战性；而对于一些低强度的部分，可以设计一些平稳、柔和的动作，以帮助参与者放松。在设计组合动作时，我们还需要特别注意步法之间以及手臂动作之间的连接。好的连接应该是自然、流畅的，使得每个动作都能顺利过渡到下一个动作，而不会显得突兀或不协调。这样的设计，不仅可以增加健身操的观赏性，也有助于参与者更好地掌握和完成整套动作。

6. 成套整合

成套整合是健身操编排的重要环节。这一步骤主要涉及如何将不同组合动作串联起来，形成一个完整的健身操套路。

完成组合动作编排之后，我们需要根据之前设定的基本结构框架，将各个组合动作按照预定的顺序逐一排列起来。此时，我们需要全面审视整个套路的连贯性和流畅性，以及动作的节拍、节奏、方向、方位、路线、定位和移动方式等方面是否合理。在这个过程中，我们需要考虑的不仅仅是单个动作或组合动作的效果，更重要的是看它们是否能够协调一致地融入整个套路中，形成一个有节奏、有韵律的完整整体。

另外，音乐的角色在此阶段也十分重要。一首合适的音乐可以有效提升健身操的氛围和感染力，因此我们需要确保所选择的音乐与整套健身操的风格、节奏和情绪相吻合。有时，为了更好地配合音乐，我们甚至需要对部分动作或组合动作进行微调，以保证音乐与动作之间的完美协调。

7. 评价与修改完善

在健身操创编过程中，评价与修改完善是必不可少的环节。健身操套路初步完成后，进行初步实践和评价是非常重要的。这样可以帮助我们更好地理解和评估健身操的效果，发现可能存在的问题，并对这些问题进行修改和完善。

评价可以从多个角度进行。一方面，可以从生理指标的角度对健身操进行评价，例如心率、耗氧量等。这些指标可以直接反映出运动的负荷程度和有氧代谢的效果。另一方面，还可以从心理感受的角度对健身操进行评价。比如，健身操的趣味性、娱乐性、艺术性等，都会直接影响到人们的运动体验和效果。同时，安全性也是评价健身操的重要方面。为了保证运动者的安全，我们需要评估各个动作是否存在安全隐患，对可能存在问题的动作进行修改和完善。

经过评价与修改后的健身操，应更加科学、合理，能够更好地达到锻炼的效果，也能够让人们在健身的同时，得到愉悦的体验。这样的健身操才能够真正达到预期的目标，被广泛接受和喜欢。

二、竞技健美操的创编

（一）竞技健美操创编原则

1. 针对性原则

竞技健美操作为一种高度专业化的体育项目，其创编过程需要遵循一定的原则，其中针对性原则是至关重要的。这意味着我们在创编过程中需要考虑健美操的规则要求、运动员的个人特点，以及整个项目的特性。

对健美操规则的理解是创编过程的基础。竞技健美操作为一种竞技体育项目，其规则不断发展和完善，这就要求我们在创编时需要及时更新自己对规则的理解，特别是对于难度设置要求和违例动作的规定，避免在编排过程中出现不符合规则的设计。

运动员的个人特点是健美操创编过程中需要考虑的极其重要的因素。每个运动员都有其独特的身体条件和技能特长，只有结合这些个体差异，我们才能创编出既符合运动员特点，又能发挥其优势的健美操套路。

项目的特性也需要被充分考虑。竞技健美操有五个不同的单项，每个单项都有其独特的特点。例如，单人项目更注重个性化表演，混双项目则更看重男女之间的协调与默契，三人项目需要考虑在工整的基础上实现不对称的效果，而六人项目则需要呈现出强烈的整体感和多元化的视觉效果。

2. 创新性原则

在竞技健美操的世界里，创新性原则作为推动其发展的核心驱动力，强调在创编过程中追求新颖、独特和个性化的元素，这些元素遍布于主题选择、动作难度、连接技巧、操化动作、队形变化、开头与结尾设计以及音乐选择等多个方面。通过这些创新元素的融合，健美操不仅是一种体育竞技，也成了一种深具艺术魅力和创新精神的表演形式。

寻找独特且能引发观众共鸣的主题，是健美操编排的创新视角和灵感的源泉。这些主题可能源自生活的点滴，也可能取材于艺术、文化、历史等领域，它们提供了丰富多样的创作空间和可能性。同时，在动作难度上的创新也显得至关重要。设计出更具挑战性、更有技巧性的动作，需要运动员具备高水平的技巧和优良的身体素质，而这同样也是对编导专业知识和创新能力的一种考验。

在编排过程中，如何将各个动作有机地连接在一起，形成流畅、连贯、巧妙的整体，是另一个创新的领域。这种连接的创新既需要考虑动作之间的逻辑关系，也需要照顾到动作与音乐、动作与空间等元素的关系。而操化动作的创新，主要体现在动作设计上，要求动作既有健美操的基本特点，又具有独特的创新元素，这需要深入探索健美操动作的可能性，挖掘新的动作形式和表现方式。

队形变化的新颖性也是创新性原则的重要部分，这需要在队形设计中追求多样性和变化性，打破常规，创造出新颖的、令人眼前一亮的队形设计。同时，开头和结尾的设计也需要运用惊奇、戏剧性和感情色彩等元素，给观众留下深刻的印象。至于音乐的选择，也是创新性原则的重要体现，需要选择那些能体现健美操的主题和风格，与动作设计和表演精神相匹配的音乐。

3. 艺术性原则

艺术性原则强调的是在编排竞技健美操过程中的美学追求。健美操本身就是一种艺术体育项目，它既有体育运动中的技巧、难度和身体素质的考验，又有艺术表现中的情感、形式和审美的元素。因此，在创编过程中，要做到艺术与运动的有机结合，这包括音乐、动作、队形、场地、空间、高潮处理以及服装设计等方面。

在音乐的选择和使用上，应选择既符合健美操主题，又能激发运动员和观众情感的音乐，同时音乐的节奏和旋律也应与动作的节奏和强度相匹配，形成音乐与动作的和谐统一。

在动作创编上，不仅要追求动作的难度和技巧，还要注重动作的美感和表现力。动作的创新、变化和组合都应服务于艺术性的展现，创造出新颖、美观、有表现力的动作形式。

在队形变化上，要追求队形的多样性和新颖性，创造出丰富、层次分明、视觉效果出色的队形设计。

在场地利用和空间转换上，应充分利用场地的空间，创造出多角度、多层次的视觉效果，同时考虑动作的大小搭配、左右回旋、上下起伏、快慢交替等元素，使健美操表演充满动态美和节奏美。

在高潮处理上，应注重运动员的表演力度和情感表达，使健美操表演达到情感的高潮，给观众留下深刻的印象。

在服装设计上，服装的选择和设计应与健美操的主题、风格和动作设计相协调，既要考虑舒适和功能性，也要注重审美和艺术性。

（二）竞技健美操创编的要素

1. 难度动作

对于任何一种竞技体育，选择并执行难度动作总是一个至关重要的环节。这种选择不仅基于运动员的能力，还必须考虑其心理状态、体能储备以及动作完成的质量。

在健美操创编中，难度选配原则强调运动员选择能够完美完成的动

作，而不是难度最高的动作。这是因为无法完美执行的高难度动作可能
导致失误，甚至伤害运动员。同时，高难度动作的压力也可能导致运动
员体能的过度消耗。因此，合理选择难度动作，实现动作的完美完成更
为重要。

难度布局原则则强调根据运动员的实际情况来安排难度动作在整套
操中的顺序。通常情况下，技术复杂的动作放在前面，这是出于对运动
员体能的考虑，因为随着运动的进行，运动员的疲劳会增加，技术复杂
的动作完成的难度也会相应提高。

2 场地与路线

场地与路线在竞技健美操的创编中扮演着重要的角色。对于场地的
利用，全面和细致是关键。竞技健美操规则要求的四个边界和中心点只
是开始，通过进一步细分，我们可以将场地划分为九个区域，要求运动
员尽可能覆盖到每一个区域。这种精细的空间利用可以增加运动员的活
动范围，使得整个表演更为丰富多彩，同时也可以提高运动员的运动能
力和协调性。

同时，路线的多样化也是必不可少的。通过设计不同的行动路径，
如上下、左右、斜角线、弧线的移动，或者按照字母、草书字、音乐符
号等书写的路线进行移动，如 S 形、Z 形、V 形和波浪形等，都可以使
得整套操的视觉效果更为丰富，同时也能够提高观赏性①。更为重要的
是，突然的路线变换和表演化效果可以创造出视觉上的冲击力，提高整
体的艺术感。

3.托举与动力配合

托举和动力配合在许多领域中都有重要的应用，尤其在体操、舞蹈、
表演艺术和体育运动中。它们需要精确的协调和配合，以及对力量和平
衡的精细控制。这种技术涉及的复杂性和技巧性非常高，但是通过精心

---

① 李艳茹，王新梅.健美操竞赛规则变化对动作编排影响的探讨 [J].青少年体育，
2022（12）：87–89.

设计和训练，托举和动力的配合可以产生优雅而强大的效果。

托举和动力配合是一种艺术和科学的结合。为了成功实施，需要深入理解身体机制、动力学和生物力学原理。它考虑了如何合理利用重力，以及如何通过协调和平衡力量来实现动作。每一步动作，无论是转动、弯曲、跳跃还是推力，都必须精心设计，以便在执行过程中保持流畅且高效。

在托举的过程中，开始、中间和结束的部分都有其独特的要求和挑战。在开始阶段，动作需要简单快速，以激发观众的兴趣和期待。这一阶段的设计需要精心考虑，确保动作流畅、高效，并能立即吸引观众的注意力。接下来是中间阶段，这是最关键的一部分，需要展现出主题，同时也需要出色的表演来吸引观众。中间阶段的动作设计应该包括独特和引人入胜的元素，这些元素可以体现主题，同时也可以突出表演者的技巧和天赋。最后是结束阶段，这一阶段需要有独特的结尾，以给观众留下深刻的印象。结束阶段的动作设计应该既有冲击力，又有美感，能让观众在享受表演的同时，感受到表演的结束。

在托举和动力配合的设计中，安全性是至关重要的因素。任何托举和动力的配合设计都必须考虑到表演者的安全。这需要对身体机制、力学和生物力学有深入的理解，以便在设计动作时，可以确保表演者的安全。同时，也需要对表演者的身体状况和能力有足够的了解，以便根据他们的实际情况进行设计。安全性的考虑不仅包括短期的，如避免摔倒和撞击，也包括长期的，如避免过度使用和损伤。

在实践中，托举和动力配合的成功执行需要通过反复训练和调试来实现。它需要表演者具备高水平的协调性、力量、平衡感和灵活性。同时，他们还需要能够在执行动作时，理解和应用相关的机械原理。这种技术的训练是一个持续的过程，需要耐心和决心，但是通过不断的实践和磨炼，表演者可以逐步掌握这种技术，并在实践中展现出精湛的技巧。

4. 强度布局

强度高低是决定一个运动员能否成功完成体能挑战的重要因素。强度管理的目标是最大化运动员的表现，同时保持其体能的恒定水平。理解强度的分配和管理是非常关键的，这不仅需要对运动员的体能有深入的了解，也需要对运动的需求和运动员的能力有清晰的认识。

　　在考虑强度因素时，编排原则的应用是至关重要的。运动员需要在规则的约束下，将他们的体能用在最需要的地方。在设计一套动作时，我们的目标是创造一套完美的表演，而不仅仅是局部的表现。我们希望在运动员的能力范围内，最大限度地提高他们的表现。为此，我们需要确保动作的编排能够最大程度地节省运动员的体能，同时又能满足比赛的要求。

　　在成套强度的布局方面，强度的分配需要精心设计。开始阶段需要有强度，以营造一个符合规则的气氛。这不仅能够吸引观众的注意力，也能够帮助运动员进入状态。然后在中间阶段，我们需要稍微降低强度，以节省运动员的体能消耗。这是因为，如果在整个表演过程中都保持高强度，运动员可能会在结束阶段体力不足。因此，我们需要在中间阶段稍微降低强度，以保证运动员在结束阶段还有足够的体能。然后在结束阶段，我们再次提高强度，以创造一个高潮的气氛。这种强度的布局，可以确保运动员在整个表演过程中，都能保持高水平的表现。

　　我们也必须承认，每个运动员的体能和技能都是独特的，而不是所有的运动员都能适应这种强度的布局。有些运动员可能有更强的体能，可以在整个表演过程中都保持高强度。对于这些运动员来说，我们可以适当调整强度的布局，以最大限度地利用他们的体能。但是，我们也需要注意，即使这些运动员的体能非常好，我们也不能过度要求他们。我们需要在提高他们的表现和保护他们的体能之间找到一个平衡点。

　　在实践中，强度因素的管理需要经过反复的试验和调整。我们需要密切关注运动员的反应，以便根据他们的表现和体能的变化，适时调整强度的布局。同时，我们也需要对运动员进行全面的训练，以提高他们的体能和技能，使他们能够适应各种强度的挑战。

　　在考虑强度因素时，我们还需要考虑运动员的心理状态。运动员的心理状态对他们的表现有重要的影响。我们需要确保运动员在表演过程中保持良好的心态，以便他们能够在压力下发挥出最好的水平。为此，我们可以通过心理训练，帮助运动员建立自信心，提高他们的抗压能力。

强度因素的管理是一门艺术和科学的结合。它需要我们对运动员的体能和技能有深入的了解，同时也需要我们对运动的需求和规则有清晰的认识。只有这样，我们才能设计出一套符合规则、强度布局合理的动作，同时又能确保运动员的体能。在实践中，我们需要经过反复的试验和调整，以找到最适合每个运动员的强度布局。

5.过渡与连接

在体育运动和表演艺术中，过渡与连接起着至关重要的作用。良好的过渡和连接可以使表演或比赛流畅、优雅，有组织，使观众或裁判员可以更好地欣赏和理解运动员的表现。过渡和连接的种类和运用原则各不相同，根据它们的特性，可以带来独特而令人印象深刻的效果。

下地与站起的连接需要强调多样性、突然性和独创性。这种连接的设计要求巧妙、无缝，能引人入胜，同时也要具有出乎意料的元素，以吸引观众的注意力。同时，这种连接也应展现出运动员的独特技能和创新思维。

难度的前后连接要求强调隐蔽性。这种连接应该设计得巧妙，使运动员能够平稳地从一个高难度动作过渡到另一个高难度动作，而不让观众感到中断或不和谐。这种过渡需要非常精确和微妙，以隐藏动作的难度，同时保持动作的流畅性。

配合的前后连接要强调合理性。这种连接应该让表演看起来是有组织的、连贯的，而不是一组随机的动作。这需要运动员之间有良好的配合和沟通，以确保每一个动作都能无缝地连接在一起，形成一个统一的整体。

队形之间的连接要强调流畅性和巧妙性。这需要设计出巧妙的过渡动作，使得运动员可以轻松地从一个队形变换为另一个队形。这种连接应该既能保持队形的整齐划一，又能展示出运动员的技巧和灵活性。

路线转换的连接要强调流畅性和突然性。这种连接需要精心设计，使运动员能够突然但流畅地改变移动方向，从而使观众或裁判员感到惊奇。这种转换应该既能保持表演的连贯性，又能展示出运动员的敏捷性和反应能力。

动作之间的连接要强调流畅性、突然性和独创性。这种连接需要设计出创新而出人意料的过渡动作，使观众在欣赏到流畅的表演的同时，也能感受到新颖和令人惊奇的元素。同时，这种连接也应该展示出运动员的独特技能和创新思维。

（三）竞技健美操成套创编的步骤

竞技健美操成套创编的步骤可分为 4 个阶段。

1. 资料搜集与学习阶段

成功创编一套竞技健美操需要多个阶段的详细规划和精细准备。第一阶段，也就是资料搜集与学习阶段，是为后续创作打下坚实的基础。在这个阶段，我们需要研究竞技健美操的竞赛规程和裁判规则，观看最新的比赛音像资料，阅读相关的书籍和文章，以及观摩其他的比赛和表演。这个阶段的目标是了解和掌握竞技健美操的发展动态，吸收新的创意，扩大视野，提高知识水平。

竞赛规程和裁判规则是制定任何创编策略的基础。了解这些规则不仅能帮助我们避免违规的设计，而且能指导我们如何最好地展示运动员的技巧和优点。同时，我们还需要了解评分的标准和流程，以便我们能够设计出得分最高的套路。

音像资料和相关文献是学习和吸收新创意的重要来源。通过观看比赛视频，我们可以看到顶尖运动员的技巧和创新，可以从他们的表演中学习和获取灵感。通过阅读相关的书籍和文章，我们可以了解竞技健美操的理论和方法，也可以获取关于动作设计、动作连接、音乐选择等方面的宝贵建议。

观摩比赛和表演也是一种非常有效的学习方法。我们可以在现场观看优秀运动员的表演，感受他们的技巧和情感表达。我们还可以看到他们如何在实际比赛中应用规则，以及他们如何在压力下表现。这种亲身体验可以帮助我们更好地理解竞技健美操的精神和艺术性，也可以启发我们的创作灵感。

这个阶段的目标不仅是学习和搜集信息，还是扩大视野，增长知识。通过这个阶段的学习，我们可以将最新的发展动态和创新思维融入我们的创编中，使我们的作品更具时代感，更有创意和个性。同时，我们也可以提高我们的艺术水平，使我们的作品更具艺术感。

2. 局部与框架设计阶段

竞技健美操的创编不仅需要运动员的精湛技艺，还需要详细的规划和设计。局部与框架设计阶段是一个关键步骤，它涉及从难度动作的选择到整个表演的总体设计。

选择难度动作是创编的初步步骤。这不仅因为这些动作需要长时间的训练才能完成和提高，而且它们是评分的重要因素。在这个阶段，我们需要认真考虑每一个动作的难度、表演效果和对运动员的要求。我们需要选择那些可以展示运动员技能、符合竞赛规则且有助于表现主题的动作。这个过程可能需要花费大量的时间和精力，但是通过提早开始练习，运动员可以有更多的时间来掌握和完善这些动作。

选配过渡与连接是创编的另一个重要部分。过渡和连接动作，如下地动作与站起动作，虽然看起来简单，但要创新就比较难。然而，恰当的过渡和连接不仅可以使表演更流畅，还可以体现出创新性，这是评分的重要因素。因此，我们需要花费时间来设计和磨炼这些动作，以确保它们既有艺术感又有创新性。

选配托举与动力性配合是一个复杂而有挑战性的任务。这些动作的设计需要充分考虑创新性和合理性。我们需要创造出既有创新性又符合物理原理的动作，这需要我们花费大量的时间进行研究和试验。

选配音乐是创编的重要部分。音乐需要与整个表演的主题、情感和节奏相匹配。选择一首合适的音乐并进行恰当的剪辑是一项需要创造力和技巧的任务，而这也是决定创编成套组合成功与否的前提。

在完成以上步骤后，我们可以进行成套操框架的总体设计。这包括根据主题和音乐划分段落、确定每段的拍节数、进行动作的布局等。在这个阶段，我们需要将之前的所有工作整合在一起，形成一个统一、连贯且有艺术感的表演。

3. 系统组装创编阶段

系统组装创编阶段是构建竞技健美操的关键阶段，它需要创作者综合运用前两个阶段收集的信息和资源，并将这些元素组装成一套完整的表演。

设计队形是此阶段的首要任务。队形是一种表现团队协作和组织能力的方式，也为表演的流畅性和变化效果提供了基础。队形设计应该根据整套表演的总体框架进行，考虑如何通过队形和变队路线的设计，使得整套动作能更好地展示运动员的技巧和创新思维。在这个过程中，设计者还需要思考队形如何向不同方向移动，以及如何通过空间变化来创造出良好的视觉效果。

编排动作是此阶段的另一个重要部分。这涉及将各种操化动作"填入"已经设计好的框架中。设计者需要首先创编步法，这样做可以实现队形设计的意图，并有利于方向的多样化运用。在步法编好之后，再编排上肢和手形的动作，同时注意与躯干的转动、屈伸结合起来，防止上肢动作在方向和空间上显得单调和呆板。此外，动作设计还需要有一定的节奏变化，如2拍1动、1拍1动或1拍2动等，以增加表演的动态感和节奏感。

确定造型是创编过程的最后一步。竞技健美操的开始和结束造型需要具有独特性和视觉吸引力，因为它们是观众或裁判员对整个表演的第一印象和最后印象。设计者需要花费时间反复推敲开始和结束的造型，确保它们既能体现整个表演的主题，又能展示运动员的技能和创新。这两个造型的设计相对独立，不会影响和制约整套表演其他部分的创编。

4. 修改完善与定操阶段

在竞技健美操创编的过程中，修改完善与定操阶段具有决定性作用。这个阶段是对整套表演进行最后的微调和优化，以确保其尽可能完美无缺。在此过程中，创编者需要全面、深入地审查每一个环节，以确定其符合规则、符合主题、与音乐融合、流畅连贯、适合运动员的能力，以及具有视觉冲击力。

一套成功的竞技健美操必须符合相关的竞赛规则。这包括难度的数量，避免违例动作等等。此外，它还必须符合运动员的能力范围。如果表演超出了运动员的能力，那么无论其设计得多么巧妙，都无法得到好的评价。因此，需要对运动员的强度、难度和运动负荷进行详尽的考虑。

接下来，创编者需要确定整套表演是否完美地体现了其主题。主题是表演的核心，能够帮助观众理解和欣赏表演。因此，每一个动作、每一次变换，甚至每一个细节，都应该服务于主题的表达。

音乐与竞技健美操的结合也是此阶段需要重点审查的方面。音乐不仅可以设置表演的节奏和情绪，还可以通过其旋律和动态与表演的动作、节奏和情绪相互协调，以增强表演的艺术效果。

队形设计、过渡与连接的合理性和流畅性是确定表演成功与否的关键因素。良好的队形设计和过渡连接能确保表演的流畅性，增强观众的观看体验。

最后，创编者需要考虑整套表演的视觉冲击力。这包括表演的高潮部分，以及那些能够吸引观众注意力的亮点。这些元素能增强表演的吸引力，让观众记住表演，产生深刻的印象。

为了更有效地进行这个阶段的工作，可以使用列表的形式设计健美操成套动作方案（表7-1）。列出每个动作、队形、过渡和连接，以及相应的音乐。这样，就可以一目了然地看到整套表演的构成，更容易找出需要改进的地方。此外，列表还可以帮助我们更好地规划和安排训练时间，以确保每个部分都得到足够的练习和完善。

表7-1　健美操成套动作设计方案表

操的类别：	项目名称：	总时间：

音乐：	风格：	速度：　　拍/10秒

内容					
部分	段落	主要动作与造型	主要队形（路线）	节拍	备注
开头	1				
部分	段落	主要动作与造型	主要队形（路线）	节拍	备注
中间	2				
	3				
	4				
	5				
结尾	6				

　　在完成基本动作时，加入不同的手臂动作，就会使动作变得丰富多彩，或改变动作的强度和难度。如手臂在肩以上的动作强度就大于手臂在肩以下的动作强度，手臂动作变化多的动作组合就难于手臂动作变化少的动作组合。另外，健美操的手臂动作除了自然摆动和一些舞蹈动作外，还可以模仿上肢力量练习的一些动作，这样既美观，又可使练习更加有效。

（四）徒手操：《我们都是追梦人》

　　徒手操《我们都是追梦人》分别为前奏、组合 A、组合 B、组合 C、间奏一、间奏二以及结尾。

《我们都是追梦人》完整动作演练

前奏（2×8 拍）

1. 第一个 8 拍（图 7-1）

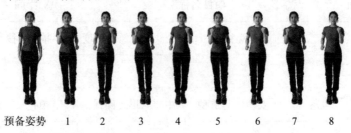

预备姿势　　1　　2　　3　　4　　5　　6　　7　　8

图 7-1

动作要点：

步伐：踏步走。1—8 拍：左右交替踏步，双手握拳，目视前方。

2. 第二个 8 拍（图 7-2）

1　　2　　3　　4　　5　　6　　7　　8

图 7-2

动作要点：

步伐：踏步。手臂经体侧握拳，同时头部向启动手臂方向看手。

组合 A（8×8 拍）

1. 第一个 8 拍（图 7-3）

1　　2　　3　　4　　5　　6　　7　　8

图 7-3

动作要点：

步伐：侧并步 4 个，两手叉腰，目视前方。

2. 第二个 8 拍（图 7-4）

$$1 \qquad 2 \qquad 3 \qquad 4 \qquad 5 \qquad 6 \qquad 7 \qquad 8$$

图 7-4

动作要点：

步伐：侧点，向 45° 方向模拟奔跑的动作，头部方向与步伐方向一致。

3. 第三个 8 拍同第一个 8 拍。

4. 第四个 8 拍（图 7-5）

$$1{-}2 \qquad 3{-}4 \qquad 5{-}6 \qquad 7{-}8$$

图 7-5

动作要点：

步伐：侧点，同方向手经下巴，头部向左转 30°。反方向动作相同。

5. 第五个 8 拍（图 7-6）

图 7-6

动作要点：

步伐：侧并步，左右手依次做模拟加油的动作。

6. 第六个 8 拍（图 7-7）

动作要点：

步伐：侧点地，身体向左 30° 方向，右手臂经体侧绕肩。反方向动作相同。

图 7-7

7. 第七个 8 拍（图 7-8）

图 7-8

动作要点：

步伐：侧并步，双手屈肘经胸前交叉，展肩，扩胸，双手握拳于耳侧做模拟加油的动作。

8.第八个8拍（图7-9）

1—2　　3—4　　5—6　　7—8

图7-9

动作要点：

步伐：后点地，双手手臂经体前向后做绕肩动作。

组合B（4拍+9×8拍）

1.1—4拍：提踵弹动（图7-10）

2.第一个8拍（图7-11）

图7-10

动作要点：1—4拍：步伐：后踢跑；5—8拍：奔跑姿势，右左脚依次跳两次，头部依次向右向左转90°。

第二个8拍至第四个8拍同第一个8拍。

1　　2　　3　　4　　5　　6　　7　　8

图7-11

237

3. 第五个 8 拍（图 7-12）

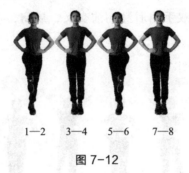

1—2   3—4   5—6   7—8

图 7-12

动作要点：

步伐：吸腿跳，两拍一动，双手叉腰，目视前方。

4. 第六个 8 拍（图 7-13）

1   2   3   4   5   6   7   8

图 7-13

动作要点：

步伐：吸腿跳，一拍一动，双手叉腰，两眼目视前方。

5. 第七个 8 拍（图 7-14）

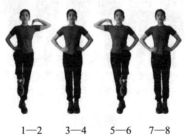

1—2   3—4   5—6   7—8

图 7-14

动作要点：

步伐：吸腿跳，两拍一动，同时加手上动作。

6. 第八个 8 拍（图 7-15）

图 7-15

动作要点：

步伐：吸腿跳，一拍一动，同时加手上动作。第九个 8 拍同第八个 8 拍。

间奏一（3×8 拍）

1. 第一个 8 拍（图 7-16）

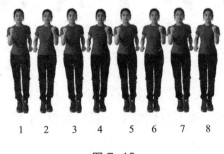

图 7-16

动作要点：

步伐：原地踏步走，手臂前后摆动。

2. 第二个 8 拍（图 7-17）

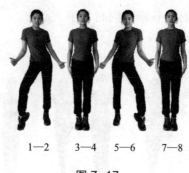

1—2　　3—4　　5—6　　7—8

图 7-17

动作要点：两拍一动。1—2 拍：右脚向右 45° 跨一小步同时提踵提右肩；3—4 拍：还原；5—8 拍：同 1—4 拍，唯方向相反。

3. 第三个 8 拍（图 7-18）

1　　　　2　　　3　　　4　　　5　　　6　　　7　　　8

图 7-18

动作要点：一拍一动。1 拍：右脚向右 45° 跨一小步同时提踵提右肩；2 拍：右脚不动，提左肩同时重心移到左脚；3 拍：同 1 拍；4 拍：还原；5—8 拍：同 1—4 拍，唯方向相反。

间奏二（3×8 拍）

1. 第一个 8 拍（图 7-19）

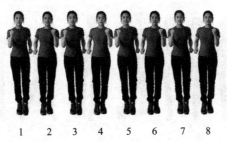

图 7-19

动作要点：原地踏步走，双手前后交替摆动，双眼目视前方。

2. 第二个 8 拍同第一个 8 拍。

3. 第三个 8 拍（图 7-20）

图 7-20

动作要点：

步伐：原地踏步走；1—4 拍：双手体前交叉经体侧到头顶交叉仰头；

5—8 拍：经体侧还原，同时进行呼吸调整，做胸式呼吸。

组合 C（11×8 拍）

1. 第一个 8 拍（图 7-21）

图 7-21

动作要点：1—4 拍：后踢跑；5—8 拍：向右转体 360°，8 拍：左脚侧点同时双手右侧 60° 击掌。

2. 第二个 8 拍

同第一个 8 拍，方向相反。

3. 第三个 8 拍（图 7-22）

图 7-22

动作要点：

步伐：侧并步，屈肘，握拳，向内绕小臂于头部两侧。

4. 第四个 8 拍（图 7-23）

图 7-23

动作要点：迈步后点，双手叉腰，目视前方。

第五个 8 拍至第八个 8 拍同第一个 8 拍至第四个 8 拍。

5. 第九个 8 拍（图 7-24）

图 7-24

动作要点：1—4 拍：踏步向前走；5—8 拍：迈步摆髋。第十个 8 拍至第十一个 8 拍同第九个 8 拍。

结尾（2×8 拍）

1. 第一个 8 拍（图 7-25）

图 7-25

243

动作要点：两拍一动。1—2 拍：芭蕾手位二位手；3—4 拍：七位手；5—6 拍：三位手；

7—8 拍：还原。

2. 第二个 8 拍（图 7-26）

1—2　　3—4　　5—6　　7—8

图 7-26

动作要点：1—6 拍：手臂动作同第一个 8 拍 1—6 拍，脚方向相反；7—8 拍：模拟谢礼结束动作。

第八章 健美操与竞技健美操的发展趋势

第一节 健美操运动的发展现状与未来趋势

一、健美操运动的当前发展状况

（一）健美操运动的普及程度和影响力

健美操运动在近年来的发展中，影响力逐渐扩大，普及程度不断提高。无论在城市还是农村，学校还是社区，公园还是健身房，健美操的身影都可以频繁地被人们捕捉到。越来越多的人开始接触和参与健美操运动，无论是男性还是女性，无论是年轻人还是老年人，都在通过健美操的练习，得到了身心的锻炼和享受。

随着社会对健康观念的提升，人们的健身需求日益增长，健美操运动以其独特的魅力，吸引了大批的参与者。健美操将舞蹈、体操、音乐等元素融为一体，能够全方位锻炼人的身体，提升人的身心协调性，所以深受大众的喜爱。而其易学易练的特性，使得无论在哪个年龄段的人都能参与进来，进一步推动了健美操运动的普及。

影响力的提升，一方面体现在健美操运动作为一项竞技项目频频在国内外各级各类体育竞赛中"亮相"，使得健美操运动在社会中的地位日益提升。另一方面，健美操运动的普及和推广，也在日常生活中产生了广泛的社会影响，许多公园、社区、学校都组织开展健美操活动，让更多的人有机会接触和参与到这项运动中。

另外，随着科技的发展，健美操运动也与时俱进，借助现代科技手段，如网络、多媒体等，得以进一步普及。许多健美操教学视频、直播课程在网上广为传播，使得越来越多的人可以在家中就可以学习和练习健美操，这无疑为健美操运动的普及打开了新的途径。

以上各种因素共同推动了健美操运动的普及程度和影响力的提升，使得健美操运动逐渐成为现代社会生活的一部分，而这种发展趋势也会在未来继续保持。

（二）健美操运动中的科技应用

科技在健美操运动的发展中发挥着重要的作用，它改变了健美操的教学方式，提高了运动员的训练效果，丰富了健美操的表现形式，提升了其普及性和观赏性。

网络技术的发展，为健美操的学习和教学提供了新的途径。传统的健美操教学需要专业的教练面对面指导，学习者的时间和地点受到限制。而现在，人们可以通过在线视频、直播课程等方式，随时随地学习健美操。许多优秀的健美操教程、训练计划、比赛视频等资源，在互联网上被广泛分享和传播，使得更多的人能够接触到健美操，享受到健美操带来的乐趣。

人工智能和大数据的应用，也在改变着健美操的训练方式。例如，一些智能健身软件可以根据运动员的体能数据、运动习惯等信息，生成个性化的健美操训练计划，帮助运动员提高训练效率。同时，借助大数据分析，可以准确评估运动员的训练效果，及时发现并纠正训练中的错误，从而优化训练效果。

在健美操的表演和比赛中，科技也起到了重要的作用。例如，通过使用高清摄像头、无人机等设备，可以从多个角度、全方位捕捉到健美操的精彩瞬间，增强了比赛的观赏性。借助虚拟现实技术，观众甚至可以犹如身临其境般地感受到健美操的魅力。同时，科技也在不断改善健美操比赛的公正性，例如，一些先进的评分系统可以更加准确公正地评判运动员的表现。

以上各方面的科技应用，无疑都推动了健美操运动的发展，提高了健美操的普及度和影响力。而随着科技的不断进步，科技在健美操运动中的应用将更加广泛和深入，未来的健美操运动将更加科技化、个性化和普及化。

（三）健美操运动中的主要研究方向和成果

在健美操运动的发展研究中，涵盖的主题内容丰富多样，其中包括运动员的体能训练、技术动作研究、训练方法研究、运动损伤防控、心理训练等方面。

体能训练研究，是健美操运动研究的重要领域，因为健美操运动对运动员的体能要求非常高。许多研究者针对健美操运动员的体能特征进行了深入研究，提出了一系列科学的体能训练方法和方案，如通过定期的力量训练、柔韧性训练和心肺耐力训练，有针对性地提高运动员的体能水平。这些研究成果已经在健美操训练中得到了广泛应用，帮助运动员提高了比赛成绩。

技术动作研究，是健美操研究的核心部分，研究者通过对健美操运动中的各种技术动作进行科学分析，揭示了做好各种技术动作的关键因素，为运动员的技术训练提供了理论指导。同时，运用高速摄影技术、三维运动捕捉系统等先进的科研工具，可以精确分析健美操动作的细节，这些研究成果在健美操教学和训练中发挥了重要作用。

运动损伤防控是健美操运动中的重要课题，因为健美操动作的特殊性，运动员在训练和比赛中容易受伤。针对这一问题，许多研究者进行了深入研究，提出了一系列有效的预防措施和康复方法，例如适当的热身运动、科学的训练计划、专业的康复训练等。这些研究成果对于保护运动员的身体健康，延长运动员的职业生涯具有重要意义。

以上述研究为例，可以看出健美操运动的研究方向是多元化、全面化的，旨在从各个方面提高运动员的表现，保护运动员的健康，促进健美操运动的发展。而这些研究成果的应用，已经为健美操运动带来了显著的提升，预计在未来，这些研究将持续推动健美操运动的进步。

二、全球健美操运动的主要发展趋势

（一）健美操运动的全球化趋势

在全球范围内，健美操运动呈现出鲜明的全球化趋势。这一趋势体现在各个方面，如运动参与度的提升、技术交流的增多、国际赛事的举办以及跨文化交流的深入。

健美操运动的参与度正在不断提升，无论是职业运动员、业余爱好者还是大众观众，都从各自的角度为健美操运动的全球化进程贡献力量。这不仅推动了健美操运动的发展，也使其得到了更广泛的认可。

健美操技术的全球交流也在加强。随着技术的迅速发展，更多的健美操技术和理念得以传播和学习。国际的技术交流会议、教练员培训、运动员交流等活动不断增多，让健美操运动在全球范围内的技术水平得到了提升。

此外，国际健美操赛事的举办越来越频繁，吸引了世界各地的优秀选手和团队参与，提供了一个展示技术、交流经验、展现风采的平台。这些赛事不仅推动了健美操运动的全球化，也推动了各国之间的友好交流和合作。

健美操运动作为一种艺术和体育的结合，充分展示了人类优秀的身体素质和精神风貌。在健美操的演绎中，各国的文化元素也得以体现，实现了文化的交流和融合。例如，许多健美操动作源自各国的民间舞蹈，而在全球舞台上的展示，使得这些文化得到了传播和尊重。

（二）健美操运动的科技化趋势

科技的不断发展，推动着健美操运动也走向科技化的趋势。尤其是在数据分析、运动器材和训练方式上，科技的应用已经深入到健美操运动的各个环节。

在数据分析方面，通过收集并分析运动员的训练数据和比赛数据，教练员和运动员可以更准确地了解运动员的状态，制订更合理的训练计划和策略。比如，一些先进的运动分析软件可以通过运动员的动作捕捉数据，分析其动作是否准确、力量是否合适，进而进行优化。同时，通过收集健美操比赛的评分数据，可以对评分标准进行深入的研究，以求更加公正、客观的评分。

在运动器材上，科技的应用也在提升健美操运动的安全性和表演效果。例如，运动服装的材料和设计的改进，可以提供更好的舒适性和灵活性，帮助运动员更好地发挥。而专业健美操垫的材质和设计的改良，也在降低运动员受伤的风险。

科技化的趋势同样影响到健美操的训练方式。以往，运动员的训练主要依赖于教练员的指导，而现在，通过虚拟现实技术、AI 教练等新技术，运动员可以更有效地进行个人化的训练。例如，通过 VR 设备，运动员可以模拟比赛环境进行训练，提高应对比赛的能力。AI 教练则可以根据每个运动员的特点，提供定制化的训练计划和反馈。

在科技化的推动下，健美操运动也在不断发展和进步，提高了运动员的训练效率，也为观众带来了更精彩的比赛。科技化趋势无疑是未来健美操发展的重要方向。同时，也需要我们注意，科技的应用应以人为本，关注运动员的健康，保护运动员的权益，让科技更好地服务于运动，服务于人类。

（三）健美操运动的个性化和差异化趋势

个性化和差异化是健美操运动发展的一个明显趋势，体现在运动员训练的方法、动作设计以及竞赛表演的风格等方面。

在训练方法方面，个性化强调的是关注每一位运动员的独特性质和特点，根据他们的身体状况、技术水平、心理特质等进行定制化的训练方案。有的运动员在身体协调性上表现优异，有的运动员在力量方面具有优势，而有的运动员则在艺术表现力上卓越。因此，根据运动员的特点来设计训练计划，可以让他们在各自擅长的领域中得到更好的发展，同时也在弱项上取得提升。

动作设计的个性化和差异化主要体现在每个运动员的动作设计中。不同的运动员，他们的动作风格，动作难度和动作组合都有所不同。因此，健美操运动员的个性化动作设计不仅可以提升比赛的观赏性，也可以充分发挥运动员自身的优势，提高其比赛的得分。

在竞赛表演风格方面，差异化表现在每个运动员或团队都有自己独特的表演风格。这种风格可能来源于运动员的个人特性，也可能来源于某个地区或国家的文化背景。例如，一些团队可能偏向于华丽和激烈的风格，而另一些团队则可能偏向于优雅和流畅的风格。这种差异化不仅提升了比赛的观赏性，也更好地展现了各个地区和国家的文化特色。

未来，随着科技的发展，健美操的个性化和差异化趋势将会更加明显。例如，通过运动数据分析，可以更准确地了解运动员的状态和优势，从而进行更精确的个性化训练。此外，虚拟现实技术和 AI 技术也可能在动作设计和表演风格方面发挥更大的作用，进一步推动健美操运动的个性化和差异化发展。

三、健美操运动的未来发展潜力和挑战

（一）健美操运动的未来市场和社会需求预测

健美操运动作为一项集力量、柔韧、协调、精准和艺术表现力为一体的体育项目，其在全球范围内的受欢迎程度逐渐提升，预示着其未来市场和社会需求的广大。

从市场角度看，健美操运动与众多产业有着紧密的联系，如体育装备、体育营销、大众媒体以及休闲旅游等。以体育装备为例，健美操运动对运动装备的需求日益增长，涵盖运动员的服装、配饰、健身器材等。而随着健美操运动在全球范围内的推广和发展，相关的体育营销和赛事

活动也会越来越多，为相关产业提供了更广阔的市场空间。

从社会需求角度看，健美操运动带给社会的价值无法忽视。首先，健美操运动具有很高的观赏性和娱乐性，可以吸引大量观众，也使得更多人愿意投入这项运动中来。其次，健美操运动对参与者的身心健康有着极大的促进作用，可以提升人们的身体素质，增强身心协调，陶冶情操，对于社会公众的身心健康有着深远影响。

而随着人们生活水平的提高以及健康意识的增强，对健身运动的需求也在持续增长。健美操运动既可以作为一种高效的健身方式，也可以作为一种艺术表现方式，符合了现代社会人们的多元化需求。而且，健美操运动的普及和发展也能带动相关行业的发展，如健身房、健身教练、健美操比赛等。与此同时，健美操运动的发展也面临一些挑战，比如技术难度的提升、运动伤害的防控、运动员的心理压力等。这需要社会各方面的共同努力，包括科研人员、教练员、运动员、赞助商等，以推动健美操运动科学化、规范化的发展，使其更好地满足社会和市场的需求。

（二）健美操运动面临的主要挑战和应对策略

健美操运动在发展过程中，无疑面临着一些挑战，但同时也有许多策略可以用来应对这些挑战。

技术难度的提升是健美操运动发展中的一大挑战。健美操运动的精髓在于连贯、流畅、高难度的动作表演，随着竞争的加剧，运动员们不断创新技巧和表演，对于运动技术和体能的要求也更高。为了应对这一挑战，我们需要不断提高运动员的基础体能和技术水平，增加专业化的训练和科学化的管理，同时注重运动员的全面发展和伤害防控。

另一个挑战是运动伤害的防控。健美操运动的特性决定了其对运动员的身体负荷较大，特别是对关节、骨骼和肌肉的影响。针对这一问题，我们需要提高对运动伤害防控的重视，开展科学合理的训练，加强对运动员身体状况的监控和管理，并采取有效的恢复和康复措施。

此外，运动员的心理压力也是不容忽视的挑战。为了解决这一问题，我们需要对运动员进行专业的心理辅导，帮助他们应对竞争压力，调整心态，保持最佳竞技状态。同时，还需要提供足够的社会支持和关心，让运动员感到被社会和公众所接纳，从而更好地面对压力。

当然，应对挑战的策略不止这些。例如，我们还需要完善运动员的培养体系，加强教练员的专业培训，提高比赛的公正性和公平性，加大对科技在健美操运动中应用的投入等。这些都将有助于我们更好地推动健美操运动的发展。只有积极应对挑战，持续改进和创新，我们才能使健美操运动在未来的发展中持续繁荣，让更多的人享受到这项运动带来的健康、快乐和艺术的享受。

四、对健美操运动未来发展的预期和建议

（一）健美操运动未来发展趋势的预期

对于健美操运动的未来发展，我们可以从多个层面进行预期。在全球化的背景下，健美操的普及度和影响力将进一步扩大，更多的国家和地区将加入健美操运动的大家庭中，健美操将进一步融入人们的日常生活，成为一种普遍的、受欢迎的体育运动形式。

科技的发展将深度影响健美操运动的未来。例如，通过运动生物力学、运动生理学等科学技术手段，运动员的技能水平和运动表现将得到显著提高；通过 VR、AR 等新型科技手段，健美操的教学和训练将更加直观和高效，观赏性和互动性也将大幅提升。健美操运动将更好地融入科技中，成为科技与体育完美结合的典范。

随着社会对个性化和差异化需求的提升，健美操运动也将在风格、动作、音乐等方面展现出多样性。每个运动员、每个队伍都可以根据自己的特色和优势，展现出独一无二的健美操表演，让观众看到健美操运动的无穷魅力。

健美操运动将积极响应社会对健康、环保等方面的需求，注重运动伤害的防控，提高运动的安全性；同时，也会加强对环境的保护，注重

运动场地和设备的绿色化、可持续化。

（二）促进健美操运动健康发展的建议和措施

健美操运动的健康发展需要综合多方面的因素进行考虑和调整。首先，教育推广是一种重要的策略，应积极开展健美操的推广活动，特别是在学校和社区层面，要使用传统媒体、网络媒体、社交媒体等多种传播手段，让健美操的信息更快速、更广泛地传递出去，使更多人了解并参与到这项运动中来。

此外，教练的培训也显得尤为关键，需要加大对健美操教练的培训力度，通过定期的研讨会、培训班、在线课程等方式，提高教练的教学水平和技能水平，以满足健美操运动发展的需求。教练的专业知识和教学技巧直接影响运动员的成长和健美操的普及程度。同时，应在运动员培养过程中，注重其全面发展。提高技术水平的同时，也需关注运动员的身心健康，重视运动伤害的防控，提供充足的休息和恢复时间，以保护运动员的身体健康。只有身心健康的运动员，才能在健美操的舞台上发挥出最好的自己。

在科技应用上，现代科技，如生物力学、运动生理学、VR、AR 等手段，可以在提高健美操的教学和训练效率，提升运动员的技能水平和运动表现方面发挥重要作用。科技的引入可以让健美操运动更加高效，同时也能提高运动员的表现。

比赛制度的完善也是促进健美操运动健康发展的重要环节。比赛制度需要更公平、更公正、更透明，以此鼓励运动员展现自己的个性和特色，增强健美操比赛的观赏性和趣味性。

最后，国际交流的加强对于提升健美操运动的水平和影响力都具有重要意义。我们应加强与国际健美操组织的交流与合作，引进和学习先进的健美操理念和技术，提升健美操运动在国际舞台上的影响力。

第二节　竞技健美操的创新与发展

一、竞技健美操的技术创新与应用

竞技健美操，这一集音乐、舞蹈、体操于一体的综合性体育项目，在数十年的发展中，逐渐吸纳了各种技术创新与应用。

现代科技，尤其是人工智能、虚拟现实技术等先进设备的广泛应用，为健美操运动员的训练和比赛带来了前所未有的革命性改变。在传统的训练中，教练主要通过肉眼观察，为运动员指正动作，这种方式受限于教练的经验和观察力。而现在，通过高速摄像技术和三维动作捕捉技术，可以对运动员的动作进行精确分析，为其提供更为准确的技术指导。智能哑铃和智能瑜伽垫的出现，使得运动员的训练更加科学和精确。智能哑铃可以根据运动员的体质和训练需求，自动调节重量，同时通过内置传感器监测运动员的动作，确保其正确、安全地完成训练。而智能瑜伽垫则可以实时分析运动员的姿势和动作，提供即时的反馈和建议，帮助运动员更好地完成技术动作。虚拟现实技术也为健美操带来了新的训练和比赛方式。通过虚拟现实头盔，运动员可以身临其境地模拟比赛场景，提前适应比赛环境，加强心理调节。同时，教练也可以通过虚拟现实技术，为运动员制订更加个性化和具体的训练计划。

但技术的创新与应用不仅仅停留在硬件层面，更多的是深入到软件和算法中。例如，通过机器学习和深度学习算法，可以对大量的比赛和训练数据进行分析，挖掘出有价值的信息，帮助教练和运动员更好地制定战略和战术。此外，人工智能也可以为舞蹈编排提供建议和方案，使其更加合理和完美。健美操不仅仅是技术的展现，更是艺术的体现。在这方面，技术创新表现为结合音乐、灯光、服饰等多种元素，为运动员提供更为丰富的艺术语言。通过电脑软件，可以为运动员设计出更为合理的舞蹈编排，使其在赛场上既能展现出高难度的技术动作，又能呈现出美轮美奂的艺术形象。

技术的创新与应用，正成为推动竞技健美操向前发展的重要力量。在这个技术与艺术完美融合的时代，我们有理由相信，竞技健美操会继续走在创新的前沿，为世界带来更多的精彩和震撼。在未来的竞赛中，我们期待看到更多的技术元素和艺术创意的完美结合，展现出人类对体育和艺术的无限追求和探索。

二、竞技健美操的科研成果和技术应用

竞技健美操，作为一种复杂而精确的体育项目，一直是科研领域中的热门话题。多年来的研究工作已经产生了许多重要的科研成果，对竞技健美操的训练和比赛有着深远影响。而且，科技在健美操中的应用已经成为推动该运动发展的一大动力。

在人体生理学领域，科研人员对健美操运动员的生理反应进行了深入研究。通过了解运动员在训练和比赛中的心率、血压、肌肉氧合状态等参数，科研人员能够更准确地了解运动员的身体状况，从而为运动员的训练和恢复制定出更有效的方案。此外，运动生理学的研究成果也可以帮助运动员在比赛中更好地调控自己的身体，以达到最佳表现。

在运动心理学领域，研究人员已经发现，心理因素对健美操运动员的表现有着重要影响。通过应用心理训练技巧，例如自我暗示、放松训练等方法，运动员能够更好地控制自己的情绪和精神状态，以应对比赛的压力。

在运动生物力学领域，科学家们对健美操动作的力学特性进行了深入研究。运动生物力学的研究成果可以帮助运动员更准确地执行动作，从而提高比赛成绩。同时，这些研究成果也有助于预防运动损伤。

此外，在科技应用方面，许多现代科技，例如运动捕捉技术、虚拟现实技术等，都被广泛应用在健美操训练和比赛中。这些科技可以帮助运动员更精确地分析和改进自己的动作，提高训练的效率。

三、竞技健美操训练方法的新发展

（一）竞技健美操的科学训练方法

科学训练是提高竞技健美操运动员表现的重要组成部分。近年来，通过生理、心理和技术方面的研究，已经开发出一系列科学训练方法。

从生理训练角度，以运动员个体的生理特点为依据，制定针对性的训练方案。通过了解运动员的体能状况、肌肉发展情况、心肺功能等，设计出适合运动员的体能训练计划。这包括基础体能训练、有氧耐力训练和无氧强度训练，以提升运动员的力量、耐力和柔韧性。

在技术训练方面，重视动作的精确度和技巧的运用。通过反复练习和技术指导，提高运动员的技术执行能力，包括基础动作训练、复杂组合训练和比赛模拟训练，以提升运动员的技术水平和动作执行能力。

心理训练是竞技健美操训练中不可或缺的一部分，运动员需要学会如何在比赛压力下保持冷静和专注。这包括目标设定、压力管理、自我暗示和放松训练，以提高运动员的心理稳定性和应对压力的能力。

在恢复训练方面，对运动员的身体恢复进行科学管理，包括睡眠、饮食和身体恢复训练，以保证运动员能在训练和比赛中保持最佳状态。

（二）竞技健美操的高效训练手段

为了提高竞技健美操的训练效率，许多高效的训练手段已经在实践中得到了应用和证实。

混合训练是一种非常高效的训练方法。它将力量训练、柔韧性训练和有氧训练结合在一起，可以在较短的时间内同时达到多种训练目标。例如，运动员可以在做举重训练的同时，通过适当的拉伸动作，改善柔韧性。

分段训练法则是将一个复杂的动作或一段组合分解为若干个部分，分别进行训练。这种方法可以使运动员更加专注于每个部分的动作技巧和力量分配，从而更快地掌握整个动作或组合。

模拟训练是另一种有效的训练手段。通过模拟比赛的环境和条件，让运动员在训练中适应比赛的压力和环境，提高比赛时的表现。

个性化训练是一种新兴的训练手段。每个运动员都有自己的身体条件、技术水平和心理状态。个性化训练就是根据每个运动员的个体差异，制定个性化的训练方案，这样可以更好地发挥每个运动员的潜力。

最后，科技的应用也是提高训练效率的重要手段。例如，现在有很多专门为健美操设计的软件和设备，可以实时监控和分析运动员的训练数据，如心率、动作范围、力量输出等，帮助运动员和教练了解训练效果，及时调整训练方案。

在未来，随着科研技术的进步，更多高效的训练手段将会被开发出来，为竞技健美操的发展提供更多可能性。

（三）竞技健美操的训练误区和解决方案

在竞技健美操的训练过程中，可能存在一些误区，这些误区可能会影响运动员的训练效果，甚至可能会对运动员的健康产生负面影响。在这里，我们将讨论一些常见的误区以并提出相应的解决方案。

误区一：过度训练。许多运动员错误地认为，只要更加努力地训练，就可以提高他们的表现。然而，过度的训练可能导致身体受伤，疲劳和压力过大，反而会影响到运动员的表现。解决方案是合理规划训练计划，包括保证足够的休息和恢复时间。

误区二：忽视营养和休息。在竞技健美操训练中，营养和休息是增进体能、恢复体力、避免伤病的关键因素。解决方案是，运动员应当有规律地饮食，摄入足够的蛋白质和营养物质，同时保证充足的休息和睡眠。

误区三：过度关注体重。有些运动员过度关注自己的体重，试图通过减少食物摄入来减轻体重，从而提高自己的表现。然而，这可能会导致营养不足，影响身体的健康和训练效果。解决方案是，运动员应该注重保持健康的饮食习惯，摄入足够的营养，而不是单纯地减少食物摄入。

误区四：忽视心理训练。在竞技健美操比赛中，心理因素对运动员的表现有重要影响。然而，许多运动员在训练中忽视了这一点。解决方案是，运动员应该进行心理训练，如学习放松技巧、建立自信心、管理比赛压力等。

在竞技健美操的训练过程中，运动员应该避免这些误区，通过科学的训练方法、合理的营养补充和充足的休息，来提高自己的训练效果，提升比赛表现。

四、从国际大赛看竞技健美操的发展方向

（一）近年来的国际竞技健美操大赛概述

在观察近年来国际竞技健美操大赛的发展和变化中，我们可以从多个角度看出该运动正在经历一种积极的进化，而这一进化往往是由全球运动者的热情驱动的。

从规模和影响力的角度来看，国际竞技健美操大赛的规模和影响力在过去的几年里显著扩大。全球各地的选手和团队都积极参与这些比赛，而世界各地的观众通过多种方式关注比赛，如电视直播、互联网直播和社交媒体等。大赛的广泛传播不仅提高了健美操的国际知名度，也引发了更多人对此类运动的兴趣，从而推动了健美操运动在全球范围内的普及和发展。

在技术和规则上，国际竞美操大赛也呈现出了显著的进步。比赛规则的改进使比赛更公正、公平，同时也推动了技术的提升。新的技术元素和动作不断被引入比赛中，使得比赛内容更丰富，观赏性更强。此外，随着科技的进步，运动员的训练方法和工具也在不断优化和更新，这无疑为运动员的技术提升和潜力发挥提供了更好的支持。

此外，竞技健美操的文化元素在国际大赛中得到了充分的体现和传播。各国选手在比赛中展示了他们独特的文化特色和创新，以此表达自

我，传递价值观。这不仅丰富了比赛的内涵，也提高了比赛的观赏性和影响力，进一步拉近了运动员与观众的距离。

同时，社会和环境因素也在国际大赛中发挥了重要的作用。比如，环保和可持续性成了现代竞技健美操的重要议题。这反映在比赛的组织和管理中，如绿色比赛场馆、减少碳排放等。这些理念和实践不仅符合当今社会的发展趋势，也有助于增强公众对健美操运动的认知和接受度。

（二）从大赛表现看竞技健美操的发展趋势

近年来的国际竞技健美操大赛表现揭示出该运动正在经历的一系列发展趋势，其中技术创新和提升显得尤为突出。运动员们借助先进的科技，如虚拟现实和人工智能，进行更为精确和生动的模拟训练，从而在比赛中达到更高的表现。

全球化也是比赛的一大发展趋势。选手们来自全球各地，不再仅限于传统的健美操强国，这使得比赛更具竞争性，同时也加强了各国间的交流与学习，推动了健美操运动的全球普及和发展。艺术性和观赏性的增强也是一大亮点。健美操运动不仅需要出色的技术，还需要运动员通过精妙的动作和演绎传递出富有感染力的情感或故事，以吸引更多观众的目光。这对运动员的艺术素养和创新能力提出了更高的要求。

与此同时，健康和可持续性已经成为该运动的新焦点。在关注运动员的技术表现的同时，比赛组织者和参与者更加注重运动员的身心健康，避免过度训练和伤害。而在比赛的组织和管理上，环保和绿色已经成为重要的主题，以适应社会对可持续发展的需求。

（三）国际大赛对竞技健美操发展的影响和启示

国际大赛对竞技健美操的发展产生了深远影响，同时也为我们提供了重要的启示。国际大赛提供了一个展示和交流的平台，使得各国选手可以在同一舞台上竞技、交流经验、分享技巧，促进了健美操的全球化进程。这种交流不仅存在于运动员之间，还涉及了教练、裁判和其他相关人员，有助于提升整个行业的专业水平。同时，国际大赛也推动了技术的发展和创新。竞争的压力和奖赏机制激励着运动员和教练员去探索新的训练方法和技术，从而提升比赛表现。例如，现代科技如虚拟现实和人工智能的应用，为训练提供了新的可能，改变了传统的训练方式。艺术性和观赏性的提升，也是国际大赛的重要影响之一。在追求高分的同时，比赛也在鼓励运动员展现自我，创新动作，以吸引观众和评委。这不仅使比赛更具观赏性，也提高了运动员的艺术素养。此外，国际大赛也在推动健美操运动的健康和可持续发展。越来越多的比赛开始注重运动员的身心健康，引导他们合理训练，避免伤病。

第三节　高校竞技健美操的未来发展趋势

一、高校竞技健美操的发展机遇与挑战

（一）高校竞技健美操发展的机遇分析

当我们研究高校竞技健美操的发展机遇时，几个关键因素浮现在我们的视野中。其中之一就是高校教育的全面性和开放性，这为健美操的发展创造了有利的环境。多样化的课程设置和体育活动，让更多学生有机会接触和参与健美操，不断扩大了运动的影响力和参与者群体。此外，科技的快速发展为高校健美操提供了全新的训练手段和技术。例如，虚拟现实、人工智能等先进科技，使训练更具效率，更加个性化，帮助运动员快速提升技能。同时，这些科技也为健美操的研究和教学提供了更为广阔的空间。再者，高校的科研能力也是健美操发展的重要机遇。高校拥有丰富的研究资源和专业人才，可以开展深入的健美操研究，例如运动员的身心健康、训练方法和效果、运动伤害防控等，这些研究成果将有助于推动健美操的科学发展。最后，高校与社会的紧密联系也为健

美操的发展提供了机遇。学校可以与社会机构、企业进行合作，开展各种健美操活动和项目，为学生提供实践经验，同时也为健美操的普及和推广打下基础。

（二）高校竞技健美操发展的挑战分析

高校是竞技健美操发展的重要基地，学生是体育运动的生力军。然而，在高校竞技健美操的发展过程中，我们也面临着许多挑战和困扰。

第一个挑战就是学生对竞技健美操的兴趣不高。尽管健美操本身具有高度的观赏性和竞技性，但对于大多数学生来说，它还是一项相对陌生的运动。这种陌生感让许多学生对健美操产生了误解，甚至产生抵触情绪。此外，由于健美操的练习需要一定的力量和灵活性，而许多学生在体育课中并未获得足够的基础训练，这也使他们对健美操望而却步。

资源投入不足也是高校竞技健美操发展的一大挑战。这里的资源包括教练资源、设施设备资源、经费资源等。现阶段，大部分高校在这方面的投入都远远不足。教练的数量和质量直接影响到健美操队伍的训练质量和比赛成绩。而设施设备的缺乏也限制了健美操队伍的训练和比赛。经费的短缺则使得许多有潜力的学生无法得到足够的支持和培养。

此外，高校健美操运动的发展还面临着管理体制的挑战。在一些高校中，体育部门和教学部门的职责划分不清，导致健美操队伍的管理和运行遇到困扰。这不仅影响了健美操运动队伍的正常运作，也阻碍了健美操运动在学校的普及和发展。

二、高校竞技健美操的未来发展方向与趋势

（一）高校竞技健美操的发展目标和方向

随着科技的进步和社会的发展，高校竞技健美操的发展目标和方向也将不断调整和优化。这些调整将更加关注运动员的全面发展，强调科

技和创新的重要性，以及突出健美操的文化价值和社会意义。

首要的目标和方向是提升运动员的全面素质。在技术技能的训练之外，高校竞技健美操将更加关注运动员的心理健康、人文素养和社会责任感。这不仅可以增强运动员的竞技实力，还有助于他们的个人成长和未来发展。

科技与创新也将是高校竞技健美操的重要发展方向。利用新的科技手段和设备，比如虚拟现实、大数据分析和生物信息反馈，可以提高训练的效率和精度。同时，鼓励运动员和教练员创新训练方法和比赛策略，这将为健美操的发展带来更多可能性。

同时，高校竞技健美操也将更加关注运动的文化价值和社会意义。健美操作为一种艺术体育，它的独特魅力和价值应该被更多人了解和认识。通过举办各类活动和展示，让健美操走进更多人的视野，传播健康、美丽和自信的理念，实现健美操的社会化和普及化。

在未来的发展过程中，还需要关注到环保和可持续性的问题。无论是在训练、比赛，还是在活动中，都要积极推广绿色环保的理念，让健美操运动与社会的可持续发展同步前进。

（二）高校竞技健美操的发展趋势和驱动因素

高校竞技健美操的发展趋势和驱动因素多样，且互为影响，共同推动健美操在高校的发展。

科技发展是高校竞技健美操未来的重要发展趋势之一。先进的科技工具和技术将被更多地应用到训练和比赛中，如人工智能、虚拟现实、大数据分析等。这些工具和技术的应用将使训练更为精确、个性化，提高运动员的技能水平。与此同时，科学训练和伤害预防的观念也将更加深入人心，成为影响高校竞技健美操发展的重要趋势。更多的研究将被用来优化训练方案，降低运动员的受伤风险，使他们能够在保持良好身体状态的同时提高竞技水平。再者，注重全面发展和个人成长将是高校竞技健美操的另一发展趋势。除了专业技能的提升，更多的注意力将放在运动员的人格成长和精神建设上，如增强团队精神、提高应对压力的能力、培养积极的生活态度等。

此外，社会的认知和接受度也是推动高校竞技健美操发展的重要因素。随着健美操在大众中的影响力提升，更多的人将会接受并喜欢这项运动，为其在高校的发展提供广阔的社会基础。而高校本身的资源优势和科研实力也是健美操发展的重要驱动因素。高校拥有丰富的教育资源，能够为健美操的普及和研究提供重要的支持，同时，科研人员的专业知识和创新思维也能为健美操带来新的发展思路和方法。

三、针对高校竞技健美操的发展建议和策略

（一）促进高校竞技健美操发展的策略

促进高校竞技健美操发展，需要结合实际情况，针对性地提出策略和措施。科技应用是重要的推动力，利用先进的科技手段对训练进行数据化、智能化管理，有助于提升训练效率和效果。例如，可以借助 AI 技术，分析运动员的动作，为教练员提供更为精准的训练建议。同时，大数据分析也能帮助我们深入理解运动员的体质特性、技能水平以及提升空间，有针对性地制定训练方案。

加强运动员的身心健康管理，既要关注运动员的体能训练，也要注重其心理健康。对运动员进行全面、系统的身心健康管理，不仅能保证其在训练和比赛中的状态，也有利于其长期的发展。此外，预防运动损伤也是一个重要方面，需要利用专业的知识和技术，对运动员进行科学的力量训练和康复训练。

培养和引进高质量的教练队伍，是促进高校竞技健美操发展的关键。教练员是运动员的指导者和引路人，他们的素质和能力直接影响到运动员的成绩。高校可以通过多种方式，如引进具有丰富经验和高级证书的教练，或者组织教练员进行专业的进修学习，提升他们的专业素质和教学能力。

在社会上提高人们对健美操的认知度和接受度，是实现高校竞技健美操发展的重要策略。我们可以通过多种形式，如组织健美操文化节、开展健美操进社区活动，以及在媒体上进行健美操的宣传，让更多的人了解和喜欢健美操，为健美操的发展创造良好的社会环境。

针对高校自身的优势，我们可以积极推动健美操的科研和创新，借助高校的科研能力，进行健美操的相关研究，发现和解决健美操发展中的问题，同时，也可以鼓励学生积极参与到健美操的实践和创新中来，培养他们的实践能力和创新精神。

（二）促进高校竞技健美操发展的建议和措施

高校竞技健美操的发展面临多方面的挑战，但同时也有许多机遇。以下是一些具体的建议和措施，以促进其在高等教育环境中的发展：

1. 扩大投资与资源

高校应增加对健美操运动的财政投入，为学生提供更好的设备和训练环境。此外，可以寻求企业赞助和政府资助，以拓宽资金来源。健美操的发展不仅需要现代化的设施，还需要足够的人力资源，包括专业教练、营养师和心理咨询师。

2. 引入专业人才

专业和经验丰富的教练员是提升学生健美操技能的关键。引入具备专业认证的教练员，可以帮助学生更系统、更科学地进行训练。除此之外，专业的医疗团队、心理咨询师和营养师也能帮助学生在健康和心理上更好地应对训练和比赛的压力。

3. 完善课程体系

高校应将健美操纳入体育课程体系，让更多的学生接触和参与到这项运动中来。除了技能训练，还应包括运动理论、营养学、运动心理学等课程，帮助学生全面了解和掌握健美操运动的知识。

4. 强化科研力度

借助高校的科研优势，进行健美操相关的研究，为健美操的发展提供科学依据。这些研究可以包括运动员的体能特征、训练方法、营养需求，以及健美操运动对学生身心健康的影响等方面。

5. 提升社会认知度

通过举办各种形式的活动，提升社会对健美操的认知度和接受度，如健美操比赛、展示、公开课等。通过媒体进行宣传，向社会大众展示健美操的魅力，让更多的人了解和支持这项运动。

6. 开展国际交流

鼓励和支持学生参加国内外的健美操比赛，通过与其他地区和国家的选手交流，提升自身技能，拓宽视野。同时，可以邀请外国教练和运动员来校交流，引入新的训练方法和理念。

（三）对高校竞技健美操未来的展望

在当今时代，竞技健美操不再只是专业运动员的专利，而是成为越来越多高校学生身心健康的重要载体。高校竞技健美操面临着一片广阔的未来发展前景。眺望未来，我们可以预见，高校竞技健美操将不断适应和引领社会的健康需求和体育发展的潮流。教学内容、方法和评价体系的改革，将为学生提供更多元化、个性化的学习选择，满足不同学生的需求。同时，通过科技手段和数据分析，健美操的训练和评价将更加科学、精确，有利于提升学生的技能和健康水平。

社会对健康的高度重视将为健美操提供更多的发展机遇。大众化、全民化的健美操运动将成为未来的主流，为广大学生提供更多的参与机会和空间。与此同时，健美操的科研活动也将更加活跃，为健美操的教学和训练提供更多的科学依据和技术支持。

国际交流和合作将在未来的健美操发展中扮演重要角色。全球视野下的健美操运动将打破国界和文化的限制，汇聚全球的智慧和力量，共同推动健美操运动的发展。在这个过程中，参与高校竞技健美操运动的学生将有机会与世界各地的同伴交流和学习，增强国际视野和竞争力。

未来的高校竞技健美操还将进一步强化与其他学科的交叉融合。如运动医学、运动心理学、运动营养学等相关学科的发展，将为健美操的训练提供全方位的支持。健美操运动不仅是一种体育活动，更是一种全面提升学生身心素质的有效手段。

无论是在教学、科研，还是在社会服务上，高校竞技健美操都将展现出巨大的活力和潜力。我们期待着在未来的日子里，每一所高校都能发现和挖掘出属于自己的健美操故事，每一个学生都能在健美操的舞台上找到自己的位置，每一次健美操的演绎都能成为一次身心的盛宴。这就是我们对高校竞技健美操未来的展望。

参考文献

[1] 崔云霞.健美操运动的理论研究[M].长春：吉林出版集团股份有限公司，2018.

[2] 方熙嫦.健美操[M].福州：福建科学技术出版社，2015.

[3] 傅金芬.健美操的美学特征与编排艺术[M].北京：九州出版社，2020.

[4] 黄河.竞技健美操训练研究[M].长春：吉林人民出版社，2021.

[5] 黄宽柔，姜桂萍.舞蹈与健美操[M].北京：高等教育出版社，2001.

[6] 黄宽柔，梁柱平，周龙惠.健美操健美运动[M].桂林：广西师范大学出版社，2003.

[7] 黄宽柔，周建社.健美操团体操[M].桂林：广西师范大学出版社，2002.

[8] 黄宽柔.健美操与团体操双语教程[M].北京：高等教育出版社，2012.

[9] 黄宽柔.艺术体操与健美操[M].广州：广东高等教育出版社，2003.

[10] 雷耿华.健美操[M].西安：西安电子科技大学出版社，2015.

[11] 李华.当前健美操运动技巧及教学研究[M].北京：中国商务出版社，2019.

[12] 刘大海.体育与健康理论教程[M].北京：北京体育大学出版社，2001.

[13] 刘亚云，黄晓丽.有氧舞蹈[M].长沙：湖南师范大学出版社，2007.

[14] 陆丹华.新形势下高校健美操创新发展研究[M].长春：吉林人民出版社，2020.

[15] 马鸿韬.健美操创编理论与实践[M].北京：高等教育出版社，2004.

[16] 邱建钢，相建华，李鸿.现代健美运动教程[M].北京：人民体育出版社，1998.

[17] 石犇.健美操与体育舞蹈的形体训练研究[M].长春：吉林出版集团股份有限公司，2020.

[18] 王静.高校健美操教育的理论与实践创新 [M].长春：吉林科学技术出版社，2019.

[19] 王姝燕.全民健身与健美操研究 [M].天津：天津科学技术出版社，2018.

[20] 相健华.哑铃健身法 [M].北京：人民出版社，1998.

[21] 肖光来，马鸿韬，张平.健美操 [M].北京：人民体育出版社，2004.

[22] 徐文峰.搏击操 [M].长春：吉林出版集团有限责任公司，2010.

[23] 杨晓婕，周子华.新健美操教程 [M].南京；河海大学出版社，2003.

[24] 张颖.健美操 [M].长春：吉林出版集团股份有限公司，2019.

[25] 赵晓玲.健美操教程 [M].重庆：重庆大学出版社，2017.

[26] 赵艳.现代教育理念下的健美操课程设计与应用研究 [M].哈尔滨：东北林业大学出版社，2022.

[27] 周建社，李先雄.健美操修炼 [M].长沙：湖南师范大学出版社，2012.

[28] 常珍.新媒体环境下健美操教学模式的创新研究 [J].佳木斯职业学院学报，2022，38（8）：125–127.

[29] 陈凤珍，石俭，秦银健.普通高校女子爵士健身健美操编排艺术与教法探析 [J].搏击（体育论坛），2011，3（4）：57–59.

[30] 程志刚.浅析有氧搏击的价值及对大众健身的影响 [J].当代体育科技，2018，8（22）：168–169.

[31] 邓森悦.高校健美操教学训练一体化模式的研究 [J].文体用品与科技，2022（5）：41–43.

[32] 邓毅明，武晓君.大学生"健身瑜伽"体育新课程的设计和尝试 [J].山东体育学院学报，2008（5）：78–80，96.

[33] 樊华利，黄欣.竞技健美操运动的发展思考 [J].经济师，2022（9）：239–240.

[34] 范欣茹.健美操运动在全民健身中的推广及实施 [J].文体用品与科技，2023（9）：16–18.

[35] 高飞燕.高校学生健美操创编能力的培养 [J].体育世界（学术版），2019（10）：103–104.

[36]　郭小燕，赵磊，王佳宁等."健康中国"背景下健身瑜伽发展现状及其策略分析 [J].文化产业，2021（1）：80-82.

[37]　胡凤婷，曹文玲，高杰.健身瑜伽在新时代高校体育中的体育价值 [J].衡水学院学报，2022，24（1）：97-101.

[38]　黄欣.大众健美操的社会价值分析 [J].经济师，2022（10）：235-236.

[39]　李春月.普通高校健美操课融入健身街舞元素探析 [J].科技视界，2011（10）：60-61.

[40]　李俊.低碳经济下有氧搏击的价值对大众健身的影响 [J].财富时代，2019（9）：135.

[41]　李艳茹，王新梅.健美操竞赛规则变化对动作编排影响的探讨 [J].青少年体育，2022（11）：84-86.

[42]　李艳茹，王新梅.健美操竞赛规则变化对动作编排影响的探讨 [J].青少年体育，2022（12）：87-89.

[43]　梁小云.新媒体对健美操发展的影响及措施 [J].文体用品与科技，2022（21）：141-143.

[44]　刘德涛.健身瑜伽运动损伤分析与对策 [J].健与美，2023（3）：120-122.

[45]　刘莉，史健.高校健美操训练中的难度动作训练研究 [J].当代体育科技，2022，12（28）：52-55.

[46]　刘琳.流行街舞与健身街舞比较研究 [J].体育文化导刊，2015（2）：56-59.

[47]　刘伟.高职院校健身街舞课程构建的探究 [J].文体用品与科技，2015（8）：92-93.

[48]　刘子硕.职业院校健美操"教、训、竞"一体化研究 [J].当代体育科技，2022，12（11）：71-74.

[49]　莫思城，张江福.大众健美操与竞技健美操运动体能训练方法研究 [J].四川体育科学，2023，42（3）：77-82.

[50]　倪思贵.健身瑜伽与普拉提的比较分析 [J].遵义师范学院学报，2011，

13（1）：114–116.

[51] 邱晓玲. 浅谈有氧健身操在一次课中的多样组合 [J]. 中国市场，2012（27）：119–120.

[52] 孙琴. 高校健美操训练方法的运用现状研究 [J]. 文体用品与科技，2022（22）：181–183.

[53] 王道君，邢新丽，李瑞超等. 高校健美操微课资源库的建设与应用 [J]. 高教学刊，2022，8（23）：62–65.

[54] 王芹，刘全立，张玉江. 健美操组合动作及队形创编教学设计 [J]. 体育教学，2023，43（6）：75–77.

[55] 王艳丽. 健身瑜伽：新兴体育项目的中国化之路关键分析 [J]. 体育风尚，2021（10）：161–162.

[56] 王洋. 对高校推广健身街舞的必要性研究 [J]. 青春岁月，2012（12）：143.

[57] 王雨洁. 形体训练在高校健美操运动中的运用研究 [J]. 鄂州大学学报，2023，30（1）：94–96.

[58] 王之雷. 有氧搏击操的教学方法探究 [J]. 学苑教育，2015（11）：88.

[59] 文秀丽，鹿志海. 拉丁健身操与拉丁舞之间的关系分析 [J]. 中国学校体育，2011（S1）：67.

[60] 吴洋. 新规则下竞技健美操的艺术内涵解读与创编探骊 [J]. 体育视野，2022（14）：20–22.

[61] 肖欢欢. 健康中国视域下健身瑜伽的市场化研究 [J]. 当代体育科技，2019，9（15）：195–197.

[62] 杨莉. 健身健美操动作的创编探讨 [J]. 文体用品与科技，2021（2）：22–23.

[63] 杨晖. 高校学生健美操创编能力的培养探讨 [J]. 当代体育科技，2020，10（14）：67–68.

[64] 杨玉莹. 竞技健美操体能训练模型构建及应用研究 [J]. 文体用品与科技，2022（19）：89–91.

[65] 袁天琪，安晓红，王云珂.微课教学融入高校健身瑜伽课程的可行性分析 [J].内江科技，2022，43（8）：105-107.

[66] 袁小芳.关于新规则下竞技健美操审美的思考 [J].文体用品与科技，2023（1）：172-174.

[67] 袁小芳.健美操运动在全民健身中的推广与实施 [J].文体用品与科技，2023（1）：38-40.

[68] 张奥瑶，李林.健美操、啦啦操若干相似运动表征的训练差异探讨 [J].文体用品与科技，2023（6）：111-113.

[69] 张昊.浅析有氧搏击操对学生的锻炼价值 [J].读写算，2020（28）：203-204.

[70] 张莉.浅析有氧拉丁健身操的主要功效 [J].新课程（中旬），2013（7）：135.

[71] 张英杰.青少年健美操教学的优化改革研究 [J].青少年体育，2022（9）：127-128.

[72] 赵乐乐.健美操对高职院校学生体质的影响研究 [J].江西电力职业技术学院学报，2022，35（11）：102-104.

[73] 朱旻，徐玮.健美操的优势作用及竞技训练技巧分析 [J].文体用品与科技，2022（5）：29-31.

[74] 朱寅.观·模·改·创——职高健美操社团健美操创编的实践研究 [J].职业教育（中旬刊），2022，21（11）：53-56.

[75] 王琛.运用创造性思维创编大众健美操研究 [J].全体育，2023（4）：297-298.

[76] 王琛."互联网＋"背景下高职院校健美操教学路径探讨 [J].体育画报，2023（9）：229-231.

[77] 荣琰.芭蕾基训组合在健美操形体教学中的创编实践 [D].武汉：武汉体育学院，2022.

[78] 沈明含.健身瑜伽平衡类体式的运动学分析 [D].北京：首都体育学院，2023.

[79] 郭鑫.在健美操中融入爵士舞元素的研究 [D].北京：首都体育学院，2021.

[80] 蔡丛珊.民族元素在我国健美操成套创编中的融合研究 [D].天津：天津体育学院，2022.